구글의 미래

What Google Really Wants

구글의미래

디지털 시대 너머 그들이 꿈꾸는 세계

토마스 슐츠 지음 | 이덕임 옮김

비즈니스북스

옮긴이 | 이덕임

동아대학교 철학과를 졸업하고 인도 Pune University 인도철학 대학원을 졸업했다. 오스트리아 빈 대학 독일어 과정을 수료했으며, 현재 바른번역 소속 번역가로 일하고 있다. 옮긴 책으로 《노력 중독 – 인간의 모든 어리석음에 관한 고찰》, 《인터넷 나라의 앨리스》, 《기술의 문화사》, 《고기 없인 못 살아 정말 못 살아》, 《의지력의 재발견》, 《일체감이 주는 행복》, 《겁쟁이가 세상을 지배한다》, 《선택의 논리학》, 《자발적 가난》, 《하늘을 흔드는 사람》, 《행복한 나를 만나러 가는 길》, 《선생님이 작아졌어요》, 《비만의 역설》 등이 있다.

구글의 미래

1판 1쇄 발행 2016년 5월 30일
1판 16쇄 발행 2022년 8월 16일

지은이 | 토마스 슐츠
옮긴이 | 이덕임
발행인 | 홍영태
발행처 | (주)비즈니스북스
등 록 | 제2000-000225호(2000년 2월 28일)
주 소 | 03991 서울시 마포구 월드컵북로6길 3 이노베이스빌딩 7층
전 화 | (02)338-9449
팩 스 | (02)338-6543
대표메일 | bb@businessbooks.co.kr
홈페이지 | http://www.businessbooks.co.kr
블로그 | http://blog.naver.com/biz_books
페이스북 | thebizbooks
ISBN 979-11-86805-26-8 03320

비즈니스북스는 독자 여러분의 소중한 아이디어와 원고 투고를 기다리고 있습니다.
원고가 있으신 분은 ms1@businessbooks.co.kr로 간단한 개요와 취지, 연락처 등을 보내 주세요.

"우리는 가능성에 겨우 1퍼센트밖에 도달하지 못했다."

— 래리 페이지Larry Page(구글 창업자, 알파벳 CEO) —

구글, 알파벳 구조도
Google & Alphabet Structure

출처: 넥스트플랫폼 nextplatform.net

구글은 왜 세상을 바꾸려 하는가

_장병탁(서울대학교 컴퓨터공학부 교수)

지구상의 그 어느 문화권에 있는 누구든 인터넷 검색과 이메일을 사용하지 않고 지나는 날이 하루도 없다. 그중 80퍼센트의 사람이 구글의 서비스를 사용한다. 지금, 전 세계인의 삶에 가장 영향력을 발휘하는 기업을 손꼽는다면 단연 구글을 떠올릴 수밖에 없다. 그 영향력은 실로 대단해 19세기 록펠러, 카네기, 에디슨이 석유, 철강, 전기를 이용해 '제국'을 건설했던 것에 비유되기도 한다. 데이터라는 에너지를 이용해 디지털 제국을 건설한다는 것이다. 아주 틀린 이야기는 아니다. 과거의 산업화가 그랬듯 오늘날 디지털 산업화가 우리의 생각과 삶의 방식을 근본적으로 바꿔놓고 있다. 하지만 구글을 비롯한 실리콘 밸리의 사업가와 혁신가는 19세기의 전임자와는 사고방식부터 극명히 다르다. 이들이 추구하는 목표, 핵심적 관심사는 비즈니스에만 머물지 않는다.

최근 구글 딥마인드Deepmind가 개발한 인공지능 알파고가 전 세계를 충격에 빠뜨렸다. 먼 미래의 이야기라 여겼던 것들이 생각했던 것보다 더욱 가까이 다가와 있음을 누구나 체감하게 만들었다. 그리하여 인간계 최고수를 무너뜨린 대결은 한 달이 지난 지금까지 여전히 분분한 논쟁을 불러일으키고 특히, 인공지능이 인간의 역할을 대신한다는 우려로 인공지능을 비롯한 기술 발전이 인류의 미래를 어떻게 바꿀 것인지에 뜨거운 논의가 계속되고 있다. 하지만 그 가운데 두드러진 기조는 인간을 완전히 대체하는 인공지능 개발은 먼 이야기이며 지나친 우려라는 것이다. 더불어 늦게라도 신기술 연구와 개발의 중요성을 인식했다는 사실을 고무적으로 받아들여, 한국형 인공지능 개발을 위해 기술 · 제도 · 문화적 점검이 필요하고, 지능정보 산업을 육성하겠다는 정부의 뒤늦은 대책 마련에 정교함을 더해야 한다는 목소리가 커지고 있다. 이번 알파고 충격에서 우리가 유의미하게 되새겨야 하는 것은 미래 산업을 위한 준비와 대책이라는 것이다. 그렇다면 우리의 관점은 자연스럽게 인공지능 알파고가 아니라 알파고의 산실 딥마인드와 구글로 이동한다. 연구원이 50명도 안 되는 작은 회사 딥마인드를 구글은 왜 5억 달러(약 6천억 원)나 주고 인수한 것일까? 구글이 정말로 원하는 것은 무엇인가? 그들이 내놓을 제2의 '알파고'는 무엇인가? 이 엄청난 기업은 또 우리의 미래를 어떻게 바꿔놓을 것인가! 우리는 그 힌트를 구글의 창업자인 래리 페이지Larry Page와 세르게이 브린Sergey Brin의 이야기 속에서 찾을 수 있다.

"우리의 임무는 세계의 정보를 조직화하여 모든 사람이 접근하고 사용하도록 하는 것이다."

"기술적 한계를 탐험하는 일에서 우리에게는 경쟁상대가 없다."

"10퍼센트보다 10배 향상시키는 것이 쉽다."

"대기업이 되려면 거대한 야망이 필수적이며 그렇지 않다면 대기업이 될 자격이 없다."

그들은 자신들의 행보가 인류의 발전을 위한 것임을 확신하며 우리의 생각보다 훨씬 야심 찬 계획을 세우고 있다. 구글의 창업자들은 다음 단계는 이전 단계보다 10퍼센트가 아니라 10배 더 훌륭해야 한다며 '달에 로켓을 쏘아 올리겠다'는 목표를 일상적인 비즈니스에 연계하려 한다. 바로 '문샷 정신'이다. 어떻게 문샷의 꿈을 실현하느냐에 대해서 에릭 슈미트Eric Schmidt는 이렇게 일축한다.

"구글은 모든 이에게 정보를 제공하기 위해 설립되었다. 그 전략의 부산물로 우리는 필요한 기반 시설을 구축하고 직원을 고용하는 것 같은 비즈니스 모델을 개발했다."

기술로 세상을 바꾸겠다는 것, 그것이 구글의 목표이자 전략이다. 그 담대함이 그들에게 거대한 부와 권력을 손에 넣게 했고 최고의 자리를 선사했다.

《구글의 미래》는 그런 구글의 행보를 상세하게 그려낸 책이다. 구글이 미래를 어떻게 예측하며 사업 전략을 세우고 있는지, 그 실현을 가능하게 하는 저력은 무엇인지 설명하면서 나아가 우리가 미래를 위해 무엇을 준비해야 하는지 시사한다. 이야기는 검색, 안드로이드, 유튜브 등 정보 수집과 활용으로 돈을 버는 기업이라고, 사람들의 머릿속에 단편적으로 각인된 구글의 이미지를 언급하며 시작한다. 우리 일상에 그토록 깊게 관여한 기업 구글은 단지 그것뿐인가 하고 말이다. 그러면서 그들이 탄생한 과정, 현재 벌이고 있는 사업들을 하나하나 설명하며 본격적인 이야기를 한다. 자율 주행차, 혈당 측정 콘택트렌즈, 인터넷중계기 풍선, 생명 연장 프로그램 등 알파고와의 대결로 인해 다시 관심 받기 시작한 구글의 프로젝트들 말이다. 저자는 2012년부터 5년간 실리콘 밸리 지사의 편집장으로 활동한 독일 《슈피겔》지의 기자로, 구글 내부에 독점적으로 접근할 수 있던 기회를 활용, 래리 페이지와 세르게이 브린, 에릭 슈미트 등 경영진부터 엔지니어, 프로그래머 등 수많은 구글 관계자와 실리콘 밸리의 리더들을 취재한 것을 바탕으로 구글의 이야기를 가장 내밀하고 디테일하게 펼쳐놓는다. 마지막에는 구글에 대한 엇갈린 평가를 언급, 구글이 꿈꾸는 미래와 그들의 행보를 우리가 어떻게 보아야 하는지 말하며 끝을 맺는다. 보다 구체적으로는 다음과 같은 질문의 답을 이 책에서 찾을 수 있다.

• 구글의 핵심 가치와 철학은 무엇인가? 구글 창업자는 사회적 낭만주의자인가? 이상적 혁신주의자인가? 구글러가 바라는 미래는 무엇인가?

• 구글은 투자자가 아닌 창업자가 주된 결정권을 갖고 있다. 어떻게 그들은 그들 고유의 특징을 유지하는 구조를 구축하였는가? 또한 공학자와 엔지니어 중심으로 운영되는, '기술자의 한계'를 어떻게 극복하

고 미래를 이끌어가는가?

· 구글은 어떻게 모든 사람들이 일하고 싶은 회사가 되었는가? 왜 뛰어
난 인재들이 그곳으로 몰리고 있는가?

· 많은 기업들이 성장한 후에 봉착하는 '혁신가의 딜레마'를 구글은 어
떻게 극복하고 성장을 모색하는가? 혁신과 창조성을 유지하는 비밀
은 무엇인가?

· 구글은 왜 끊임없이 새로운 분야를 탐색하고 새로운 프로젝트를 시작
하며 스타트업을 인수하는가? 구글은 딥마인드, 네스트, 로보틱스 회
사들을 왜 인수했는가? 구글은 인공지능으로 세계를 장악하려 하는
것인가?

· 구글은 왜 비밀 연구소 X를 설립했는가? 무인자동차 프로젝트와 안
드로이드 인수는 꽤 성공적이었던 반면, 구글 글래스와 넥서스 큐 프
로젝트, 모토롤라 인수는 왜 실패하였는가?

· '사악해지지 말자'는 구글의 슬로건이 진정으로 의미하는 것은 무엇인
가? 스스로의 감시와 경계에도 불구하고 그들은 왜 비판의 대상이 되
고 있는가? 구글은 빅 브러더인가? 초국가 기관인가? 디지털 신절대
주의라는 비난에 그들은 어떻게 대처하는가?

- 구글의 미래는 계속 밝을 것인가? IBM도 마이크로소프트에 추월당했고 마이크로소프트도 구글에게 추월당했다. 구글의 경쟁 상대는 누구이며 미래 먹거리를 위해 구글은 어떤 생각하는가?

- 우리나라에서는 왜 구글과 같은 글로벌 인터넷 기업을 탄생시키지 못하는가? 구글 같은 기업을 만들기 위해서는 우리나라의 기업 문화와 인재 양성이 어떻게 바뀌어야 하는가?

　어려운 시대이고 미래 산업을 준비해야 한다고 하면서도 체감하지 못하는 것이 현실이다. 알파고와의 대국은 미래에 대한 준비를 새삼 일깨워준 이슈이다. 그리고 그 이슈를 이어 구글의 미래 전략을 알아보는 것은 아직도 막연하게 생각되는 인공지능, 자율 주행차 등 기술 발전과 미래 산업을 보다 피부로 느낄 수 있게 해준다. 그리하여 나는 구글이라는 기업에 관한 가장 내밀한 이야기를 담아낸 이 책이 시의적절하며 커다란 가치가 있다고 생각한다. 구글과 같은 도전적인 회사를 꿈꾸는 젊은이, 기업을 혁신하고자 하는 사업가에게 구글이 어떻게 이토록 큰 성장을 거둘 수 있었는지 그들의 저력을 간파하게 하는 뛰어난 자료가 될 것이다. 인터넷 비즈니스와 디지털 경제를 이해하고자 하는 정책 입안자, 미래 인재를 양성하는 교육자에게는 살아있는 지식이 될 것이다. 나아가 구글이 진정으로 꿈꾸는 미래와 그 계획 및 전략은 무엇인지 낱낱이 보여주는 보고서로, 미래를 가늠해보고 새로운 기회를 찾는 모든 사람에게 추천한다.

구글이 움직이면 미래가 된다

구글의 창업자이자 핵심 두뇌인 래리 페이지Larry Page의 집무실은 샌 프란시스코에서 자동차로 한 시간이 걸리는 노스 캘리포니아 마운틴 뷰 의 본사 건물 4층에서도 긴 복도의 끄트머리에 있다. 수많은 비서와 우 아하고 중후한 가구, 거대한 집무실 등 대기업 경영자를 상징하는 전통 적인 외형을 찾아볼 수 없어 자칫 그냥 지나치기 십상인 곳이다. 25제곱 미터(약 7.5평)도 되지 않는 단출한 집무실 안에는 짙은 회색 카펫이 깔려 있고 밝은 갈색 나무책상 위에 CD 포장지보다 약간 큰 명판이 놓여 있 다. 밖에서 보면 그저 지저분한 학생 기숙사 같을 뿐이다. 집무실 바깥벽 에는 검은색 자전거가 세워져 있고 복도에는 이동용 옷걸이가 놓여 있으 며, 이유는 알 수 없지만 1990년대부터 자리를 지킨 세 대의 오토바이도 있다. CEO의 집무실에서 몇 미터 떨어진 곳에는 그보다 더 볼품없고 규모도 작은 유튜브 사장실과 다른 경영진의 사무실이 늘어서 있는데 전면이 유리로 된 그곳에는 정적만 흐른다.

페이지는 예의 바르고 조용하며 약간 창백한 얼굴에 40대 초반임에도 불구하고 벌써 머리칼이 희끗희끗한 남자다. 말투가 조용하고 침착한 그의 겉모습에서는 세상에서 가장 영향력이 큰 회사의 경영자에다 디지털 혁명의 탁월한 주역이자 중요한 기술 이론가라는 표식을 도무지 찾아볼 수 없다. 내성적이고 사람들의 주목을 받을 때 몹시 불편해하는 페이지는 어린 시절 괴짜에다 아웃사이더였다.

대중에게 자기 모습을 드러내지 않으려 무척 애쓰는 페이지를 만나는 것은 쉬운 일이 아니다. 인터뷰도 1년에 고작 두세 번 할 뿐이다. TV에는 거의 모습을 드러낸 적이 없다. 특히 면역계통 이상으로 목소리에 문제가 생긴 이후에는 구글의 연례행사에도 모습을 잘 드러내지 않는다. 또한 개인적인 관심사나 친한 사람, 좋아하는 일, 최근 즐기는 것, 여가 시간 활용 등에 대한 질문에는 대답하지 않는다. 가족은 그가 생물정보학 전문가와 결혼해 두 자녀를 뒀다는 것만 알려져 있을 뿐 이름조차 베일에 가려져 있다. 이들은 디지털 기억 세상에서 금지된 이름이다. 세상의 모든 지식을 모아 모두에게 나눠주는 것이 목표라고 공표한 그는 정작 자신에 대해서는 최선을 다해 숨기고 있다. 실제로 세계적인 유명 인물 중 래리 페이지만큼 제대로 된 정보가 드러나지 않은 사람도 드물다.

그는 단 몇 년 만에 구글을 세상에서 가장 영향력이 큰 기업, 디지털 시대를 이끄는 최초의 슈퍼 파워로 만들었다. 하지만 더 큰 야망을 품은 그는 그것에 만족하지 않는다.

가장 가까이서 들여다본 구글

독일의 시사주간지 《슈피겔》Der Spiegel의 미국 통신원인 나는 오랫동안 구글을 지켜보았고 몇 년 동안은 가까운 거리에서 관찰했다. 정신없이 빠른 속도로 전진하는 디지털 혁명에 발맞춰 《슈피겔》과 나는 2012년 뉴욕에 있던 사무실을 실리콘 밸리의 중심으로 옮기기로 했다. 실리콘 밸리에는 그 이름을 듣긴 했으나 잘 알려지지 않은 기업도 꽤 있었다. 나는 그들을 보다 정확히 관찰하는 한편 깊은 대화를 나눠보고 싶었다. 애플과 페이스북, 우버Uber도 그들 중 하나였다. 이들은 변혁의 시대에 중심에 서서 변화를 이끄는 기업이다.

가까이에서 바라본 구글은 훨씬 야망이 크고 스마트하며 다른 어떤 기업체보다 논란거리가 많았다. 나는 마운틴 뷰에 있는 구글 캠퍼스와 샌프란시스코의 연결자회사들을 거의 매주 방문해 그곳의 기술자나 경영진뿐 아니라 과거의 직원과 구글 반대론자까지 만나 수많은 인터뷰와 토론을 했다. 그렇게 구글을 관찰하며 보낸 지난 몇 년이 경제부 기자로서 다른 기업체들을 다루며 보낸 과거 15년보다 더 치열했다. 또한 드물긴 했지만 구글의 창업자 페이지와 속 깊은 얘기를 나누기도 했다. 그는 놀라울 정도로 개방적인 태도로 자신의 생각과 어젠다, 야망, 구글 그리고 세상 전반에 관한 비전을 드러냈다. 페이지의 생각을 움직이는 주요 프레임이 문명과 전체 인류이기 때문이다. 페이지는 이것을 비밀로 하지도 않는다. 오히려 그는 세상을 바꾸겠다는 목표를 공공연하게 주장한다. 2015년 초여름 그는 내게 말했다.

"나는 미래의 비전을 세우고 그것을 창조하기 위해 모든 노력을 기울이고 있습니다."

창업한 지 20년도 채 지나지 않아 우리 삶에 이토록 깊숙이 들어온 기업은 지금까지 구글밖에 없다. 인터넷을 열 때마다 우리는 구글을 만난다. 구글의 검색창에 질문을 입력하지 않고 지나가는 날이 하루도 없을 정도다. 한 달 평균 100억 개 이상의 질문이 검색창에 입력된다. 지메일 Gmail은 전 세계에서 가장 많이 사용하는 이메일 서비스고, 안드로이드는 가장 널리 쓰이는 스마트폰 운영체계다.

흥미롭게도 구글처럼 경탄과 존경, 분노와 불안 등 서로 모순되는 감정을 동시에 불러일으키는 기업은 거의 없다. 구글이 점점 성장하고 존재 가치가 중요해질수록 그 감정은 더욱 강해진다. 그중에서도 특히 부정적인 감정이 커진다. 왜 그럴까?

미국인은 기업의 권력을 보통 운명론적으로 받아들이지만 유럽인은 심각하게 자산 수탈을 고려한다. 파리와 베를린의 행정부는 기업의 주요 부문을 해체하는 방안을 놓고 게임을 벌이기도 한다.

과거를 한번 돌아보자. 서구 사회의 현대경제사에는 매우 드물긴 해도 잘 알려진 자산 수탈 사례가 세 가지 있다. 하나는 존 록펠러John Rocke-feller가 세계 최초이자 최대 규모로 설립하고 키워 한때 전 세계의 석유 공급을 입맛대로 주무른 석유회사 스탠더드 오일Standard Oil이다. 다른 하나는 미국 시장을 완전히 장악했던 정보통신회사 AT&T고, 마지막은 독일의 제3제국 시대에 나치가 지배 수단으로 이용한 화학회사 이게 파르벤IG Farben이다. 세 기업은 모두 독점적 지위를 이용해 체계적으로 착취했고 불법적인 방법을 동원했다. 특히 이게 파르벤의 경우 강제로 노동력을 동원해 수천 명의 목숨을 빼앗기도 했다.

그렇다면 두 명의 별난 박사 과정 연구생이 시작한 컴퓨터과학 프로젝트가 도대체 세상에 얼마나 위협적이기에 기존의 범죄적 독점기업 범주 안에 포함해야 한다고 주장하는 사람이 있는 걸까? 한 가지는 확실하다. 구글은 지금껏 한 번도 평범한 기업인 적이 없었다. 무엇보다 관습적인 비즈니스 모델에 기반을 두지도 않았고 짧은 시간에 최대 이윤을 거두기 위해 설립된 것도 아니다. 구글의 창시자 래리 페이지와 세르게이 브린Sergey Brin은 디지털 세계에서 화폐와 가장 가까운 것은 바로 '정보'라는 사실을 누구보다 일찍 알아차렸다. 이에 따라 이들은 초기부터 지나치게 완벽한 정보수집과 정보처리 작업에 주력했다. 이것이 많은 사용자를 불편하게 했고 점점 초기의 그룹 이미지가 바뀌기 시작했다.

이제 온라인 생활에 없어서는 안 될, 다채롭고 활력 넘치는 로고가 두드러지는 사랑스러운 인터넷 개척자의 이미지는 더 이상 구글에 없다. 오히려 '사악해지지 말자'Don't be evil는 구글의 모토까지 나쁜 농담으로 받아들이는 사람이 늘어났다. 더불어 돈을 벌기 위해서라면 개인적이고 은밀한 정보까지 가리지 않고 온갖 곳에서 정보를 수집하는 탐욕스러운 '정보 거머리'의 이미지가 강하다.

하지만 이제는 그런 이미지조차 점점 흐릿해져 기껏해야 하나의 단면에 지나지 않는다. 자세히 들여다보면 구글이 엄청난 속도로 움직이고 있음을 알 수 있다. 구글은 어디로 가는 걸까? 그것은 우리에게 어떤 의미일까? 구글이 움직이면 종종 전 세계가 진동하므로 우리는 이것을 묻지 않을 수 없다.

구글의 야망

구글의 변신은 래리 페이지가 다시 기업의 CEO로 나서는 날부터 시작되었다. 그전에는 2001년 구글의 CEO로 취임한 에릭 슈미트Eric Schmidt가 10년간 구글의 빠른 성장 속도를 조절하고 기업을 성공적으로 신규 상장하는 데 큰 역할을 했다. 구글의 창업자 페이지와 브린은 슈미트가 자유롭게 경영하도록 용인했지만 구글의 성장 속도나 경영 방식의 대담함이 기대에 미치지 못하자 다시 개입했다. 2011년 5월 초 페이지는 다시 고삐를 틀어쥐었고 브린은 수석 연구자로서 개발연구팀을 이끌기로 했다. 이후로 페이지는 구글의 근본적인 변화를 이끌고 있다.

오래전부터 미래를 위해 야심 찬 도박을 해온 구글은 전 세계의 모든 길을 사진으로 보여주는 것부터 컴퓨터 번역기 개발까지 세상을 점점 더 디지털화하고 있다. 구글의 수석 엔지니어이자 초기 멤버인 아밋 싱할Amit Singhal은 이렇게 말했다.

"우리 회사는 언제나, 늘, 항상 야망으로 가득 차 있지요. 그런데 래리 밑에서 일하며 우리의 야망이 현저히 바뀌었습니다. 야망이 더 크고 대담해졌지요."

구글의 다른 경영진도 늘 이런 말을 하는데 그 어조가 회의적이긴커녕 오히려 환희에 차 있다. 그들이 구글의 미래를 말할 때는 자주 '인류', '세상 구석구석', '수십억의 사용자' 같은 표현이 등장한다. 생각의 크기가 그에 미치지 못하는 사람은 곧장 동료나 상사에게 지적을 받는다. 페이지 역시 기회가 있을 때마다 강조한다. 너무 협소해요! 좀 더 크게 생각하세요! 야망을 가지세요! 기업의 어느 부서에서 일하든 모든 직원은 항상 이러한 얘기를 듣는다.

특히 페이지는 '10배'(10×) 철학을 공표하고 그것을 구글에서 가장 중요한 만트라로 삼았다. 이것은 '구글이 하는 일은 모두 지금까지 경험한 어떤 것보다 10배 더 위대하고 더 나으며 더 빨라야 한다'는 철학이다. 이들에게 중요한 것은 '세상을 바꾸는 일'이다. 페이지는 이 말이 단지 진부한 수사가 아니라 진지한 모토임을 보여주기 위해 끊임없이 되풀이한다.

이것은 위대한 비전인가, 아니면 거대한 허상인가? 구글은 오랫동안 단순한 인터넷기업이 아닌 글로벌 첨단기술기업이었다. 가령 휴대전화 운영체계인 안드로이드는 이제 스마트폰 시장을 장악했다. 또한 구글은 광섬유 케이블을 설치하고 노트북과 태블릿PC를 비롯해 온갖 종류의 소프트웨어도 생산한다. 2014년 한 해 동안 구글의 총매출액은 660억 달러, 순이익은 140억 달러에 달했다. 2015년 여름을 기준으로 구글의 주식은 한 주당 660달러가 넘고 2015년 상반기 기준으로 시장 가치는 4,700억 달러에 가깝다. 구글이 21세기 초를 이끄는 가장 성공적인 기업이라는 사실에는 의심의 여지가 없다.

구글보다 시장 가치가 높은 유일한 기업으로 구글보다 30년 더 오래된 애플은 구글을 가장 큰 경쟁상대로 여긴다. 페이스북이나 마이크로소프트, 아마존을 비롯한 수많은 기술기업도 마찬가지다. 지멘스Siemens, 보쉬Bosch, 다임러Daimler 같은 기업도 점차 위협을 느끼고 있는데 이는 구글이 이들의 비즈니스 영역을 넘보고 있기 때문이다. 하지만 글로벌 산업체로 탈바꿈하고 있는 구글의 새로운 면모는 단지 과도기에 불과하다. 페이지는 본격적으로 구글을 '미래 세계를 만들어내는 체제'로 바꿔놓으려 하고 있다. 그렇다면 비평가들이 우려하는 대로 그는 이 세상을 어떤 방식으로든 지배하려 하는 것일까?

처음에 구글이 무인자동차를 개발한다고 발표했을 때 자동차업체들은 이를 비웃었다. 그러는 동안 꿈은 현실화했고 구글 자동차는 운전자 없이 인지력을 갖춘 컴퓨터의 조작만으로 복잡한 도심을 안전하게 돌아다니고 있다. 이제 무인자동차의 대량생산은 시간문제일 뿐이다. 마운틴 뷰의 엔지니어들에게 자극을 받은 세계의 주요 자동차업체들은 무인자동차 개발에 열을 올리고 있다. 사실은 기존의 자동차도 이미 컴퓨터 시스템을 장착하고 있다. 이를테면 내비게이션이나 오락 기능, 온보드 진단기On-Board Diagnostics 등은 소프트웨어로 작동한다. 구글이 자체 개발한 안드로이드 소프트웨어는 말할 것도 없다. 구글은 벌써 자동차업체와 공동 작업을 하고 있는데 이는 기존의 자동차업체가 따라잡기에 어려운 기술이 많기 때문이다.

비단 네트워크 시스템을 갖춘 자동차뿐 아니라 세탁기와 냉장고, TV, 가정용 난방 시스템 등 가전제품을 인터넷으로 연결하고 스마트 기기화하는 것도 구글의 중요한 어젠다다. 한마디로 구글은 전 세계를 작동시키는 시스템을 추구한다. 그렇다면 구글이 희망하듯 이 모든 것이 우리의 삶을 보다 쉽게 만들어줄까, 아니면 구글이 우리의 삶을 더 통제하기 쉽게 만들어줄 뿐일까?

앞으로 이런저런 형태로 실현될 가능성이 큰 계획 외에도 구글의 연구소에서는 얼토당토않은, 즉 SF소설에나 나올 것 같은 대담한 일급비밀 프로젝트들을 진행하고 있다. 안경에 휴대용 컴퓨터 시스템을 장착한 구글 글래스나 혈당을 측정하는 콘텍트렌즈 같은 제품은 단지 시작일 뿐이

▶▶▶

다. 새로운 부서에서는 구글의 최고 엔지니어들이 모여 인공지능 로봇을 만들고 있고, 보다 깊은 연구를 통해 자동 우편배달부 역할을 하는 드론도 개발 중이다.

우리 눈에 보이는 '구글'은 시작에 불과하다

구글의 두뇌 프로젝트 팀은 인간의 두뇌를 모방한 컴퓨터를 개발하고 있다. 나사NASA와 협력해 보통의 슈퍼컴퓨터보다 계산 속도가 수천 배 빠른 양자컴퓨터도 실험 중이다. 또한 태양열 발전기보다 더 싸게 많은 양의 에너지를 만들어내는 비행 풍력 터빈도 관심 대상이다.

검색엔진 개발 엔지니어는 거대한 데이터베이스를 구축해 세상의 모든 지식을 구술 명령만으로도 찾을 수 있도록 하고 있다. 또한 구글이 새로 인수한 연구업체들은 수명 연장 방법을 찾고 있는데 그중에는 암 연구에만 매진하는 업체도 있다. 독일의 엔지니어가 설립한 비밀 연구소 구글 X는 수많은 프로젝트를 동시에 가동 중인데 마치 현실세계에 TV시리즈 《스타 트렉》을 실현하는 듯한 느낌이 들 정도다. 페이지의 지휘 아래 연구 예산은 이전보다 2배 이상 증가했다. 2014년 한 해만 해도 투자액이 거의 100억 달러에 달한다.

구글은 자체 개발하지 않는 것은 다른 회사를 통해 구입하거나 특허권을 사들인다. 지금까지 구글이 축적한 현금은 약 650억 달러로 기업의 전략에 맞는 당찬 신생업체를 쇼핑하듯 쉽게 살 능력을 갖추고 있다. 그뿐 아니라 유명한 대기업을 합병할 능력도 충분하다. 필요할 경우 페이지는 기업의 회계장부에 큰 흔적을 남기지 않고도 기계공학업체나 전기공학업체를 비롯해 수십 개의 선구적인 중소기업을 사들일 수 있다.

2014년 초 구글은 아이팟을 디자인한 토니 파델Tony Fadell이 창업해 스마트 온도조절기 같은 인공지능 기기를 개발해온 네스트Nest를 32억 달러에 매입했다. 예상을 뛰어넘는 높은 매입가였지만 구글은 장부가격보다 전략적 가치를 더 중요시한다. 그와 함께 구글은 각 분야의 선구적인 과학자, 즉 유전학자, 신경과학자, 전기공학자, 기계공학자, 화학자들을 스카우트했다.

이 모든 프로젝트, 아이디어, 매입, 실험은 하나의 개념 아래 연결되어 있다. 그것은 '우리의 삶을 인공 기계로 채우겠다'는 생각이다. 다시 말해 구글은 일종의 확장된 자아 혹은 삶의 온갖 부분에 필요한 도움을 제공하는 디지털 조수가 되고자 한다. 우리의 어깨 너머로 운전, 여행, 에너지 사용, TV 시청 등 일상생활을 끊임없이 지켜보는 조수 말이다.

영화제에서 많은 상을 수상한 영화《그녀》Her에는 여배우 스칼렛 요한슨이 인간의 친한 친구이자 세상 모든 곳에 존재하는 컴퓨터로 나온다. 이 영화는 공상과학에 기반을 두고 있지만 얼마 동안 공상과학으로만 남아 있을지 알 수 없다. 구글의 엔지니어들이 원하는 것이 바로 인간보다 더 '인간적'이고 스스로 독립적인 개체로서 인간과 '자연스럽게' 어울리는 컴퓨터이기 때문이다. 이는 인공지능 창조에서 가장 중요한 첫걸음이기도 하다. 그렇다면 우리는 인류 역사의 흐름을 영원히 바꿀 시점에서 얼마나 멀리 떨어져 있는가.

2015년 페이지가 갑자기 새로운 구글 브랜드를 소개했을 때, 구글이 빠르게 변화하고 있다는 사실이 모두의 눈에 선명하게 들어왔다. 이때부

▶▶▶

터 새로운 미래 프로젝트·무인자동차·의학 연구 분야와 구글의 예전 검색엔진, 구글 지도, 유튜브, 안드로이드가 분리되어 각자 개별 기업으로 나뉘었다. 이들 기업은 페이지가 주도하는 커다란 우산 격인 기업 알파벳Alphabet 아래 모여 있다. 공식적으로 페이지는 알파벳의 CEO이며 이 책에서 논하는 것도 정확히 말해 알파벳의 계획과 전략이다. 그러나 이 새로운 기업 형태는 단지 문서에만 존재할 뿐이며 공식적으로 분리된 기업명으로 사용할지는 아직 불분명하다. 이 책에서는 알파벳에 속하는 모든 영역을 편의상 구글이라 부르겠다.

이것은 언뜻 급진적인 행보로 보이지만 사실은 구글의 창립자들이 지난 수년 동안 진행해온 것으로 기본적인 기업 구조조정을 위한 논리적, 단계적인 행보다. 이를 통해 이들은 일상적인 비즈니스에서 벗어나 위대한 전략에 좀 더 집중하고자 한다. 데이터를 이용해 돈을 버는 실질적이고 단순한 계획에서 벗어난 창립자들의 야망과 계획, 즉 달에 로켓을 보내겠다는 야망(문샷moonshot)이나 연기 수류탄 제작 계획을 정신 나간 짓으로 볼 수도 있다. 하지만 그것은 커다란 우를 범하는 일이다. 페이지와 브린은 구글에서 얻는 거대한 이윤을 젊은 시절부터 꿈꿔온 원대한 목표를 이루기 위한 수단으로 여기기 때문이다. 페이지의 얘기를 들어보자.

"기술을 통해 우리의 삶을 개선할 가능성은 무궁무진합니다. 그러니 우리가 미심쩍거나 낯선 프로젝트에 엄청난 투자를 해도 놀랄 필요는 없습니다."

권력과 부를 통해 얻고 싶은 것

구글을 생각할 때 우리는 하나의 전제를 이해해야 한다. 언뜻 황당해 보이는 그들의 아이디어나 거대한 계획은 결코 무작위로 나온 것이 아니며 수천 명의 엔지니어 및 프로그래머 고용 전략도 페이지의 우연한 상상에서 비롯된 것이 아니다. 정반대로 그것은 개념, 세계관, 나아가 정신세계의 한 부분이다.

이 정신세계는 구글의 유일한 피조물이 아니며 오히려 그 반대다. 구글 정신세계의 최종 산물에 가까운 그것은 기술 낙관주의와 발전에 대한 급진적 믿음이라는 이데올로기다. 또한 노스 캘리포니아의 80킬로미터에 달하는 긴 계곡을 따라 지난 몇 십 년간 형성 및 발전해온, 자본과 뛰어난 천재들이 넘쳐흐르는 실리콘 밸리라는 기이한 소우주의 이데올로기이기도 하다.

디지털 혁명의 진원지인 이곳은 이미 오래전에 풍요로운 경제구역을 넘어섰고 수많은 엔지니어와 프로그래머, 창업자, 기업 경영자 들은 단순한 사업가 이상이 되고자 한다. 이들은 스스로를 빠르게 발전하는 전 지구적 사회 변화의 주역으로 여기며 디지털 시대를 지배하는 문화를 창조하고 싶어 한다. 18세기와 19세기의 산업화가 그랬듯 오늘날 디지털 산업화는 우리의 생각과 삶의 방식을 근본적으로 바꿔놓고 있다.

발전 과정에서 새로운 권력 엘리트가 등장하는 것은 전혀 새로운 현상이 아니다. 생산업자와 석유 재벌이 19세기를 지배한 것처럼 지난 몇 십 년 동안에는 은행가와 헤지펀드 매니저가 스스로를 '우주의 주인'으로 일컬었고 세상의 운명을 쥐고 있다고 생각했다. 이제 그 시대도 종말을 고하고 있다. 그 사이에 실리콘 밸리의 사업가와 혁신가가 경제발전의 고삐를 쥐었는데 이들은 전임자와는 사고방식이 근본적으로 다르다. 이들의 핵심적 관심사는 돈에만 머물지 않는다. 부를 일궈 권력을 쥐는 것뿐 아니라 그 권력과 부로 무언가를 움직이려 하는 것이다. 이들은 자신이 인류의 이익과 지구 문명의 발전을 위해 큰 걸음을 내딛고 있음을 진정으로 확신한다. 이것은 찬탄할 만한 일일까, 아니면 무서운 일일까?

우리의 현실을 돌아보자. 지난 몇 십 년간 어마어마한 속도로 기술 발전이 이루어졌다. 그런데 이 발전은 단지 시작에 불과하다. 더구나 기술 발전은 단순히 직선적이 아니라 기하급수적인 형태를 띤다. 즉, 기술 발전은 산꼭대기에서 작은 눈덩이로 시작해 결국 엄청난 굉음으로 산을 무너뜨리는 눈사태처럼 점점 빨라지는 동시에 비약적으로 성장하고 있다. 몇 년 전만 해도 사람들은 무인자동차를 미친 생각이라며 비웃었지만 이제는 누구도 놀라지 않는다. 또한 미국 증권 매매의 70퍼센트는 알고리즘 거래로 이뤄지고 있다. 실리콘 밸리의 아이디어 선구자들은 지난 몇 년간의 변혁이 서곡 이상이라는 것을 확신한다.

그동안 많은 사람이 내게 디지털 세상에서 실리콘 밸리가 이토록 두각을 나타내는 이유를 거듭 물었다. 왜 다른 나라에는 구글, 애플, 페이스북이 없는 것인가? 그 대답은 실리콘 밸리 기업들의 특성에서 찾을 수 있다. 이들 기업은 야심 찬 목표를 이루는 과정에서 위험 요인이나 속도와 결코 타협하지 않는다. 페이지는 "기술적 한계를 탐험하는 일에서 우리에게는 경쟁상대가 거의 없다."라고 말했다. 페이지의 평가는 사실이다. 누구도 그처럼 미친 짓을 시도하지 않는다. 반면 구글은 매일 직원들에게 용기를 내 위험을 감수하라고 설교한다. 나아가 직원들에게 혁신과 창의성을 체계적으로 가르치는 프로그램을 개발했는데 매년 수천 명의 직원이 이 프로그램에 참여한다.

구글은 위험 감수 원칙 외에 가차 없는 신속함의 원칙도 추구한다. 느리게 가는 자는 잡아먹히기 때문이다. 급변하는 기술 세계에서 지난 6개월의 변화를 읽지 못하는 자는 이미 한참 뒤떨어진 것이다. 속도에 대한 강박증은 오래전부터 IT 산업 전체를 지배해왔고 특히 지난 몇 십 년간 자사의 속도에 맞춰오던 기업들조차 속도 경쟁에 뛰어들었다. 예를 들어 마이크로소프트나 독일의 소프트웨어회사 SAP는 3년마다 신제품을 출시하던 관행을 버리고 3개월마다 새로운 제품을 내놓고 있다. 독일이 선호하는 신중한 접근 방식이 빠른 변화에 적응하지 못해 허덕이는 사이에 구글은 다른 접근 방식으로 밀고 나갔다. 그들은 아이디어가 나오면 오래 토론하는 대신 일단 시도하고 테스트하고 향상시킨다. 그래도 안 되면 죄의식 없이 곧바로 포기한다.

디지털 세계의 이런 유토피아적 목표와 속도 으뜸주의, 위험 부담 시스템은 세상에 커다란 영향을 미치고 있다. 그들은 어떠한 것도 장애물로 여기지 않는다. 구글과 실리콘 밸리의 정신세계를 한마디로 요약하자면 이렇다.

'불가능이란 없다. 세상을 바꾸려 하면서 어찌 지구상의 모든 규칙을 다 따르겠는가?'

새로운 것을 창조하려는 사람은 낡은 생각에 발목을 잡히면 안 된다. 20세기의 도구로는 21세기를 건설할 수 없다. 앞서가려는 자는 멈출 수밖에 없을 때까지 달려야 한다. 이것을 두고 무모하고 무원칙적이라고 할 수도 있지만 어쨌거나 지금까지는 확실히 효과가 있었다.

이러한 태도는 미국 선조들의 캔두Can-do 정신에도 살아 있었다. 하지만 불굴의 노동정신이나 한계 극복 정신을 넘어서는 이 캘리포니아산 이데올로기는 디지털 산업과 실리콘 밸리의 엘리트층에 굳건히 뿌리내린 새로운 의식으로 유러피언적 세계관과 극명한 대조를 이룬다. 이 때문에 커다란 갈등 가능성도 등장하고 있다. 지난 몇 년간 전 세계에서 구글의 반대 세력이 점점 확대되어 왔는데 유럽에서는 특히 독일을 중심으로 그 세력이 커지고 있다. 구글의 권력을 놓고 이토록 강도 높고 감정적인 토론을 벌이는 나라는 어디에도 없다.

독일이 이처럼 불편한 반응을 보이는 이유는 한편으로 역사가 설명해준다. 지난 세기에 분단국 국민으로서 사생활을 속속들이 감시당했던 독일인은 정보수집에 민감한 반응을 보인다. 그러니 개인정보를 최대한 알아내려 하고 그 정보를 수익모델로 삼는 기업이 국민의 적으로 보이는 것은 당연하다.

그럼에도 불구하고 사용자 숫자로 볼 때 전 세계에서 독일만큼 구글을 좋아하는 나라도 없다는 사실은 역설적이다. 독일에서 인터넷 검색엔진의 90퍼센트는 구글이 점유하고 있다. 미국도 79퍼센트에 지나지 않는데 말이다. 구글의 다른 제품도 마찬가지다. 독일인은 다른 어느 나라 국민보다 구글의 제품을 많이 사용하고 있다.

구글의 사업 방식 및 계획에 대한 이러한 애증으로 인해 독일에는 구글에 대항하는 강적이 많다. 전 세계적으로 반구글 운동을 주도하는 스프링거 출판사와 그 CEO 마티아스 되프너Mathias Döpfner 그리고 공개적으로 기업 해체를 주장하는 부총리이자 사민당 당수인 지그마어 가브리엘Sigmar Gabriel이 대표적이다. 과연 구글에 관한 토론이 이런 방향으로 흘러가는 것이 옳은 일일까? 이 같은 토론은 자유와 사생활 보호 관점에서 이뤄지는 것일까, 아니면 이해당사자의 경제적 · 정치적 이익을 위한 것일까?

이것 하나는 분명하다. 그것은 우리 모두가 구글을 상징 축으로 하는 새로운 디지털 세계에 커다란 의문을 품고 있다는 사실이다. 실리콘 밸리의 낙천적인 전문가들이 말하는 것처럼 모든 게 나아질 것인가, 아니면 비평가와 염세주의자 혹은 기우론자의 말처럼 모든 게 나빠질 것인가? 현재 많은 것이 위태로운 갈림길에 서 있다는 사실은 굳이 예언자가 아니어도 알 수 있다. 특히 개인의 자유와 사생활 보호에 대한 권리 그리고 비논리적 · 비효율적이긴 해도 지극히 인간적이고 실현 가능한 공동체의 권리 등이 위협받고 있다. 동시에 디지털 세상은 엄청난 기회로 우리를 유혹한다. 실제로 미래는 여러 면에서 현재보다 훨씬 더 나아질 전망이다. 교통사고 사망률 감소도 그중 하나다. 암으로 인한 사망 감소도 하나의 승리다. 그에 못지않게 중요한 것은 지금까지 인류 역사에서 소수의 지나친 권력 독점을 차단하는 최고의 해결책은 다수의 지식 공유였다는 점이다.

물론 구글은 불사신이 아니다

구글은 저항 세력과 여러 방향에서 불어오는 역풍의 증가세를 잘 알고 있다. 현재 지구상에서 미래를 지배할 수 있을 만큼 돈과 지성, 권력, 정보가 집중된 기업은 구글 외에는 없다. 물론 이런 상황이 얼마나 지속될지는 아무도 모른다. 구글은 결코 불사신이 아니다. 구글 본사에서 일정 시간을 지내보면 자신감에 가득 찬 정면 뒤에 고압 전류가 들끓고 있음을 누구나 알아차릴 수 있다. 엄청나게 똑똑하고 천재적인 엔지니어와 프로그래머도 끊임없이 여기저기를 둘러보며 혹시 누가 뒤에서 자신을 공격하지 않을지 살피면서 초조해한다.

해마다 수백 개의 신생기업이 새로운 아이디어와 수백만 달러의 자본금, 야망으로 무장하고 빅 기업이 되기 위해 세계무대에 등장한다. 여기에다 거대 기술기업 간의 경쟁도 그 어느 때보다 치열하다. 10~20년간 비즈니스계를 평정하다가 빠른 속도로 저물어간 소니와 IBM처럼 비참한 최후를 맞이하고 싶지 않기 때문이다. 실리콘 밸리의 기업들은 현재 경쟁에서 한 발 앞서고자 엄청난 돈을 쏟아붓고 있다. 페이스북은 메신저 서비스인 왓츠앱에 190억 달러를 투자할 태세다. 마이크로소프트처럼 10년 안에 몰락할까 봐 두려운 까닭이다. 마이크로소프트는 여전히 거대기업이고 수익도 만만치 않지만 더 이상 기술 선도기업은 아니며 갈수록 그 영향력이 줄어들고 있다.

구글은 치열한 경쟁 속에서 살아남기 위해 한편으로는 합병 전략을 취하고 다른 한편으로는 기존의 힘센 기업들을 서서히 무너뜨린 함정, 즉 관료주의, 무사안일주의, 복지부동주의, 고루한 관념을 피하기 위해 많은 시간과 노력을 투자한다. 특히 투자자들의 압력이 커지는 상황에서 창의성과 유연성을 유지하는 것은 무엇보다 중요하다. 투자자들은 구글이 추구하는 모든 기술적 비전 외에도 자신이 투자수익을 올릴 수 있는지 알고 싶어 한다.

구글은 이러한 압력에 어떻게 대응할까? 구글이 수십 년 동안 지속될 기술 발전의 원동력으로 자리 잡도록 하기 위해 페이지는 어떤 시도를 하고 있는가?

페이지는 자신의 원대한 계획과 기술 비전에서 조금도 물러서지 않으려 한다. 보다 나은 세상을 만들겠다는 가장 큰 목적을 지키고 싶어 하는 페이지는 다음과 같이 말한다.

"사회적 목적을 이루는 것이 우리의 가장 큰 목표입니다. 구글은 항상 그걸 실현하려 노력해왔지요. 그렇지만 아직은 이 메시지를 생각만큼 잘 전달하지 못한 것 같네요."

그를 믿어도 좋을까? 구글이 세상의 흐름에 민감하고 비판 세력과 기꺼이 토론하거나 개방적으로 귀를 기울이려 한다는 것만큼은 분명한 사실이다. 페이지는 자신이 수많은 전투에 굴복당하지 않아야 자사의 위대한 비전을 실현할 수 있음을 잘 알고 있다. 구글은 궁극적으로 소비자의 선한 의지에 의존하는 기업이기 때문이다. 짐작하겠지만 구글의 경영진은 현재 세계에서 벌어지는 자사 관련 논쟁에 촉각을 곤두세우고 있다.

구글은 내가 이 책을 위해 구글의 엔지니어, 프로그래머, 경영진, 기업의 리더를 포함해 수많은 직원들과 인터뷰를 하도록 배려해주었다. 페이지가 구글의 경영진으로서 구글에 관한 책 프로젝트에 협조한 것은 이번이 처음이다. 또한 독일인인 내가 구글의 내부에 접근하도록 허락한 것도 최초의 일이다.

구글을 바라볼 때 가장 명심해야 할 규칙은 그들이 그 나름대로 지성적 전통을 지키고 있다는 점이다. 그것만으로도 구글은 '기술 산업계의 북한'이라 불릴 만큼 엄격하게 밀폐된 애플과는 다르다고 할 수 있다. 구글은 적극적으로 대화를 원한다.

▶▶▶

그렇다고 내 연구가 구글이 제공하는 자료에만 의존한 것은 아니다. 지난 수년간 나는 구글의 직원들을 포함해 구글 안팎으로 방대한 인맥 네트워크를 구축해왔다. 실리콘 밸리에서는 미국인이 아닌 다른 나라 출신의 뛰어난 엔지니어와 컴퓨터과학자도 인기가 많으며 이들은 구글에서 고위직에 올라 있다. 이들은 대개 독특한 관점을 보여준다. 즉, 한편으로는 자사의 어젠다와 밀접하게 관련되어 있지만 다른 한편으로는 고국에서 벌어지는 논쟁을 의식하고 있다. 가령 구글의 한 독일인 엔지니어가 말했듯 이들은 '무기상 밑에서 일한다'는 세간의 눈총을 곤혹스러워한다.

현재 많은 것이 기로에 서 있고 우리가 어떤 결정을 하느냐에 따라 가까운 미래의 디지털 세계가 달라질 가능성이 크기 때문에 구글에 대한 논쟁에는 감정적 요소가 개입될 수밖에 없다. 여기에는 단지 경제적인 것뿐 아니라 정치적, 사회적인 질문도 포함된다. 기술 진보가 결과적으로 항상 좋기만 한 것일까? 기업에 우리 삶을 지배하는 권력을 어느 정도까지 허용해야 할까? 놀랍게도 구글과 관련된 논쟁은 대부분 구글을 잘 알지 못하지만 일상생활에서 구글의 영향을 크게 받는, 즉 구글 본부와 수천 킬로미터 떨어진 곳에서 이루어지고 있다.

그런 의미에서 이 책의 첫 번째 목표는 구글을 가까운 곳에서 지켜보고 설명하는 데 있다. 나아가 구글의 사상가, 전략가, 주역 들을 분석하고자 한다. 다시 말해 기업의 이면을 살펴 구글이 무슨 일을, 어떻게 하는지 알아내고 또 경영진의 생각과 도덕적·정치적 관점을 밝히려 한다.

이 방향에서 처음 내딛어야 할 발걸음은 기업의 눈부신 성장 배경을 분석하는 일이다. 구글은 어떻게 현재의 기업으로 성장했는가? 에릭 슈미트는 이렇게 대답한다.

"구글은 모든 이에게 정보를 제공하기 위해 설립되었습니다. 그 전략의 부산물로 우리는 필요한 기반 시설을 구축하고 직원을 고용하는 것 같은 비즈니스 모델을 개발했지요."

이것이 창업 전설이다. 그렇다면 이것은 얼마만큼 진실일까?

그 답을 찾으려면 구글의 창업자 래리 페이지와 세르게이 브린을 꼭 만나야 했다. 이들은 '달에 로켓을 쏘겠다' 혹은 '별에 가겠다'는 목표를 어떻게 일상적인 비즈니스와 연계했을까? 다음 단계는 이전 단계보다 10배 더 나아가야 하고, 새로운 아이디어는 이전의 모든 아이디어보다 10배 더 훌륭해야 한다는 구글에서 어떻게 문샷의 꿈을 실현할 수 있을까? 이를 알려면 로봇, 드론, 새로운 컴퓨터에 대한 연구와 의료 프로젝트를 진행하는 연구실 및 개발부에서 무슨 일을 하고 있는지 이해하는 것이 중요하다. 이 구역에 대한 정보는 기밀이지만 비공식적으로 내부 상황을 이해할 수 있는 길은 열려 있다. 무엇보다 우리는 구글이 미래에 자동차를 비롯해 모든 기계를 제어하는 방식으로 선택한 안드로이드를 이해할 필요가 있다. 또한 구글의 조직 구조와 직원 채용 원칙, 주요 결정 방법 등을 이해하는 것도 중요하다.

미래를 이해하려면 구글을 이해해야 한다

구글이 19세기에 록펠러가 이룬 무자비한 석유 제국 스탠더드 오일과 다를 바 없는 기업으로 성장하고 있다고 지적하는 사람도 있다. 이들은

▶▶▶

에너지 대신 데이터, 즉 정보 권력을 쥔 것만 다를 뿐이라고 말한다. 반면 구글이 전기 시대를 연 발명가 토머스 에디슨이 세운 제너럴 일렉트릭General Electric과 비슷한 행보를 보인다고 말하는 이들도 있다. 광범위한 복합기업 제너럴 일렉트릭은 다른 기업과 달리 발명으로 개발한 상업 제품들이 전 세계와 문명의 발전을 위해 쓰이도록 했다.

어떤 태도로 접근하든 기본적인 논점은 그대로 남는다. 세계를 바꾸는 것이 목표라니, 이 기업의 정체성은 대체 무엇인가? 갈수록 증가하는 정보수집 활동과 과거에 보여준 구글의 느긋하고 거만해 보이는 태도는 이러한 의심을 더욱 짙게 만든다. 그렇다고 우리가 두려움에 떨어야 하는 걸까? 구글이 온 힘을 다해 추구하는 가치가 다른 기업들이 감히 엄두도 내지 못하는 미래를 발명하는 것이라면 오히려 박수를 쳐야 하는 게 아닐까? 사실 구글에 대한 공포는 실리콘 밸리의 기업들이 지금까지 자신의 미래 비전을 일사천리로 실현해온 것에서 비롯된 게 아닌가.

이제 이쯤에서 질문을 해보자. 구글의 조직 구조와 야망은 다른 기업들이 좀 더 대담하게 기술적 비전을 실현하도록 영감과 자극을 주는 모델이 아닐까? 확실한 것은 미래를 이해하려면 구글을 이해해야 한다는 사실이다.

차 례

해제   **구글은 왜 세상을 바꾸려 하는가** _장병탁(서울대학교 컴퓨터공학부 교수) 7

머리말 구글이 움직이면 미래가 된다 13
가장 가까이서 들여다본 구글 15 · 구글의 야망 18 · 우리 눈에 보이는 '구글'은 시작에 불과하다 21 · 권력과 부를 통해 얻고 싶은 것 24 · 물론 구글은 불사신이 아니다 28 · 미래를 이해하려면 구글을 이해해야 한다 32

제1장 그라운드 : 학교 기숙사에서 슈퍼 파워의 상징으로

완벽한 순간, 페이지와 브린의 만남 45 · 한계를 돌파한 아이디어, 검색 알고리즘 48 · 경제사에 기록될 10만 달러짜리 수표 52 · 결정적 전환점, 주식 상장 61 · 구글을 향한 화살 63 · 래리 페이지의 귀환 66

제2장 창업자들 : 열정으로 세상이 바뀔 때까지

자유로운 해방자, 세르게이 브린 76 · 내성적인 창조자, 래리 페이지 81 · 우주에서 가장 야심적인 CEO 84 · '자넨 한꺼번에 너무 많은 것을 하고 있네' 91 · 낙천주의자 95 · 실리콘 밸리 정신의 대변자 98 · 2029년, 인간의 모든 일을 컴퓨터가 대체한다 101 · 구글, 미래를 시도하는 공간 104

제3장 문샷 : 어떻게 미래를 만들 것인가

10퍼센트보다 10배 향상시키는 것이 더 쉽다 113 · 인간을 달에 보내는 이단의 정신 115 · 지금까지 누구도 해결하지 못한, 중요한 문제인가 121 · 일단 발명하고 돈은 나중에 번다 124 · 10년 넘게 무인자동차에 매달리는 이유 129 · 그들의 목표는 자동차가 아니다 135 · 자율 주행차를 향한 세계적인 경쟁 140 · 운송수단을 넘어 움직이는 주거지로 147

제4장 비밀 연구소 : 구글의 미래 전략

'거대한', '급진적인', '불가능하지 않은' 156 · 룬 프로젝트, 새로운 인터넷 보급 사업 160 · 나노 위성과 인공위성 사업 166 · 생명 연장 프로젝트 170 · 로봇 프로젝트 179 · 윙 프로젝트, 드론 배달 시스템 185 · 양자컴퓨터 189 · 무모한 도박인가, 대담한 투자인가 197

제5장 검색: 과거의 성공을 미래로 연결하는 방법

검색엔진, 최초이자 최고의 문샷 프로젝트 204 · 세상의 모든 데이터를 연결하는 지식 그래프 207 · 인간과 컴퓨터의 자연스러운 대화 211 · 인공지능의 첨병 딥마인드를 인수하다 214 · 인공신경망과 딥 러닝 219 · 기계 번역 223 · 디지털 지도 231

제6장 마스터마인드: 구글은 어떻게 일하는가

사람과 혁신 연구소, 피랩 242 · 최고의 두뇌를 얻기 위한 노력 247 · 구글의 구조, 작은 세포의 집결과 해체 253 · 엔지니어 중심 문화 257 · 발명가의 딜레마 261 · 그들은 어떻게 창의를 이끌어내는가 265 · '네, 하지만'이 아니라 '네, 그리고' 268

제7장 스마트폰, 로봇과 자동차: 시스템으로 세상을 움직이다

구글, 안드로이드를 품다 279 · 안드로이드가 자동차를 만났을 때 283 · 가장 기본적인 기술 플랫폼 289 · 새롭게 연결된 기계 세상 292 · 네트워크로 연결된 미래를 위해 296 · 지메일, 다음 10년을 위한 통신 300 · 그다음 디지털 혁명, 가상현실(VR) 304

제8장 디지털화 VS 사생활 보호: 구글을 둘러싼 논쟁

구글과 개인정보 314 · 디지털 정보를 둘러싼 이해와 오해 320 · 왜 구글을 두려워하는가 330 · 구글은 희생양인가 340 · 구글은 사랑받는 기업이고 싶어 한다 349

제9장 미래: 위대한 비전인가, 거대한 허상인가

구글은 어떤 미래를 꿈꾸는가 360 · 구글의 발전이 가져올 미래 364 · 완전히 기술화된 디지털 미래 373

제1장

그라운드 :

학교 기숙사에서 슈퍼 파워의 상징으로

구글 본사를 처음 방문하는 사람 중에는 자신이 보잘것없는 지사나 외딴 사무실을 잘못 찾아온 것이 아닌가 싶어 당황하는 사람이 적지 않다. 대개는 수십억 달러의 영업이익을 쌓아놓은 회사의 영향력과 야망에 걸맞은 거대하고 화려한 건물을 예상하기 때문이다. 구글 본사는 평범한 유리와 콘크리트로 지은 3, 4층 이하의 건물 수십 개로 이루어져 있다. 건축가의 관점에서 살피자면 단지 공허하고 하찮은 성냥갑 같은 건물들이 모여 있을 뿐이다. 여기에는 건물로 이어지는 웅장한 길도, 정문도, 중앙로비도 없고 하다못해 '입구는 이쪽입니다'라고 써 붙인 간판조차 없다. 물론 경비구역도 없다. 거의 모든 글로벌 회사에서 흔히 볼 수 있는 거대한 게이트나 장벽, 경비원, 높은 울타리 등을 이곳에서는 찾아볼 수 없다.

대신 옹기종기 들어선 건물들 중간에 파라솔, 알록달록한 색상의 의자, 비치볼을 즐길 수 있는 운동장 등으로 이루어진 공간이 있는데 이곳은 아침 여덟 시부터 사람들로 북적거린다. 여기가 일종의 센터 역할을 하고 있음을 알려주는 유일한 표시는 그것뿐이다. 구글플렉스googleplex 라고 불리는 그 공간은 여러 개의 도로로 연결되어 있는데 건물들 사이 의 거리가 멀어 걸어서 다른 건물로 가려면 30분 이상 걸리기도 한다. 따 라서 모든 건물의 입구에는 구글을 상징하는 색깔의 로드스터 자전거가 놓여 있다. 직원들은 이 자전거를 타고 볼일을 보러 이 건물에서 저 건물 로 이동한다.

점심시간이 되면 캘리포니아의 햇빛을 즐기기 위해 수천 명의 직원이 우르르 밖으로 쏟아져 나오는데 이들은 대부분 마흔을 넘지 않는다. 사 무실에는 동물보호단체의 포스터가 붙어 있고 직원들은 점심식사로 두 부를 먹으며 보다 나은 세상을 만들 방법을 토론한다. 이후에 이어지는 회의는 마치 대학 강의처럼 늘 몇 분쯤 늦게 시작한다. 남자 화장실의 변 기 위 눈높이 부분에는 간단한 프로그래밍 팁이나 정신수양 방법 등을 담은 메시지가 붙어 있다. 이곳에서는 양복을 입거나 넥타이를 맨 사람 을 유럽에서 온 얼뜨기 손님 혹은 은행원으로 여긴다. 대부분 티셔츠와 스웨터, 운동화나 맨발용 스니커즈 혹은 슬리퍼를 유니폼처럼 착용하기 때문이다.

우리는 종종 구글이 '실리콘 밸리에서 가장 유망한 기업체'에서 '글로 벌 거대기업'으로 성장한 것은 세기가 바뀌고 난 이후의 일이라는 사실 을 잊는다. 구글은 오랫동안 상징적인 본사 건물을 세우고 싶어 했지만 시간과 비용 문제에 발이 묶여 있었다.

이제 구글은 현재의 구글플렉스 바로 옆에 있는 25헥타르(약 7만 5,000평)의 대지에 상징적 가치를 보여주는 사옥을 세울 계획이다. 2015

▶▶▶

년 봄 구글은 두 건축회사 비야케 잉겔스 그룹Bjarke Ingels Group과 헤더워윅 스튜디오Heatherwick Studio의 급진적인 설계 디자인을 공개했는데, 《블룸버그 비즈니스 위크》Bloomberg Business Week는 이 디자인을 '거대한 인간 테라리움'이라고 불렀다. 이를 통해 건물 벽에서 계단, 천장에 이르기까지 모든 기본적인 건축 개념이 새롭게 조망될 전망이다. 높은 금속 기둥과 거대한 유리로 이루어진 서커스 천막 형태의 조립식 건물 네 동은 직원 1만여 명을 위한 엄청나게 큰 열린 사무 공간이다. 높이가 다른 건물에는 경사로를 설치해 직원들이 자기 책상 앞까지 자전거를 타고 갈 수 있게 설계했다. 또 건물 옆에는 수천 명을 수용할 아파트를 지을 예정이다.

2020년대 초반이면 이들 새로운 본사가 모두 완공될 것이다. 물론 대중은 정확한 컴퓨터 시뮬레이션과 비용 보고서, 청사진으로 구성된 도시 계획 절차에 따라 사옥의 디자인과 상세한 내부 구성을 모두 볼 수 있다.

하지만 구글의 상징은 대리석과 건물의 우아함이 아니라 최대 효율성이라는 가치에 있다. 구글은 사무 공간 구조나 작업환경 같은 문제조차 복잡한 데이터 분석을 통해 결정한다. 데이터에 따르면 고층 빌딩은 생산성에 나쁜 영향을 미친다. 위로 쌓는 대신 옆으로 퍼지는 건물 구조가 더 낫다는 얘기다. 이것이 세상을 바꿀 발명품을 끊임없이 만들어내는 디지털 인력에게 가장 창조적이고 생산적인 작업환경을 제공하는 유일한 방법이다. 데이터에 따르면 협동을 잘하는 사람이 진정 창조적인 사람이기 때문이다. 이에 따라 구글은 벽과 층으로 나뉘는 모든 경계를 없애버렸다. 경영진도 개인적인 사무 공간을 갖지 못한다. 게임을 즐기고 생각하기 위한 열린 공간은 디지털 경제 구역에서 그 중요성이 매우 크다.

이곳에서는 경영진도 닫힌 문 안쪽에 숨지 못한다. 같은 층에서 일하는 직원들은 거의 매일 서로 마주친다. 만약 층이 나뉘어 있으면 그럴 기회는 거의 없다.

이로써 전통적인 사무 공간은 완전히 사라지고 은밀한 회의나 개인적인 미팅은 이루어질 수 없다. 지속적인 상호작용은 필수적이며 다른 사람의 방해를 받지 않고 일하는 것은 아주 힘들다.

구글 사옥 안의 라운지와 커피를 내리는 공간은 의도적으로 각기 다른 부서의 직원들이 계속 마주치면서 담소를 나누고 이를 새로운 아이디어로 발전시키도록 설계 및 배치했다. 이 완벽한 긴밀성, 경계 부재 그리고 개인적인 안식처 실종을 두고 어떤 이는 디지털 문화의 양날의 검이라고 부른다. 한편으로는 새로운 자유를 창조하지만 다른 한편으로는 사생활의 권리가 쪼그라들기 때문이다. 인터넷 시대에는 모든 것이 개방되고 투명해지며 마케팅 대상이 된다. 차를 마시는 휴식시간조차 말이다.

대신 구글은 직원들이 저녁 늦게까지 혹은 주말까지 창조적으로 일하는 데 아무런 부족함이 없도록 훌륭한 환경을 제공한다. 구글은 유치원부터 개를 위한 학교, 축구장, 암벽 등반용 벽, 피자 식당, 오픈 시네마까지 두루 갖추고 있다. 구글의 캠퍼스 주변은 마치 매일 새롭게 짓고 다음 날 철거하는 유목민의 마을 같다. 구글의 주차장에는 거대한 캠핑용 이동식 주택 안에 치과병원이 있고 그 옆에는 자동차오일을 교환할 수 있는 센터가 있다. 휴식이 필요한 사람은 언제든 '낮잠 코너'라고 불리는 소파에 드러눕거나 축구를 하러 간다. 또한 복싱 교실과 볼링장도 있으며 자체적으로 바를 갖추고 여러 종류의 술을 제공하기도 한다.

그뿐 아니라 대부분의 건물에는 자체 식당과 카페가 있고 각 층마다

음료수와 과일, 스낵 등을 갖춘 소위 마이크로 부엌이 있다. 구내매점의 셰프는 한때 히피 밴드 그레이트풀 데드Grateful Dead의 투어를 책임지던 요리사다. 어떤 건물에는 다양한 회 메뉴를 구비한 세련된 레스토랑 겸 매점도 있다. 물론 어느 곳에서나 음식은 무료이고 건강식이며 맛이 있다.

실리콘 밸리는 대중교통이 발달하지 않아 구글의 많은 직원이 인터넷과 스낵을 갖춘 흰색 이층 회사 버스를 타고 출퇴근한다. 수십 개의 구글 회사 버스는 매일 샌프란시스코와 마운틴 뷰 사이를 오가고 있다.

이 글로벌 기업의 모든 휘장을 보고 있노라면 구글이 까마득히 오래 전에 창업한 것처럼 느껴진다. 하지만 실제로는 구글이 첫걸음을 뗀 지 20년도 채 되지 않았다. 구글이 탄생한 곳은 본사에서 수 킬로미터밖에 떨어지지 않은 스탠퍼드 대학 기숙사다.

완벽한 순간, 페이지와 브린의 만남

래리 페이지와 세르게이 브린이 구글닷컴을 인터넷 도메인으로 등록한 것은 1997년 9월 15일의 일이다. 회사 이름은 처음에 '왓박스'Whatbox로 정하려 했다. 페이지가 몇 달 전에 시작한 학교 프로젝트에 붙인 이름을 그대로 쓰고 싶어 했기 때문이다. 그때 페이지의 스탠퍼드 기숙사 룸메이트가 다른 이름을 제안했다. 그것은 1940년 수학자 에드워드 캐스너Edward Kasner가 만든 수학적 용어 '구골'Googol로 1 뒤에 0이 100개나 붙는 커다란 숫자다. 캐스너는 우주에 존재하는 양원입자처럼 엄청난 수를 묘사하기 위해 이 개념을 고안했다. 페이지와 브린은 모두 그 아이디어를 마음에 들어 했는데 이는 야후나 IBM 같은 평범한 이름보다 훨씬 괴짜다운 느낌이 묻어났기 때문이다. 더구나 그 이름은 인터넷을 통한 무한한 정보 제공이라는 이들의 목표와도 정확히 일치했다! 그 '구골'이 '구글'google이 된 것은 의도한 바가 아니었다. 페이지와 브린이 철자를 잘못 쓰는 바람에 구글이 되었는데 나중에 고치려 할 때는 이미 구골 도메인을 다른 사람이 차지한 뒤였다.

페이지와 브린은 처음부터 자신들의 야망을 숨기지 않았다. 당연히 이들은 회사 창립 일에 자사의 임무에 대해 다음과 같이 공표했다.

"우리의 임무는 세계의 정보를 조직화하고 전 인류가 접근 및 사용하도록 하는 것입니다."

비록 인터넷을 직접 언급하지는 않았지만 이 말을 신중하게 살펴본 사람은 충분히 알아챘을 것이다. 이들이 온라인 세상의 질서를 바로잡고 모든 사람이 접근하도록 하는 것을 넘어 모든 종류의 정보, 전 세계에 존재하는 지식을 대상으로 한다는 것을 말이다. 구글은 첫날부터 그 목표를 명확히 밝혔다. 단지 사람들이 오랫동안 페이지와 브린의 말을 믿지 않았을 뿐이다. 사실은 믿기가 어려웠다. 이 지구상의 모든 사물과 사람에 대한 정보를 모으겠다니, 미친 짓이 아닌가.

그러는 사이 인터넷에서 세상에 존재하는 모든 정보를 구한다는 개념은 점점 당연시되었다. 가령 구글의 검색창에 '함부르크 시내 중심가에서 내일 상영하는 영화'라는 문장을 넣으면 우리는 영화에 관한 정보부터 리뷰와 예고편까지 볼 수 있다. 에볼라 바이러스의 유전적 구조를 알고 싶을 경우 즉각 수십 개의 기술 자료를 확인하는 것이 가능하다. 말로

르카Mallorca 섬에서 제일 멋진 해변의 날씨를 알고 싶으면 라이브 웹캠을 통한 기상방송을 보면 된다. 이 모든 것의 이면에 얼마나 복잡한 기술과 엄청난 노력이 숨어 있는지 우리는 너무 쉽게 잊어버린다. 이는 우리가 일상에서 누리는 모든 기술적인 산물, 즉 비행기, TV, 휴대전화 등에도 해당된다. 이들 발명품의 이면은 매우 복잡하지만 우리는 그 안에 숨어 있는 기술과 조건은 생각지 않고 그저 소비만 한다.

우리는 이미 검색창에 입력한 질문이나 검색어가 1, 2초 만에 이해 가능한 정보로 가지런히 나열되는 것을 당연시하고 있다. 또한 웹사이트뿐 아니라 사진과 비디오 잡지의 기사까지 모두 볼 수 있다. 오늘날에는 아이들까지도 이것을 지극히 당연하고 정상적인 현상으로 받아들인다. 그러나 정보를 취합 및 분류하고 조직화하는 필터링과 시작 지점, 검색 메커니즘이 없으면 구글의 모든 지식은 아무런 소용이 없다.

돌이켜보면 온라인 검색을 부를 획득하는 수단으로 여기지 않고, 세상을 바꾸는 것과는 더더욱 상관없이 인터넷 붐의 부수적인 현상으로 여기던 때가 그리 오래전의 일은 아니다. 실제로 인포시크Infoseek 나 라이코스Lycos 같은 초창기의 인터넷 스타 기업도 처음에는 검색엔진으로 시작했다. 하지만 최초의 인터넷 붐 물결은 곧바로 대형 포털을 개발하는 데 거의 모든 힘을 집중했다. 당시 세상은 AOL과 야후를 새로운 디지털 세상을 통제하는 롤 모델로 받아들였고, 유일하게 다른 관점에 선 이들이 브린과 페이지였다. 2004년 기업 공개를 한 직후 브린은 《플레이보이》와의 인터뷰에서 이렇게 말했다.

"검색 기능은 과소평가되고 있습니다. 그저 100여 가지의 서비스 중 하나라고 생각하죠. 모든 사람이 100가지의 서비스를 통해 100배의 성공을 거둘 수 있다고 생각합니다. 그러나 정보를 찾는 것은 운세 보기나 주식시장 뉴스 읽기 같은 다른 어떤 기능보다 더 중요합니다. 그걸 아는 사람이 거의 없어요. 그래서 우리가 구글을 창업한 것입니다. 검색 기능이야말로 엄청난 집중이 필요한 중요한 분야라는 것을 깨달았거든요."

브린과 페이지는 구글을 창업하기 2년 전인 1995년 여름 스탠퍼드 대학에서 처음 만났다. 당시 스물두 살로 대학교 2학년이던 브린은 신입생을 위한 캠퍼스 투어를 하고 있었다. 스물한 살인 페이지도 신입생 중 한 명이었다. 만약 다른 장소나 시간이었다면 두 사람이 만날 기회는 거의 없었을 것이다. 그것은 그야말로 우연한 만남이었다. 다른 한편으로 그것은 모든 게 완벽한 순간이기도 했다. 당시 길이 80킬로미터에 너비 30킬로미터인 실리콘 밸리는 이미 10년 이상 기술 세계의 중심으로 알려져 있었고 이제 막 시작된 인터넷 붐이 그곳을 강타한 상황이었다.

│ 한계를 돌파한 아이디어, 검색 알고리즘

1956년 트랜지스터의 공동개발자 윌리엄 쇼클리William Shockley는 아픈 어머니 곁에서 살기 위해 이스트 코스트East Coast에서 마운틴 뷰로 이사했다. 노벨상을 받은 그는 그곳에서 새로운 실리콘칩을 생산하는 회사를 설립했다. 곧이어 페어차일드Fairchild 반도체나 제록스 파크Xerox Parc 같은 칩 개발 선도업체들이 쇼클리를 따라 이 지역으로 몰려들었다.

팰로 앨토Palo Alto의 외곽지역에 있는 스탠퍼드 대학은 처음부터 새로운 산업에서 핵심적인 역할을 했다. 1885년 캘리포니아의 전 주지사이자

▶▶▶

철도 사업으로 부를 쌓은 리랜드 스탠퍼드Leland Stanford가 건립한 스탠퍼드 대학은 초기부터 연구와 테크놀로지를 전문적으로 연마하는 곳이었다. 1950년대에 이 대학의 학과장은 공학과 학생 및 교수에게 연구와 병행해 창업할 것을 권했다. 휴렛팩커드Hewlett-Packard 같은 기업도 그렇게 해서 설립되었다. 1969년 무렵 스탠퍼드는 현대 인터넷의 전신인 아파넷ARPAnet에 최초로 연결된 네 노드 중 하나였다. 이후 몇 십 년에 걸쳐 기업과 대학 간의 관계는 더욱 긴밀해졌다. 오늘날 스탠퍼드는 수많은 연구자, 기업인, 자본가, 기업 경영자를 연결하는 중요한 거점이다.

페이지와 브린은 윌리엄 헨리 게이츠 3세William Henry Gates III(빌 게이츠의 본명)의 이름을 딴, 줄여서 '빌'이라고 부르는 건물에서 대부분의 시간을 보냈다. 마이크로소프트의 창립자 빌 게이츠는 스탠퍼드의 컴퓨터공학과에 많은 돈을 기부했다. 그런데 페이지와 브린은 스탠퍼드를 졸업한 지 10년도 되지 않아 빌의 표현대로 마이크로소프트의 '뒤통수를 쳤다.' 인생이란 참으로 아이러니하지 않은가.

미래에 창업자가 될 두 사람은 인간과 기계와의 상호작용을 연구하는 컴퓨터공학의 '컴퓨터−인간 상호작용 그룹'Human-Computer Interaction Group의 일원이었다. 페이지는 이곳에서 실리콘 밸리의 기본적인 철학을 담았다는 평을 듣는 애플의 공학자 도널드 노먼Donald Norman의 저서 《디자인과 인간심리》The Psychology of Everyday Things를 읽고 열광했다. 이 책의 핵심 메시지는 '사용자는 항상 옳다'는 것이다. 교수들과의 합동 작업은 긴밀하게 이루어졌고 컴퓨터와 관련된 실질적인 문제를 풀기 위한 노력은 치열했으며 학생들에게는 자체 프로젝트를 개발할 자유가 주어졌다. 당시 페이지는 공상과학에 가까운 특이한 아이디어로 사람들의 주목을 받았다.

그 무렵 미래에 관한 가장 급진적인 아이디어는 인터넷 세상이었는데, 완전히 초창기라 '세상의 모든 정보가 서로 연결되는 상황을 상상해보라. 우린 글로벌 정보 공간을 갖게 된다' 같은 문장만으로도 모두들 흥분하곤 했다. 월드 와이드 웹World Wide Web의 공동 개발자 팀 버너스리Tim Berners-Lee는 당시 페이지와 브린이 이러한 비전에 열광했다고 말한다. 논문 주제를 찾고 있던 이들이 수많은 아이디어 중에서 지도교수 테리 위노그래드Terry Winograd에게 최종적으로 제출한 것은 웹페이지의 내용을 보고 그 순서를 결정해서 보여주는 시스템 개발이었다.

이 시스템을 위해 페이지와 브린은 어떤 주제가 가장 중요한지 독립적으로 결정하는 알고리즘을 개발하려 했다. 그 과정에서 이들은 가장 많은 것을 연결하는 웹페이지가 가장 중요한 웹페이지가 된다는 사실을 깨달았다. 하지만 알레고리를 통해 믿음직한 방식으로 자료 수집을 하려면 웹상에 존재하는 정보를 대규모로 모을 필요가 있었다. 페이지가 지도교수에게 한 말을 빌리자면 이는 '전체 인터넷을 서로 연결하는' 일이다.

위노그래드 교수는 구글의 기술이 처음에는 '학술적 프로젝트'였다고 말한다. 중요한 문제는 페이지와 브린이 건드린 모든 질문을 어떻게 논문으로 엮어낼 것인가 하는 점이었다. 위노그래드 교수는 "우리는 과학 논문의 목표를 무엇으로 잡을지를 놓고 긴 토론을 했다."라고 말했다.

구글 창립자의 논문 지도교수인 그는 인공지능 분야의 전설적인 권위자이자 컴퓨터공학의 표준이 된 많은 책의 저자다. 지금은 은퇴했지만 여전히 스탠퍼드, 특히 디자인 연구소에서 간혹 그를 볼 수 있다. 헝클어진 백발에 흰 수염을 기른 활달한 성격의 위노그래드 교수는 세계적인 기업의 창업자인 두 사람의 대학생활에 관해 많은 얘기를 들려주었다. 그에 따르면 스탠퍼드의 IT와 공대에는 세 종류의 학생이 있다. 하나는 이론적인 문제 해결에 골몰하며 과학자의 길을 가려 하는 사람이다. 다른 하나는 돈을 벌려는 사람으로 이들은 이상이 아닌 비즈니스 모델을 추구한다. 마지막 유형을 위노그래드 교수는 '이상적인 컴퓨터공학자'라고 부른다. 이들은 돈에 상관없이 무언가 위대한 것을 만들려고 하는 사람으로 스티브 잡스가 그 대표적인 인물이다. 페이지와 브린도 마찬가지다. 위노그래드는 이런 얘기를 들려주었다.

"어느 날 래리와 토론을 하다가 그에게 '이 아이디어로 어떻게 돈을 벌 것이냐'고 물은 적이 있어요. 래리는 잘 모르겠다고 대답하더군요."

에릭 슈미트가 쓴 《구글은 어떻게 일하는가》How Google Works의 서문에서 페이지는 아이디어의 기본 개념을 어느 날 밤에 꾼 꿈에서 얻었다고 말했다. 우리가 웹사이트 전체를 다운로드한 다음 링크만 남겨둔 채 모두 지울 수 있다면 어떨까? 그러면 모든 것이 서로 연결되는 프레임만 남고 거기서 중요한 것과 그렇지 않은 것을 구분할 수 있다. 꿈에서 깨어난 페이지는 종이에 자신의 꿈을 기록했다. 나중에 여기에서 발전한 것이 현재까지 구글의 심장부를 차지하는 페이지랭크PageRank라는 알고리즘이다. 중의적인 이 이름에는 이름을 붙인 이의 허영심이 약간 엿보이는데 실제로 페이지는 그의 성이기도 하다.

스탠퍼드에서 웹사이트를 대상으로 실험을 하던 두 사람은 그들의 시스템이 유효하다는 것을 곧바로 알아챘다. 그보다 더한 성과도 얻었다. 시스템의 개념이 연관성 있는 내용을 정렬하기에 완벽한 도구일 뿐 아니라 검색 결과를 서열화하기에도 적합했던 것이다. 1990년 중반 이미 첫 번째 검색엔진이 등장했지만 페이지랭크는 브린이 개발한 복잡한 수학 원리에 그 기반을 두고 있었다. 나중에 브린이 말했다.

"우리는 전체 웹사이트를 수백만 가지의 변수를 지닌 하나의 거대한 공식으로 변환했습니다."

웹사이트 링크와 별도로 검색 결과와 관련해 소위 '신호'signal도 쏟아 져 들어오는데 이것은 바른 검색 결과가 상위에 노출되었는지 혹은 필요 한 모든 검색 결과를 제공했는지 확인하기 위해서다. 페이지랭크는 이전 까지 개발된 그 어떤 검색엔진보다 훌륭하고 유용하며 도움을 주는 결과 를 제공했다.

구글의 성공에서 결정적 요인은 급격히 성장하는 웹 세계에 엄청나게 쏟아져 들어오는 정보의 홍수가 검색 기술이 감당하지 못할 만큼 부담스 럽지 않았다는 점이다. 오히려 그것은 검색 기술 향상에 도움을 주었다. 덕분에 구글의 기본 원칙은 창업한 날부터 유리알처럼 명확했다. 이들에 게 정보는 많을수록 더 좋았다. 두 사람은 자체 역량만으로 알고리즘을 개 발해 막다른 골목으로 여겨졌던 인터넷 검색의 한계를 돌파했고 이로써 전 세계를 시장으로 하는 웹 관련 사업에 엄청난 가능성을 보여주었다.

경제사에 기록될 10만 달러짜리 수표

몇 달 동안 빈약한 몇 개의 서버로 초고속 검색엔진을 만들기 위해 고 심한 브린과 페이지는 사소한 기술적 기법을 이용해 스탠퍼드 대학의 전체 인터넷 연결 범위에 접근하는 데 성공했다. 이들은 여전히 학교 기숙사에 있었지만 구글은 모든 면에서 다른 검색엔진보다 훨씬 빠르고 나았다. 거대기업들이 기존에 만들려고 한 것이나 이전의 기술 개념을 완전히 무시하고 시류를 거슬러 올라가 이룬 이 놀라운 초기의 성공은 두 사람에게 오래도록 커다란 영향을 미쳤다. 기술기업을 창업하거나 이미 일궈놓은 전통적인 기업을 물려받은 다른 사업가들이 큰 위험을 감수하지 않고 검증된 길만 걸으며 작은 이윤에 만족할 때 브린과 페이지는 자신들의 생각을 믿었다. 사람들이 그들의 아이디어를 두고 어처구니없다고 여길 때조차 말이다.

1998년 구글은 하루에 접속 횟수가 1만 건을 넘어섰고 일시적으로 스탠퍼드의 인터넷 용량을 절반이나 사용하기도 했다. 이제 회사를 차릴 시점이 된 것이다. 두 학생의 기술적 한계 돌파에 관한 소식은 실리콘 밸리에 널리 알려졌고, 앤디 벡톨샤임Andy Bechtolsheim은 미래의 거물들을 단박에 알아보았다.

1955년 독일 바이에른의 산악지역에서 태어난 그는 1977년 독일을 떠나 스탠퍼드에서 컴퓨터공학 박사 과정을 밟기 위해 실리콘 밸리로 왔다. 하지만 그는 논문 쓰는 것을 포기하고 대신 비노드 코슬라Vinod Kholsa, 스콧 맥닐리Scott McNealy와 함께 당시 실리콘 밸리 하이테크의 아이콘이던 선 마이크로시스템스Sun Microsystems라는 서버와 네트워크 기술기업을 창업했다. 이후 벡톨샤임은 다른 네 개의 기업을 창업했는데 가장 최근에 세운 기업이 2014년 한 해 동안 총매출 6억 달러를 올린 클라우드 전문기업 아리스타Arista다.

벡톨샤임은 이미 1980년대에 실리콘 밸리의 전설이 된 억만장자로 젊은 사업가들이 창업을 하도록 자본을 내주는 데 인색하지 않았다. 1998년 8월의 어느 여름날 벡톨샤임은 브린과 페이지를 위해 자신이 '경제사를 통틀어 최고의 수표 중 하나'라고 지칭한 10만 달러짜리 수표를 써주었다. 이것은 두 사람이 세운 기업이 처음 받은 자본금이었다. 구글의 창립자들과 벡톨샤임은 서로 모르는 사이였지만 그들 세 사람을 알고 있던 데이비드 체리턴David Cheriton이 그들을 연결해주었다. 벡톨샤임과 세 개의 기업을 공동 창업한 체리턴은 당시 스탠퍼드 컴퓨터공학 교수였고 브린과 페이지가 창업하려 한다는 얘기를 들었다.

"체리턴이 우리 모두 팰로 앨토에 있는 자신의 집에서 함께 아침식사를 하는 것이 어떠냐고 제안했지요. 거기서 두 사람은 초기 구글의 원형을 노트북에 담아와 내게 보여주었습니다."

벡톨샤임은 산타클라라 교외의 우아하고 거대한 아리스타 사옥에서 첫 만남을 이렇게 회상했다. 그는 지금도 구글플렉스에서 몇 마일 떨어지지 않은 그곳에서 대부분의 시간을 보낸다. 백발이 희끗희끗한 앤디 벡톨샤임은 여전히 유망한 창업자들에게 자본을 활발히 제공하고 있지만 구글 창업자들과 마주 앉았던 1998년 8월의 어느 날만큼 인상적인 날은 없었다고 말한다.

"두 사람은 검색 알고리즘의 모든 것이 어떻게 작동하는지 설명했지요."

컴퓨터 천재 앤디 벡톨샤임은 그 설명을 곧바로 이해했다.

"두 사람의 아이디어가 매우, 매우 훌륭하다는 것은 두말할 필요가 없었지요."

당시에는 많은 과학자가 기계가 의미 있는 문장과 쓰레기 같은 문장을 구별하려면 복잡한 인공지능이 필요하며 현재로서는 자동 온라인 검색 기능이 불가능하다고 믿고 있었다. 그런데 스탠퍼드 대학생 두 명이 그 해결책을 찾아낸 것이다. 그 무렵 구글은 아직 등록하지 않은 회사였고 단지 '두 명의 아이디어맨'밖에 없는 상태였다. 두 사람의 프레젠테이션에 깊이 감동을 받은 앤디 벡톨샤임은 '흥분을 억누르지 못하고 즉각 차로 달려가 수표책을 가져왔다.' 그는 두 사람에게 충고했다.

"그런 아이디어가 있다면 더 이상 기다릴 필요가 없네."

구글은 당시 은행계좌도 개설하지 않은 상태라 수표를 현금화하는 데 한 달이나 걸렸다. 1998년 9월 7일 구글은 드디어 회사 등록을 마쳤고 두 사람은 버거킹에서 창업 축하파티를 했다. 그리고 얼마 후 신생기업에 어울리는 차고를 찾아 입주했다. 이 차고의 소유자는 인텔의 경영진 중 한 명인 수전 워치츠키Susan Wojicki였는데 몇 달 후 구글 최초의 직원이 된 그녀는 현재 유튜브의 사장이다. 나중에 브린은 그녀의 여동생과 결혼했다.

브린과 페이지는 곧 직원을 채용하기 시작했는데 그들은 대개 창업자들과 성향이 비슷했다. 수학 천재, 놀라운 성과를 거둔 사람, 샌님 타입의 공부벌레 말이다. 구글은 처음부터 엄청난 컴퓨터 용량을 구축했고 그 속도는 이전의 최고봉인 야후나 마이크로소프트가 따라오지 못할 정도였다. 하지만 두 창업자는 자신들의 아이디어로 어떻게 돈을 벌 것인가는 거의 생각하지 않았다. 그때까지도 그들은 스스로를 사업가가 아니라 과학자라고 생각했던 것이다. 이런 생각은 경제가 새로운 방향으로 흐르기 시작하고 한 인터넷 신생기업이 주식 상장에 성공한 뒤 실리콘 밸리에서 매일 샴페인을 터트리던 1999년쯤에야 바뀌었다. 전설에 따르면 동료와 함께 주차장으로 향하던 페이지는 문득 '인터넷 검색을 통해 돈을 번다'는 아이디어를 떠올렸다고 한다. 사람들의 검색 내용을 모두 파악하고 있던 구글은 이미 사람들의 관심사를 알고 있었다. 결국 구글의 검색 기능은 세상에서 가장 유효한 광고 수단이 될 운명이었던 셈이다.

구글의 초기 멤버이자 수석 엔지니어였던 아밋 싱할은 신생기업 구글이 처음 광고 기능을 발표한 2000년 1월을 잘 기억하고 있다. 페이지는 수많은 검색어를 입력한 뒤 그 결과를 모두 인쇄했다. 다음 날 구글의 사무실은 광고가 포함된 구글 검색 결과 페이지로 도배되었고 그 밑에는 페이지의 논평이 빼곡히 적혀 있었다. 이것이야말로 적절한 광고 수단이 아닌가? 어떻게 이런 검색 결과를 도출했을까?

아무런 사업 경험도, 비즈니스 행정 및 마케팅에 대한 개념도 없던 페이지는 가장 짧은 시간 내에 인터넷을 통해 돈을 버는 가장 성공적인 모델을 개발했다. 그 공식은 놀라울 정도로 간단하다. 구글의 기술은 알고리즘을 통해 해당 주제와 가장 적절하다고 판단되는 검색어를 자동적으로 광고와 연결해준다. 가령 '지중해의 섬'을 검색어로 넣으면 고양이 사료처럼 검색어와 관련이 없는 결과가 아니라 말로르카의 호텔이나 지중해로 가는 비행기 표에 관한 정보가 나온다. 유료 검색 결과는 다른 검색 결과 위에 혹은 나란히 배치된다.

이 새로운 형식의 광고는 광고주에게도 커다란 이익을 안겨주었다. 이들은 마치 경매 연단에 올라가듯 자동적으로 구글 웹사이트에 링크된다. 즉, 검색할 때마다 검색어에 따라 광고주의 상품이 자동적으로 나타난다. 그리고 광고주들은 이들 광고가 클릭될 때마다 그에 따라 돈을 지불한다. 이러한 모델은 소규모 회사도 때로 저렴한 광고비로 구글에 광고하도록 해주었다. 구글은 자사가 개발한 검색 기능으로 자체 광고를 하는 것 외에 자체 기술 및 관련 시스템을 이용해 다른 회사들도 광고 효과를 누리도록 했다. 가령 《뉴욕타임스》나 다른 사업체를 검색하는 사람도 곧바로 구글의 광고를 보게 된다. 아주 작은 웹사이트를 개설한 업체나 블로그도 구글에 광고할 수 있다. 대신 구글은 광고 수익료의 1퍼센트를 자기 몫으로 가져간다.

창업 초기 브린과 페이지는 수익 창출에 골몰하지 않았다. 이들은 구글 홈페이지를 화려한 광고나 다른 웹사이트에 관한 링크로 채우는 것을 거부했다. 대신 이들은 계속해서 미니멀한 디자인을 추구했는데 덕분에 많은 팬 층을 확보했다. 또한 수백만 달러를 들여 광고하지 않고 사람들의 입소문에 의존하는 바람에 구글은 처음에 매우 느리게 발전했다. 1999년에는 총매출 22만 달러에 손실이 600만 달러나 되었고 2000년에는 손실이 1,500만 달러로 늘어났다. 2000년 《슈피겔》은 새롭게 부상하는 이 검색엔진기업과 관련해 첫 번째 기사를 썼다.

"사실은 구글이 엄청난 성공을 거두는 게 옳다. 이제 누구도 라이코스를 입에 올리지 않아야 한다. 그렇지만 아직은 누구도 구글을 알지 못한다. 왜 그럴까?"

이 모든 것은 2001년 8월 에릭 슈미트가 구글의 새로운 CEO로 취임하면서 갑작스레 바뀌었다. 두 창업자는 구글을 신생 벤처회사에서 진정한 기업으로 바꿔놓을 경험 많은 경영자를 찾고 있었고 슈미트는 이에 걸맞은 이상적인 사람이었다. 컴퓨터공학을 전공한 과학자이자 비즈니스 경험이 풍부한 사람이었기 때문이다. 당시 슈미트는 소프트웨어 생산업체 노벨Novell을 이끈 경력에다 선 마이크로시스템스의 최고기술책임자CTO로서 마이크로소프트와의 논쟁을 이끈 노련한 사람이었다. 한마디로 20년 경력을 자랑하는 슈미트는 실리콘 밸리에서 존경받는 베테랑이었다. 실제로 이것은 즉각 효과를 냈다. 빠르게 성장하기 시작한 구글은 전 세계에 사무소를 냈고 초기부터 독일에 지사를 두었다. 당시 세계에서 가장 큰 인터넷서비스업체이던 야후도 구글의 검색 기술을 차용했다. 그로부터 2년 후 구글은 창업한 지 고작 5년 만에 연매출 10억 달러를 기록했다. 같은 매출액을 기록하는 데 마이크로소프트는 15년이 걸렸다.

어쩌면 브린과 페이지도 결국에는 구글을 성공적으로 이끌었을지 모른다. 그러나 새로운 경제위기가 사라진 뒤 인터넷업체, 특히 젊은 창업자들이 주도하는 기업은 자신감을 잃었다. 구글에는 소위 '어른스러운 기업 고문'이 필요했고 두 창업자는 시대의 흐름을 재빨리 읽을 만큼 영리했다. 두 사람의 뛰어난 아이디어를 개발하는 데는 외부의 어떠한 도움도 필요 없었지만 회사가 제대로 기능하도록 하려면 도움이 필요했다. 슈미트는 이러한 맹점을 채워줄 적임자였다. 그는 즉각 기업 구조의 틀을 잡아 나갔고 경영 단계와 결정 구조 등을 확립했다.

이미 몇 달 전부터 급격하게 성장하는 검색엔진이 갈수록 통제 불가능한 아수라장으로 바뀌고 있다고 불평하는 소비자들과 직원들의 원성이 줄을 잇던 참이었다. 당시 구글이 인터넷 검색 기능에서 최고의 기술을 갖추고 있음을 의심하는 사람은 아무도 없었다. 그렇지만 그것만으로는 충분치 않았다. 지금도 실리콘 밸리의 많은 신생기업이 실패하는 이유는 아이디어가 부실해서가 아니라 성장을 관리하지 못해서다. 이들은 아이디어 개발에는 능숙하지만 기업이 제대로 기능하도록 하는 데는 미

▶▶▶

숙하다. 그러다 보니 두 발로 튼튼하게 서기도 전에 내부에서 부서지고 만다.

슈미트가 구글을 맡기 전까지는 구글도 같은 위협 아래 놓여 있었다. 비록 브린과 페이지는 뒤로 물러났지만 구글에서 완전히 손을 떼지는 않았고 슈미트는 운영 및 경영에만 관여했다. 그러다가 어떤 중요한 결정을 내려야 하는 순간에는 세 사람이 함께했다.

악의에 찬 사람들은 슈미트가 구글의 진정한 최고경영자Chief Executive Officer, CEO가 아니라 기껏해야 최고운영책임자Chief Operating Officer, COO에 불과하다고 폄하했다. 그러나 슈미트는 《비즈니스 위크》와의 인터뷰에서 그렇지 않다고 밝혔다. 그는 기업의 꼭대기에 존재하는 구글의 합의 문화가 얼마나 효율적인지 옹호했다.

"우리는 하나의 팀으로서 앞으로 나아가고자 합니다. 서로 협력하는 파트너가 있을 때 더 좋은 결과를 얻을 수 있지요. 정상에서 힘든 결정을 내리는 사람이 혼자뿐이라는 건 실로 엄청나게 외로운 일이거든요."

두 창업자는 구글이 아무리 전문기업이 되더라도 평범한 비즈니스 그룹으로 가는 것에 반대한다. 즉, 이들은 엄격한 사무 규칙이나 관료주의가 없는 초기의 창조적인 혼란 상태를 유지하되 어느 정도 통제가 가능한 상태를 바란다. 슈미트는 《포천》Fortune과의 인터뷰에서 구글의 초기 분위기를 대학 캠퍼스에 비유했다.

"스탠퍼드 대학의 컴퓨터공학과에 가면 사무실에 항상 서너 명이 모여 있는 것을 볼 수 있습니다. 우리의 프로그래머들은 이런 모델에 익숙하지요. 매우 창조적인 분위기죠."

즐겁고 자유로운 엔지니어 문화는 구글에 지속적으로 깊게 스몄다.

오래전부터 재정적으로 튼튼한 강적이던 마이크로소프트 같은 기업보다 구글이 더 유연하고 빠르게 아이디어를 실현하고 혁신하는 이유가 여기에 있다. 동시에 구글은 초기 인터넷 시대의 왁자지껄한 분위기나 주식 시장의 광기와 상관없는 첨단기술기업으로 입지를 다지려 했다. 몇 년 후 페이지는 2000년대 초기의 닷컴 거품이 이들에게 얼마나 큰 악영향을 미쳤는지 회고했다.

"그때는 모두가 힘들었어요. 주위의 분위기가 우릴 짜증나게 했지요. 우리는 당시에 이룬 많은 것이 지속되지 않으리라는 것을 알았고 우리가 더 어려워질 거라고 생각했어요."

경쟁이 어찌나 치열한지 프로그래머와 엔지니어를 구하는 데도 어려움이 따랐고 부동산 값도 폭등했다.

"우리도 100여 개가 넘는 기업에 투자할 기회가 있었지만 한 번도 하지 않았어요."

3인 체제를 구축한 구글은 오로지 자신들의 아이디어에만 집중했다. 이들은 그때 이미 야망이 컸는데 어찌 보면 기술 현황에 비춰 지나치게 큰 야망이었다. 한동안 이들은 모든 대기업의 상품을 분류해 온라인에 광고하겠다는 야심을 품었다. 예를 들어 한 회사의 창고에 지나치게 많은 상품이 쌓여 있을 경우 그 회사의 컴퓨터를 구글과 연결하면 자동적으로 적절한 광고를 내보낸다. 슈미트는 2004년 《포천》과의 인터뷰에서 다음과 같은 아이디어를 발표했다.

"어떤 소비재 생산기업이든 상관없습니다. 이들이 생산하는 제품이 몇 가지나 될까요? 전 세계 모든 기업을 합치면 아마 수백만 가지는 될 겁니다. 우리는 이 모든 개별 상품을 필요로 하는 나라와 시장에 맞춰 광

▶▶▶

고하고자 합니다."

어쩌면 당시 구글의 경영진도 그 아이디어를 실현할 가능성이 낮다는 것을 알고 있었을지도 모른다. 기술적으로 불가능해서가 아니라 자사의 업무용 컴퓨터 네트워크를 검색엔진과 연결하려 하는 일류기업이 거의 없을 것이기 때문이다. 그래도 슈미트 취임 이후 3년이 지난 시점에 재정적으로 엄청난 도약을 이루고 획기적인 다음 단계를 준비하던 구글에게 이러한 비전은 매우 중요했다. 그다음 단계는 바로 주식 공개였다.

│ 결정적 전환점, 주식 상장

2004년 4월 29일 구글은 주식시장에 상장하기 위해 수백 쪽에 달하는 신청서를 증권거래위원회Securities and Exchange Commission, SEC에 제출했다. 수많은 투자자와 은행가가 수개월 동안 그 신청서를 기다려온 참이었다. 신경제(1972년에서 1992년으로 이어진 미국 경제의 호황기—옮긴이) 몰락 이후 처음 주식을 공개하는 기업이라 많은 사람이 구글이 힘든 시기를 넘기고 꿈을 실현하기를 기원했다.

사실 구글이 자사의 비즈니스 현황을 공문서 형태로 발표한 것은 이때가 처음이었다. 이들이 내놓은 결과는 투자자들의 기대를 뛰어넘었고 경쟁자들은 두려움에 떨었다. 2003년 말 연간 총매출액은 이전 연도의 3배가 넘는 15억 달러에 달했다. 18개월 동안 3배로 증가한 직원에 대한 투자에도 불구하고 순이익은 1억 500만 달러나 되었다. 구글이 인터넷 검색에서 차지하는 비중은 2000년의 1퍼센트에서 거의 50퍼센트로

껑충 뛰었다.

주식 상장은 구글에게 하나의 전환점이 되었고 기업의 이미지도 급격히 바뀌었다. 경쟁자와 언론을 중심으로 '사악한 제국' 같은 표현이 등장한 것도 이 무렵이었다. 지금까지 폭발적인 인기를 누리던 신생기업의 경쾌한 로고가 갑자기 비판받아 마땅한 심각한 경제적 권력으로 떠오른 것이다. 오늘날 많은 사람이 당연시하는 적대적인 시선은 구글이 주식을 공개할 때부터 시작되었다. 몇 년 후 슈미트는 언론인이자 작가인 스티븐 레비Steven Levy와의 인터뷰에서 이렇게 말했다.

"사람들이 우리가 얼마나 돈을 버는지 알고 나서 생긴 일이지요."

미국의 증권거래위원회에 제출한 신청서에 두 창업자는 '투자자를 위한 매뉴얼'을 첨부했다. 4,000단어가 넘는 그 매뉴얼은 구글 그룹의 비공식적이고 기본적인 규칙 및 원칙, 이데올로기, 세계관 그리고 페이지와 브린의 비전을 담은 것으로 오늘날까지 유효하다. 그 안에서 빛나는 것은 독창성과 함께 구글을 아우르는 자만심, 자신들의 독창성에 대한 믿음, 전통 · 기존 시스템 · 관행에 대한 불신이다. 가장 중요한 목표에 대해 창업자들은 다음과 같이 말한다.

"구글은 평범한 기업이 아닙니다. 우리는 그런 기업이 될 생각이 없습니다. 구글이 진화하는 과정에서 우리는 독자적인 방식으로 기업을 운영해왔지요. … 우리의 목표는 가능한 한 많은 사람의 삶을 향상시켜줄 서비스를 개발하는 것입니다. 이러한 목표를 추구하기 위해 우리는 단기적으로 확실한 이윤이 생길지 의심스럽더라도 그것이 세상에 긍정적인 영향을 준다고 믿으며 실행할 것입니다."

이 선언에 대해 세상 사람들은 그저 미사여구라며 무시하거나 모든 것이 자본주의의 세속화에 재빨리 물드는 현실 속에서 보다 나은 세상을 만들고 싶다는 순진한 희망 정도로만 받아들였다. 이후 10여 년이 지난 지금에 와서야 브린과 페이지가 쓴 문장 하나하나에 얼마나 진심이 담겨 있는지 분명히 드러나고 있다. 더 놀라운 사실은 그들이 자신의 꿈을 그대로 실현해왔다는 점이다. 여러 가지 면에서 기존의 전 세계적인 재정 시스템에 반대하는 이들의 선언은 세상을 지배해온 은행가 및 주식중개인의 사고체계에 대한 공격으로 읽힌다.

"많은 기업이 분석가들의 예상에 맞춰 총수입을 조절해야 한다는 압박에 시달리고 있습니다. 이들이 크고 불확실한 수익 대신 작고 예측 가능한 수입을 선호하는 것은 이 때문이지요. 하지만 그것이 기업에 해롭다고 생각하는 세르게이와 나는 정확히 그 반대로 계획을 합니다."

여기에는 장기적으로 10억 달러를 벌 확률이 10퍼센트도 채 되지 않는 프로젝트에 기금을 쏟는 것도 포함된다. 페이지와 브린은 구글이 '현재의 사업 영역으로 볼 때 낯설거나 위험한 투기로까지 여겨질 영역'에 도전하더라도 결코 놀라지 말라고 경고한다.

구글을 향한 화살

두 창업자는 주식을 공개한 기존기업들의 '기본 구조'를 따르면 자신들도 더 이상 구글을 원하는 대로 자유롭게 이끌 수 없음을 분명히 알았다. 따라서 중요한 결정은 모두 창업자들과 슈미트가 내릴 수 있도록 주식을 두 종류로 나누어 발행했다. 하나는 한 주당 하나의 의결권이 있는 보통주이고 다른 하나는 한 주당 열 개의 의결권이 있는 보통주로 창업자들이 소유한 주식이다. 이로써 브린과 페이지, 슈미트는 주된 결정권을 쥐었는데 목표는 '구글 고유의 특징을 지키는 혁신적인 구조'를 구축하는 데 있었다. 이는 주식 공개 취지서에도 분명히 적혀 있다.

"새로운 투자자들은 구글의 장기적인 성장에 전적으로 참여하겠지만 다른 상장회사처럼 전략적인 결정에서 영향력을 발휘하기는 어려울 것이다."

페이지와 브린은 구글 외에도 창업자가 강한 영향력을 발휘하는 기업은 존재하며 결국에는 이런 방식이 기업의 명성이나 안정된 발전에 도움을 준다고 설득했다. 두 창업자는 "단기적인 목표를 위주로 한 경영 전략은 다이어트를 하면서 30분마다 저울에 올라가는 사람만큼이나 부질없다."라고 썼다. 세계에서 가장 유명한 투자자이자 페이지와 브린의 전략에서 영감을 얻었다는 워런 버핏Warren Buffett은 이렇게 공표했다.

"당신들의 글이 마음에 듭니다."

한편 구글의 창업자들은 직원들의 여가 활동을 위해 비용을 아끼지 않겠다는 점을 강조했다. 이것은 직원들의 급여뿐 아니라 회사 문화와 관련된 모든 부대 서비스를 포함한다. 투자자들을 위한 매뉴얼에는 다음과 같이 적혀 있다.

"다른 회사보다 넉넉하게, 부족하지 않게 직원들에게 서비스를 제공할 것입니다."

이는 곧 구글의 모든 직원이 근무시간에 독창적인 아이디어를 개발 및 실험할 수 있음을 의미한다. 엔지니어에게는 꿈같은 이 말을 많은 투자자와 보수적인 경제론자는 재앙으로 여긴다. 실제로 월스트리트의 일부 전문가는 구글의 프로그램을 듣고 걱정하며 주식 공개를 하기도 전에 그 마음을 언론에 내비쳤다. 한 투자 전문가는 《비즈니스 위크》와의 인터뷰에서 아래와 같이 분노의 목소리를 내며 자신이라면 주식을 즉시 팔아버리겠다고 말했다.

"이건 세계 일류기업이 하는 말이라기보다 아이들이 모래밭에서 놀며 재잘대는 소리처럼 들리는군요."

이 비판적인 의견은 예외적인 것이 아니었다. 엄청난 성장과 하늘로 치솟는 매출액, 대단한 시장점유율, 우월한 기술에도 불구하고 구글을 여전히 회의적으로 보는 이들이 많았다. 구글은 오랫동안 인터넷 세상을 지배할 거인이나 슈퍼 권력으로 인정받지 못했다. 특히 많은 언론과 출판사가 구글의 모델이 자신들에게 얼마나 큰 위협이 될지 깨닫지 못하고 있었다. 구글이 이미 온라인 광고 부문에서 누구도 따를 자가 없을 만큼 주도적인 위치에 있는데도 말이다.

모든 회의적, 비판적인 시각에도 불구하고 구글의 주식 공개는 센세이션을 불러일으켰고 주가가 폭등하면서 구글은 거의 17억 달러를 벌었다. 더구나 주식을 상장한 지 4개월 만에 주가는 2배로 뛰었다. 그렇지만 많은 산업 전문가가 "구글은 최고의 기술력을 갖추고 있으나 경쟁력이 그리 오래가지 않을 것"이라고 전망했다. 특히 사용자 수 증가와 새로운 사업 영역 확장 가능성에 대해 많은 사람이 회의적인 반응을 보였다.

그들은 야후가 구글을 굴복시킬 거라고 믿었다. 1억 5,000만 명의 사용자가 있는 야후의 인터넷 플랫폼이 사용자에게 보다 세분화된 광고를 제공할 수 있어서 더 유리하다는 것이었다. 그들은 검색엔진이 웹사이트만 나열하는 것이 아니라 날씨 예보, 주소 찾기 같은 여러 정보까지 제공하던 당시의 경향에 비춰보아도 야후가 더 나을 거라고 내다봤다. 야후는 확보한 정보량이 많고 그것을 편집하는 능력도 더 훌륭했기 때문이다. 구글이 야후의 모델을 따라 인터넷 플랫폼으로 탈바꿈할 것이라고 내다보는 전문가도 있었다. 《파이낸셜 타임스》Financial Times는 구글도 '전통적인 언론 기업'과 하등 다를 바 없다고 진단했다.

"그들에게도 브랜드와 사용자가 있지만 그들이 유일하게 강한 콘텐츠는 인터넷 검색뿐이다."

독일의 시사주간지 《디 자이트》Die Zeit도 다음과 같이 예측했다.

"이 컬트 그룹은 이미 성장의 최고점을 찍었다."

래리 페이지의 귀환

주식 공개 직후 구글의 시장 가치는 거의 450억 달러에 달했다. 낙관론자들조차 구글이 그토록 빠르게 성장하리라고는 예측하지 못했다. 월스트리트의 분석 전문가들은 모든 것이 순조롭게 흘러간다는 전제 아래 먼 미래의 어느 시점에는 구글의 시장 가치가 2,500억 달러나 2,750억 달러에 이를 것이라고 전망했다. 그런데 2015년 중반 구글의 시장 가치는 이미 4,700억 달러에 이르렀다.

주식 공개 이후 몇 년 동안 구글의 성장 속도는 느려지기는커녕 전문가들도 깜짝 놀랄 정도로 계속해서 상승곡선을 그었고 이는 IT 산업 전반의 분주한 활동을 이끌었다. 그래도 구글이 지배적인 입지를 굳혔다고 믿는 사람은 아무도 없었다. 사람들은 분명 구글을 따라잡는 경쟁자가 나오리라고 예측했다. 실제로 야후는 검색 기술 개발과 지식을 사들이는 데 수십억을 쏟아부었다. 마이크로소프트도 수십억을 투자하면서 시간 전략을 활용했다. 즉, 컴퓨터 가동 시스템에 관한 독점적인 지위를 활용해 자사 소유의 검색엔진을 MSN과 윈도우에 통합시켰다. 드디어 빌 게이츠도 검색엔진을 가장 중요한 우위에 놓은 셈이다. 구글이 주식 공개를 하기 전에 빌 게이츠는 이미 《뉴스위크》와의 인터뷰에서 말했다.

"우리는 그전에는 검색엔진의 중요성을 그리 심각하게 받아들이지 않았습니다. 그걸 이제야 깨닫고 작업에 착수했지요."

마이크로소프트는 2006년 정밀한 검색엔진을 출시했는데 뒤늦은 출발에도 불구하고 승리를 확신했다. 윈도우에서 곧바로 인터넷 검색창을 사용할 수 있는데 굳이 다른 웹사이트를 찾을 필요가 있겠는가? 구글의 고문들조차 마이크로소프트의 새로운 전략이 구글에게 험난한 현실을 안겨주고 몇 년 전에 벌어진 브라우저 전쟁이 재현될 것이라고 우려했다.

1990년 넷스케이프Netscape는 가장 널리 쓰이는 브라우저를 개발해 안착시켰다. 이 젊은 인터넷기업이 가진 것을 빼앗기 위해 골몰하던 마이크로소프트는 결국 모든 윈도우 기반 컴퓨터에 인터넷 익스플로러라는 자사 브랜드의 브라우저를 장착함으로써 이들을 간단하게 제압했다. 선구적인 개발과 더 나은 기술에도 불구하고 넷스케이프가 경쟁에서 밀리는 데는 몇 년이 채 걸리지 않았다. 스탠퍼드 대학의 컴퓨터공학 교수이자 구글의 고문이던 제프리 울만Jeffrey Ullman은 구글이 주식 공개를 한 지 얼마 지나지 않아 이런 경고를 했다.

"구글이 자체 PC를 개발하지 못하면 결국 마이크로소프트가 넷스케이프에 한 것처럼 이들의 사업을 빼앗아갈 것이다."

이 모든 경고에 근거가 없다는 것은 몇 년 안에 밝혀졌다. 마이크로소 프트는 단 한 번도 구글의 심각한 경쟁상대가 되지 못했다. 오히려 마이 크로소프트는 창사 이래 가장 심각한 부진에 시달려야 했다. 2009년 이 들은 엄청난 노력 끝에 새로 개발한 검색엔진 빙Bing을 어마어마한 마케 팅 전략과 함께 시장에 선보였다. 하지만 수십억 달러에 이르는 투자와 빌 게이츠의 헌신에도 불구하고 빙은 시장점유율이 한 자릿수를 넘지 못 했다. 반면 온라인 검색의 강자 구글은 꾸준히 세력을 넓혀 시장점유율 이 60~70퍼센트 혹은 80퍼센트에 달했다. 매달 구글을 사용하는 사용 자는 반복적인 사용자를 제외한 순방문자unique visitors가 2억으로 늘었 다가 5억으로 증가하더니 결국 10억 명에 달했다.

전체 기술 산업계가 인터넷에서 가장 중요하고 가장 많은 이윤을 거 두는 비즈니스 모델을 평가하면서 이토록 큰 실수를 한 이유는 무엇일 까? 따라잡기에는 구글의 출발점 우위가 너무 컸던 것일까? 기술적 탁월 성이 확실했기 때문일까? 구글의 엔지니어들은 자사가 계속해서 빠르게 새로운 상품을 개발해야 한다는 사실을 알고 있었다. 그리고 이를 위해 서는 더 많은 정보가 필요하다는 것도 잘 알았다. 가령 '재규어'라는 검색 어를 입력한 사람이 차를 찾는지 아니면 고양이과의 동물을 찾는지 분명 히 알 필요가 있었다.

마운틴 뷰에서는 누구나 사용자 정보를 잘 알수록 검색엔진이 효율적 인 서비스를 제공할 수 있다는 사실을 빠르게 깨달았다. 결국 사용자가 구 글에서 문제에 대한 답을 정확히 찾도록 하려면 더 많은 데이터와 정보, 원재료가 필요했다. 슈미트와 두 창업자를 중심으로 한 경영진은 12개월

이내, 짧으면 6개월 내에 결정적인 도약을 이루지 못하면 뒤처질 것이라는 사실을 잘 알고 있었다. 이 때문에 이들은 해결해야 할 중요한 프로젝트에 지속적으로 투자했다. 덕분에 프로그래머와 엔지니어들은 관심 분야에 전념해 임무를 수행했고 끊임없이 새로운 워크숍이 활성화되었다. 어떤 프로젝트는 며칠 만에 해결했고 또 어떤 문제는 해결하는 데 몇 달이 걸렸다. 세 명으로 이뤄진 팀이 하루아침에 서른 명으로 늘었다가 다시 해체되는 식의 창조적인 혼란은 지금까지도 이어지고 있다.

구글에서는 저절로 입이 벌어질 정도로 황당무계한 프로젝트도 받아들여진다. 휴대전화 화면이 더 크게 보이도록 사용자의 홍채를 레이저로 스캐닝하는 기술을 적용하면 어떨까? 이처럼 언뜻 황당해 보이는 아이디어가 우선순위에 오르면 실제로 투자 대상이 되어 시험대에 오르기 전까지는 절대로 버림받는 법이 없다.

엔지니어들은 일주일 중 하루, 즉 총 근무시간의 20퍼센트를 개인적인 연구를 위해 사용한다. 구글은 이런 시간을 통해 위대한 다음 제품이 탄생하리라고 기대한다. 이것은 독창성을 끌어내는 데 승산이 없는 시도 같지만 실제로 이 아이디어는 놀라울 정도로 효력을 발휘했다. 예를 들어 소프트웨어 엔지니어 폴 부케이트Paul Buchheit는 거의 2년 반에 걸쳐 정상적인 업무를 처리하면서 동시에 이메일 프로그램을 만들어냈다. 이로써 현재 5억 이상의 사용자를 확보한 지메일이 세상에 등장했다.

주식 공개 이후 5년간, 즉 2004년에서 2009년까지 구글은 인터넷을 기반으로 한 무료 제품을 빠른 속도로 출시했다. 구글 북은 수백만 권의 책을 디지털화했고 구글 번역은 웹사이트와 텍스트를 수십 개의 언어로 번역한다. 구글 문서, 구글 드라이브, 구글 캘린더는 사용자가 클라우드

안에서 작업할 수 있게 해준다. 구글 크롬은 수년 내에 세계에서 가장 많이 사용하게 된 브라우저로 인터넷 익스플로러를 추월하고 있다.

구글이 이 모든 것을 자체 개발한 것은 아니다. 구글은 수많은 분야의 기술 신생기업과 유망기업에 어마어마한 규모로 투자해왔다. 이를테면 구글은 2006년 동영상 플랫폼인 유튜브를 16억 5,000만 달러에 사들였는데 당시의 관점에서 이는 정신 나간 수준의 액수였다. 그때만 해도 인터넷 동영상은 느리고 자주 끊겼으며 영향력도 미미했기 때문이다. 알다시피 오늘날 유튜브는 인터넷상에서 대적할 자가 없을 만큼 압도적인 동영상 플랫폼이다. 2007년에는 온라인 광고업체 더블클릭이 온라인 광고 시장에서 독보적인 위치를 차지했다. 그전까지 구글의 가장 중요한 기업 인수는 2005년 여름에 이뤄졌다. 페이지와 브린은 소규모 모바일 운영체계인 안드로이드를 인수했는데 이것은 로봇 엔지니어 앤디 루빈Andy Rubin이 개발한 시스템이다. 에릭 슈미트는 소기업 인수는 그 중요성이 약해서 자신은 거래가 이뤄진 사실조차 몰랐다고 농담처럼 말했다. 그러나 이 팀은 3년에 걸쳐 휴대전화 작동체계를 은밀히 개발한 끝에 급격히 성장했다. 안드로이드를 출시한 2008년 이 새로운 체계는 단한 가지 휴대전화 제품에만 쓰였다. 그렇지만 2015년 초 현재 안드로이드는 약 85퍼센트에 이르는 스마트폰이 채택하고 있다.

2008년 가을 투자은행 리먼 브러더스Lehman Brothers 파산 이후 전 세계가 글로벌 금융위기에 직면하자 실리콘 밸리의 은행들도 기업 안전에 바짝 신경을 곤두세웠다. 보다 신중해진 구글 역시 그때부터 이윤 창출의 핵심 기반인 검색엔진에 더 많이 집중했다. 많은 프로젝트가 연기되거나 거의 관심을 받지 못했는데 특히 소셜 네트워크 프로젝트가 그러했

▶▶▶

다. 그러는 사이 페이스북은 별다른 경쟁자 없이 유망한 신생업체에서 인터넷 강자로 도약했다. 사실 구글은 이미 2004년 터키 출신의 개발자 오르쿠트 뷔윅콕텐Orkut Büyükkökten의 이름을 딴 자체 소셜 네트워크 '오르쿠트'를 개발한 상태였다. 그는 자유로운 20퍼센트의 시간을 활용해 이 네트워크를 개발했다. 당시 오르쿠트는 세계에서 가장 널리 쓰이는 소셜 네트워크였고 특히 인도와 브라질처럼 떠오르는 시장에서 주도적인 역할을 했다. 그런데 페이스북이 글로벌 확장 전략을 펼치기 시작하자 구글은 거의 손을 놓아버렸다.

안정적인 기존의 검색엔진 비즈니스에 집중하다 보니 마운틴 뷰에 있는 구글의 본사에는 점점 더 나태함이 번지기 시작했다. 또한 복합 경영 방식이 관료주의를 키우면서 충분히 숙고하지 않은 제품을 출시하는 우를 범했다. 이 틈을 타 페이스북이나 트위터 같은 새로운 경쟁자들은 방해받지 않고 비즈니스 모델을 구축해 '소셜 검색'이라는 아이디어를 발전시켰다. 이는 방대한 웹페이지에서 얻은 익명의 검색 결과보다 친구나 지인을 통한 검색 결과에 더 무게를 두는 방식이다.

그러는 동안 구글은 평범한 기업이 되어가고 있었다. 직원이 약 2만 5,000명으로 늘어나면서 구글은 유연성이 떨어졌고 운영은 점점 더 어려워졌다. 특히 결정을 함께해야 하는 3인 체제로 인해 어려움이 더욱 컸다.

결국 2011년 1월 기업의 내부 인사들조차 짐작하지 못한 상황에서 구글은 갑작스레 3인 체제의 종말을 알렸다. 기업을 좀 더 신속하고 강하게 이끌기 위해 이제부터 래리 페이지라는 단 한 명의 CEO만 두겠다는 소식이었다. 공동 창업자 세르게이 브린은 새로운 기술에 전념하며 일종의 수석 개발자로서 수년간 방치해온 '날것의 아이디어를 활성화하는 일'에 집중하기로 했다. 자신을 위해 새로 만든 '명예회장'Executive Chairman 자리에 오른 에릭 슈미트는 주로 기업의 고문 역할을 하면서 구글을 외부에 알리는 일을 맡았다. 페이지는 이러한 변화에 대해 다음과 같이 역설했다.

"이것은 역할 분담입니다. 책임을 나누지 않다 보니 속도를 놓치고 말았지요."

다시 고삐를 쥔 페이지는 구글이 새로운 자세로 전진하도록 박차를 가했다. 과연 페이지는 한 기업을 이끌 만큼 충분히 성숙한 인물일까? 이 변화 이후 에릭 슈미트는 새로운 시대가 왔다고 믿는다며 트위터에 이런 글을 올렸다.

"일상적인 부모의 잔소리는 더 이상 필요 없다."

모든 완충 장치를 제거한 구글에 무슨 일이 벌어질 것인가? 두 창업자는 이제부터 이윤을 추구하는 사업자 혹은 현금 기계를 이끄는 운영자가 될 것인가, 아니면 자신들이 늘 계획해온 꿈을 이룰 기회를 드디어 찾은 것인가? 자신들의 아이디어대로 세상의 미래를 창조하겠다는 꿈 말이다.

제2장

창업자들:

열정으로 세상이 바뀔 때까지

1995년 여름 래리 페이지는 며칠 동안 스탠퍼드를 견학하기 위해 이 대학을 찾아갔다. 스탠퍼드 대학을 직접 보고 경험한 다음 몇 달 후 그곳에서 공부할지 말지 결정하기 위해서였다. 스탠퍼드 대학은 매년 관심이 있는 예비 대학생들을 위해 몇 년 동안 대학 생활을 해온 학생들이 주관하는 캠퍼스 투어를 진행하고 있다. 그해 여름 투어를 주도한 학생은 역사상 최연소로 대학의 박사 과정에 입학한 스물두 살의 수학 천재 세르게이 브린이었다.

미래의 두 창업자의 첫 만남은 한눈에 반하는 사랑도 아니었고 깊고 아름다운 우정의 시작이라 볼 수도 없었다. 오히려 그 반대였다. 페이지와 브린은 서로 상대방이 불쾌했다고 한다. 그 화창한 날 오후 내내 두 사람은 거의 모든 주제에 관해 논쟁을 벌였다. 이후 페이지는 《와이어드》Wired와의 인터뷰에서 그때를 토로했다.

"그를 견디기가 정말 힘들었죠."

브린도 맞받아쳤다.

"우린 서로를 참지 못했어요. 그런 반면 함께 있는 것이 즐겁기도 해서 많은 시간을 함께 보냈지요. 우리 둘 사이에는 불꽃이 튀었거든요."

거의 모든 것에 대해 토론하길 좋아하는 성향은 두 사람이 부모 밑에서 익힌 강도 높은 토론 문화와 무관하지 않다. 브린과 페이지가 서로 친하게 지낸 적은 결코 없었다. 가까운 사이이긴 했지만 그저 편의상의 파트너일 뿐이었다. 적어도 직원과 동료들은 그렇게 평가했다. 야망이나 세계관은 비슷해도 성격은 아주 다르기 때문이다.

자유로운 해방자, 세르게이 브린

세르게이 브린은 1973년 8월 21일 모스크바에서 태어났다. 그의 부모는 과학자인데 특히 아버지는 재능 있는 수학자이기도 했다. 이들은 유대인으로 러시아에서 박해를 받는다고 느꼈다. 브린의 아버지는 나중에 《로이터》Reuters와의 인터뷰에서 이렇게 말했다.

"계속 러시아에서 살면 아이들 역시 똑같은 차별에 시달리게 될까 봐 두려웠지요. 조국 사랑이 항상 상호적인 것은 아니더군요."

1978년 9월 브린의 아버지는 출국 비자를 신청했다. 일자리를 잃어 고정수입이 없는 처지라 그들 가족은 초조하게 승인이 떨어지기를 기다렸다. 긴 기다림 끝에 1979년 초여름 다섯 살인 브린을 포함해 그의 가족은 드디어 미국으로 이민을 갔다.

세르게이는 워싱턴 D.C. 근교 메릴랜드의 작은 도시에서 성장했다.

그의 아버지는 수학교수로, 어머니는 NASA의 과학자로 일했다. 그런데 브린은 학교가 지겹다며 졸업을 1년 앞두고 고등학교를 그만두었다. 대신 브린은 메릴랜드 대학의 수학과와 컴퓨터공학과에 입학을 지원해 즉시 합격했다. 1년 후 브린은 상급생만 듣는 수학 세미나에 종종 참석했다. 그는 숫자와 공식 혹은 알고리즘 같은 단어에 빠져 살았지만 건조한 학자 타입도, 이론과 책에만 파묻혀 사는 공부벌레도 아니었다. 검은 곱슬머리에 미소가 밝은 브린은 운동을 잘했고 활달하며 매력적인 학생이었다. 또한 항상 사교적이라 많은 사람과 어울렸고 카리스마가 넘쳐흘렀다. 한마디로 페이지와는 거의 정반대 성향이었다.

구글에는 브린과 관련해 여러 가지 일화가 있는데, 그중 하나는 그가 간혹 학창 시절 건물들을 이동할 때 타던 롤러블레이드를 타고 중요한 미팅에 나타났다는 것이다. 또한 그는 한동안 서커스 곡예를 배우기도 했다. 일이 끝나면 가끔 가까운 수영장에 가서 단순히 헤엄만 치는 것이 아니라 3미터 높이의 보드 위에서 공중제비 낙하 다이빙을 연습했다. 그는 대개 티셔츠에 청바지 차림인데 간혹 다섯 발가락이 밖으로 나오는 맨발용 스니커즈를 신기도 한다.

직원들은 조용하고 기술적 능력이 뛰어난 그를 제2의 스티브 잡스로 여긴다. 물론 그는 잡스보다 성격이 덜 급하지만 디테일에 집착하는 것은 똑같다. 브린은 이런 말을 즐겨 한다.

"결국에는 이 세상의 모든 지식이 우리 두뇌에 직접 연결될 수 있어야 합니다."

브린은 2004년 《플레이보이》와의 인터뷰에서 "우리는 이제 겨우 디지털 혁명의 초창기에 도달했을 뿐이며 '도서관의 장서들이 구글로 이동하는 것'과 비슷한 위대한 도약이 이어질 것"이라고 말했다. 다음번의 그 위대한 도약은 혹시 '오늘날의 검색엔진에서 생각의 형태로 존재하는 세상의 모든 정보를 취하는 세계로 이동'하는 것이 아닐까?

2004년 주식 공개를 할 때 구글이 공언한 모토는 '사악해지지 말자'였다. 누군가가 에릭 슈미트에게 그 사악함의 기준이 정확히 무엇인지 묻자 그가 대답했다.

"세르게이가 사악하다고 하는 모든 것입니다."

나중에 브린은 슈미트의 이런 발언이 화를 불러왔다고 불평했지만 사실 이것은 창업자의 태도에 대한 현실적인 지적이었다. 구글은 브린과 페이지의 아이디어를 상품으로 바꾸고 그것을 통해 세상에 공헌하려 한다. 브린은 2013년《가디언》과의 인터뷰에서 다음과 같이 말했다.

"기술은 본질적으로 민주적입니다. 하드웨어와 소프트웨어의 기술 진화를 통해 거의 모든 것의 수준이 향상될 수 있습니다. 이 말은 우리가 살아 있는 동안 세상 모든 이들이 똑같은 권력 도구를 손에 쥘 수 있다는 의미입니다."

언젠가 영국 잡지《더 이코노미스트》The Economist는 브린을 해방자이자 '새로운 해방을 선두에서 지휘하는 사람'이라고 칭했다. 그가 어떤 형식의 지식이든 그것을 긍정적으로 여기고 세상에 가장 널리 전파할 방법을 찾기 때문이다. 급진적 사고에 움츠러들지 않는 브린은 늘 앞장서서 심오하고 기묘하며 환상적인 영역을 추구한다.

몇 년 전 그는 자신의 주머니를 털어 연구소에서 인공고기를 만들어내는 과학 프로젝트를 지원했다. 실험은 성공적이었고 그 증거로 브린은 인공고기를 구워 덴마크의 연구자들과 함께 버거에 넣어 먹기도 했다.

▶▶▶

2004년 지난 10년간의 디지털 초기 세상을 돌아보는 자리에서 브린은 이렇게 말했다.

"10년 전을 생각하면 우린 아주 먼 길을 떠나온 셈이지요. 다음에 우리는 어디로 가게 될까요? 분명 세상의 모든 데이터가 우리 두뇌에 곧장 연결되거나 인공지능을 통해 더 나은 세상이 펼쳐질 것입니다."

다른 유토피언들과 달리 브린은 자신의 유토피아를 현실로 만들 수단과 강한 의지를 동시에 가지고 있다. 구글은 이미 오래전부터 신경컴퓨터 구글 브레인과 관련해 어떤 프로젝트를 진행 중인데, 이 컴퓨터는 인간의 신경세포 연접부(시냅스)와의 연결을 통해 작동한다.

2011년 구글의 수장이 바뀐 뒤 브린은 자기 에너지의 대부분을 구글의 환상적인 미래 아이디어의 원천인 비밀 연구소 구글 X에 쏟고 있다. 바로 여기서 무인자동차와 구글 글래스가 태동했다. 휴대용 컴퓨터를 안경처럼 쓰는 것은 브린의 개인적인 프로젝트로 인간과 기계의 결합을 추구하는 아이디어를 실현하기 위한 잔걸음이 아니라 거대한 도약 중 하나다. 브린은 2013년 TED 회의(Technology, Entertainment, Design으로 국제적인 규모의 지식인 컨퍼런스—옮긴이)에서 스마트폰이 궁극적으로는 '퇴화'할 것이라고 말했다. 컴퓨터와 인간을 직접 연결하지 않아 인간이 직접적으로 조종하는 부분이 충분치 않기 때문이란다. 브린은 말했다.

"15년 전 구글을 창업했을 때 나는 언젠가 컴퓨터에 검색어를 입력하지 않아도 필요할 때마다 정보가 나타나도록 하리라는 비전을 품었습니다."

구글 글래스는 이 비전을 실현하기 위한 첫 시도인 셈이다. 그렇지만 구글 글래스의 미래는 확실하지 않다. 이는 기술 부족이 아니라 카메라가 담긴 컴퓨터를 안경처럼 쓰고 다니며 모든 것을 기록하고 끊임없이 디지털 세상과 접속한다는 사실에 강한 반감을 느끼는 사람이 많아서다. 실제로 구글 글래스를 쓰고 다니는 사람들은 비웃음과 모욕을 받았고 그 기술은 악마의 기술이라며 거부당했다. 이런 반응을 예상치 못한 브린은 사람들의 심리를 이해할 수 없었다. 브린의 관점에서 인간과 컴퓨터가 보다 직접적으로 교류하도록 해주는 기술은 긍정적이고 문명의 진보이기 때문이다. 사람들이 세상의 지식에 지속적으로 접근하도록 하겠다는 자신의 비전을 어떻게 부정적으로 보고 거부할 수 있단 말인가.

구글 X의 엔지니어들은 자신들이 분위기가 충분히 무르익지 않은 상태에서 구글 글래스를 대중에게 선보였다는 사실을 알고 있다. 많은 엔지니어가 몇 년 더 조용히 연구하고 사람들의 반응을 살핀 다음 논쟁거리가 많은 기본 모델이 아닌 최종 모델을 출시하길 원했다고 한다. 하지만 자신의 비전에 좀 더 가까이 다가가고 싶어 한 브린은 기다릴 수 없었던 모양이다. 구글 글래스는 2012년 여름 연례 개발자 컨퍼런스에서 대중에게 공개되었다. 당시 구글 글래스를 쓴 사람이 낙하산을 타고 회의장 옥상에 내려앉은 다음 그곳에서 오토바이를 타고 회의장으로 질주해 들어왔다. 어떤 사람은 브린을 영화《아이언 맨》Iron Man과 동명의 만화에 등장하는 뛰어난 엔지니어이자 발명가인 토니 스타크의 현신이라 부르기도 한다. 브린 자신도 그렇게 보이기를 원할까? 공식적으로 브린은 겸손하고 잘난 척하는 타입이 아니지만 그렇다고 주목과 칭송을 마다하지도 않는다.

2015년에 이혼한 브린에게는 두 명의 자녀가 있다. 아내였던 앤 워치츠키Anne Wojcicki와의 이혼은 기술 산업계에 큰 화제를 불러일으켰는데 이는 브린과 워치츠키가 실리콘 밸리에서 매우 유명한 커플 중 하나였기 때문이다. 획기적인 유전 정보 분석 방식을 개발한 워치츠키는 1억 달러 이상의 자본력을 갖춘 생명기술기업 23앤미23andMe의 창업자이자 최고경영자다. 그리고 그녀는 구글 최초의 직원 중 한 사람으로 현재 유튜브의 최고경영자인 수전 워치츠키의 여동생이다. 브린과 워치츠키는 2007년 이들 커플을 포함해 결혼식의 모든 하객이 헤엄쳐서 건너갈 수 있는 바하마의 외딴 해변에서 결혼식을 올렸다.

부부는 함께 의학 연구에 수백만 달러를 기부하기도 했다. 특히 수년 전 게놈 염기서열 해독Genom-Sequenzierung을 통해 자신들이 파킨슨병에 걸릴 위험이 크다는 것을 알고 1억 달러가 넘는 돈을 파킨슨병 연구에 기부했다. 사람들은 브린과 워치츠키를 위대한 발전을 향해 함께 나아가는 이상적인 과학자 커플로 여겼다. 하지만 브린이 구글 글래스의 젊은 마케팅 매니저와 염문을 뿌리면서 두 사람은 파경을 맞았다.

내성적인 창조자, 래리 페이지

래리 페이지는 화려함이나 개인적인 스캔들과는 거리가 멀다. 주목받는 것을 불편해하는 래리는 대중의 시선이 쏠리는 상황은 어떻게 해서든 피하려고 한다. 그는 애플의 창업자 스티브 잡스와 달리 자연스러운 카리스마를 타고나지 않았다. 대중 앞에서 얘기해야 할 때 그의 말은 간혹 단조로운 독백처럼 들리는데 자가면역질환인 하시모토 갑상선염에 걸려 성대에 문제가 생긴 뒤에는 그런 현상이 더욱 심해졌다. 페이지는 대기업이나 주식시장의 꼭대기에 올라앉아 쉴 새 없이 자기 가슴을 두드리며 으스대는 전형적인 알파형 남성과 달리 내성적인 타입이다. 2001년 슈미트가 구글의 CEO로 취임하자 많은 논평가가 그 변화는 기본적으로 페이지의 성격에서 비롯된 것이라고 보았다. 페이지는 주식회사의 수장이라고 하기엔 너무 조용한 성격이다. 2011년 페이지가 다시 구글의 전면에 나서자 주식시장과 언론에서는 똑같은 질문이 쏟아져 나왔다. 그가 정말 구글이라는 글로벌 회사를 이끌 수 있을까?

어떤 이는 그의 말에 '설득력이 떨어진다'고 평가하고 또 어떤 이는 그를 '인공 이식한 성격의 소유자'라고 말한다. 그런데 최근 심리학자나 경제학자들의 연구에 따르면 내성적인 사람이 오히려 역동적이고 급속하게 변화하는 산업체에서 더 훌륭한 리더가 될 수 있다고 한다. 펜실베이니아 대학 와튼 스쿨Wharton School의 교수이자 성격이 내성적인 최고경영자에 대한 연구서의 공저자인 애덤 그랜트Adam Grant 교수는 조용하고 절제력이 뛰어나며 수줍음이 많은 최고경영자가 "다른 사람의 아이디어에 대해 위협을 덜 느낀다."라고 말한다. 내성적인 사람은 이야기하기보다 듣는 것을 좋아하고 자신의 관점을 실현하는 데 더 많은 정보와 과정을 필요로 하기 때문이다. 《콰이어트》Quiet의 저자 수전 케인Susan Cain은 이렇게 말한다.

"내성적인 리더는 직원들이 각자의 아이디어를 실현하도록 허용할 가능성이 크다. 또한 이들은 자아나 명성에 대한 열망에 사로잡혀 행동하기보다 자신의 근본적인 비전을 실현하려는 의지에 따라 움직이는 경향이 있다."

나아가 《콰이어트》에는 모한다스 간디나 엘리너 루스벨트Eleanor

Roosevelt 같은 내성적인 여러 역사적 인물도 묘사되어 있다. 케인은 페이지를 두고 앞서 말한 타입의 비즈니스 영역에 속하는 인물이라며 내성적 성향과 창조성과의 관계를 강조하고 있다. 수줍음이 많고 과묵한 타입은 혼자 긴 시간을 보내도 외로워하지 않으며 항상 자신의 아이디어에 깊이 몰두한다.

사실 구글의 두 창업자는 성격 면에서 굉장히 다르다. 폭정을 피해 미국으로 온 이민자 브린은 괴상한 면이 있지만 활달한 성격이다. 반대로 미국의 심장부인 미드웨스트Midwest의 작은 동네에서 성장한 페이지는 얌전하고 눈에 띄지 않는 성격이다. 그런데 두 사람의 이러한 차이점에도 불구하고 그들을 이어주는 강한 연결선이 있다. 그것은 페이지의 부모 역시 과학자라는 점이다. 래리의 아버지 칼은 1960년대에 미시간 주립대학에서 처음 컴퓨터공학 박사 과정을 마친 학생 중 하나로 이후 교수 자격증을 취득했다. 그의 어머니 글로리아는 대학에서 프로그래밍을 가르쳤다.

수학과 컴퓨터라는 두 사람의 공통된 성장 배경만큼이나 중요한 것은 두 창업자의 교육 환경이다. 페이지와 브린은 모두 몬테소리 학교를 다녔다. 20세기 초반 이탈리아의 의사 마리아 몬테소리가 독특한 교육 철학을 개발했는데, 이것은 교육을 지식 습득뿐 아니라 인성을 총체적으로 계발하는 수단으로 본다. 특히 몬테소리 교육은 독창성과 자유, 아이디어를 개발하고 더 나은 세상을 만들기 위해 노력하는 인재들을 길러낼 것을 강조한다. 페이지와 브린은 둘 다 몬테소리 교육이 자신들의 인성에 결정적인 영향을 미쳤을 뿐 아니라 구글이라는 기업의 구조를 만들고 이끄는 데 중요한 역할을 했다고 말한다. 몬테소리라는 배경은 겉보기에 매우 독특한 구글의 기업 문화를 이해하는 데 큰 도움을 준다. 구글 직원들이 20퍼센트의 시간을 이용해 자신의 프로젝트를 진행하거나 운영자의 조언을 받지 않고 자체 작업을 하는 독자적인 문화도 여기에 속한다.

우주에서 가장 야심적인 CEO

페이지는 1973년 3월 26일 미시간 주 이스트 랜싱East Lansing에서 태어났는데, 이곳은 자동차 산업 및 생산업체로 유명한 디트로이트에서 그리 멀지 않은 지역이다. 페이지의 가족이 살던 집은 단순하고 밝은 노란색 2층 목조 건물로 앞마당과 차고로 이루어져 있었다. 113채의 비슷비슷한 집이 늘어선 그곳은 당시 새로 형성된 주거지역으로 페이지 가문으로서는 사회적 신분 상승을 이룬 셈이었다. 페이지 가족은 1970년대 말 엑시디 소서러Exidy Sorcerer라는 최초의 가정용 컴퓨터 중 하나를 구입했고 래리는 어린 시절부터 컴퓨터에 둘러싸여 지냈다.

하지만 페이지는 브린처럼 순수한 수학적 재능만 물려받은 것이 아니었다. 무언가 뜯어고치는 것을 좋아한 그는 전기 제품을 분해하거나 자신의 독창적인 아이디어를 개발하면서 놀았다. 한번은 레고 블록으로 잉크젯 프린터를 만들었다고 한다. 페이지는 1991년부터 미시간 대학 컴퓨터공학과에 다녔는데 주로 전기공학과 컴퓨터공학을 합친 분야를 공부했다. 대학을 다니는 동안 페이지는 '에타 카파 뉴'Eta Kappa Nu라는 학부의 학생연합조직을 이끌기도 했다. 또한 학부 시절에 다양한 기기를 개발했는데 그중에는 대학 캠퍼스를 연결하는 미래형 철도 시스템도 있

▶▶▶

다. 그런데 실망스럽게도 미시간 주는 그의 아이디어를 받아들이지 않았다. 2009년 미시간 대학에서 연설을 한 페이지는 자신의 제안을 수용하지 않은 결과 도시가 여전히 교통 문제에 시달리고 있다고 비꼬았다.

페이지는 자신이 어린 시절부터 발명가가 되리라는 것을 알았다고 한다. 자신의 발명품을 상품화하려면 자기 사업을 해야 한다는 것도 알고 있었다. 발명을 비롯해 자신의 아이디어를 통제할 힘이 있어야 한다는 그의 생각은 어린 시절의 영웅이던 니콜라 테슬라Nikola Tesla와 밀접한 관련이 있다. 지금도 페이지는 세르비아의 발명가이자 공학자인 니콜라 테슬라를 깊이 존경한다. 사실 에어컨, 레이저, 라디오 등 수많은 전기공학 분야의 혁신적 발명품은 모두 테슬라가 그 토대를 닦아준 것이다.

괴짜에다 천재였던 테슬라는 동시대의 인물로 전구를 발명한 토머스 에디슨과 견줄 만하다. 물론 두 사람에게는 많은 차이점이 있다. 에디슨은 발명을 하는 와중에도 발명품을 상품화해 돈을 벌고자 제너럴 일렉트릭을 설립했다. 반면 19세기 후반 뉴욕으로 이민 온 테슬라는 빈곤 속에서 죽음을 맞이했다. 10대 시절에 테슬라의 전기를 읽은 페이지는 나중에 그에 관해 이렇게 말했다.

"세상에서 가장 위대한 발명가도 루저로 살 수 있다는 것을 깨닫고 나는 울었다."

테슬라의 일생은 지금까지도 페이지에게 두 가지 영감을 주고 있다. 하나는 순수한 지성만으로도 세상에 엄청난 의미를 남기는 발명을 할 수 있다는 사실이다. 다른 하나는 설령 그런 발명을 하더라도 신중하게 계획해 자기 회사를 설립하지 않으면 발명품을 스스로 통제하기는 불가능하다는 점이다.

아마 페이지는 절대 주주들에게 통제권을 내주지 않을 것이다. 구글을 강력한 이사회로부터 방어해 투자자들의 간섭을 물리치는 것은 물론이다. 페이지에게 구글은 다른 사람들을 위한 돈 기계가 아니라 자기 기업이자 자신의 아이디어를 실현하기 위한 수단이다. 동시에 그는 자신이 그럴싸한 소비제품만 생산하려는 것이 아니라 테슬라 같은 진정한 발명가가 되고자 함을 거듭 강조한다. 결국 제품과 그 속에 담긴 정신은 구글에서 비롯되어야 한다.

미국의 비즈니스지 《포천》은 페이지가 다시 구글의 통제력을 장악한 지 얼마 지나지 않아 '우주에서 가장 야심적인 CEO'라는 별칭을 붙여주었다. 하지만 그는 야심만으로는 자신이 원하는 기업을 만들 수 없음을 알고 있다. 그는 경영팀을 비롯해 모든 직원이 가급적 자신의 야심을 공유하기를 바란다. 이것은 그 자신의 자세나 직원들이 내놓는 모든 아이디어를 대하는 그의 태도에서 거듭 느낄 수 있다. 수석 엔지니어 중 한 명이 이렇게 말했다.

"페이지는 항상, 매우 극단적으로 비판적입니다."

그러자 곁에 있던 또 다른 직원이 불평을 했다.

"그게 엄청난 스트레스를 주지요."

구글에는 다음과 같은 농담이 떠돌아다닌다.

세상을 바꿀 만한 타임머신을 만든 한 엔지니어가 페이지에게 보고하기 위해 그를 만났다. 엔지니어가 발명품을 전기와 연결하기 위해 연장 케이블을 찾자 페이지가 깔보듯이 말했다.

"그게 왜 플러그가 필요한가요?"

때로 페이지는 최고의 과학자들도 가보지 못한 우주에 속한 사람처럼 여겨진다. 여럿이 모인 브레인스토밍brainstorming 회의에서 그가 특유의 야성적인 아이디어를 쏟아내면 사람들은 나중에 입을 모아 말한다.

"래리가 또다시 미래를 여행하고 돌아와 우리에게 자기가 본 걸 얘기 해주는군."

페이지와 브린은 둘 다 기업의 주식 형태로 각각 약 300억 달러에 달 하는 자산을 소유하고 있다. 그러나 두 사람이 브리오니 양복에 프라다 신발을 신고 회사에 나타나는 일은 매우 드물다. 회사 주차장에 페라리 를 주차하지도 않는다. 어쩌다 페이지가 청바지 대신 양복을 입고 출근 하기라도 하면 금세 엄청난 만남이 있을 거라는 소문이 돈다. 혹시 대통 령이 아닐까?

억만장자가 된 후에도 페이지는 아주 오랫동안 작은 아파트에 살았고 도요타의 프리우스를 몰았다. 물론 그는 슈퍼 리치들의 특권을 누리기도 했다. 그는 필립 스탁Philippe Starck이 디자인한 60미터 길이의 요트 센 시스Senses를 소유하고 있는데 2011년 당시 구입가가 무려 4,500만 달 러였다. 기업 공개 후에는 팰로 앨토에 800제곱미터(242평)의 대농장 저 택을 구입했다. 그 후 몇 년에 걸쳐 그는 이웃의 집과 땅을 사서 새로운 주거단지를 건설했는데 그곳의 센터는 500제곱미터 크기의 생태적 건물 로 지었다.

비록 부가 안겨주는 풍족함을 누리고 있긴 하지만 페이지에게 그것은 사소한 부분에 지나지 않는다. 억만장자는 많아도 세상에서 일어나는 사 건에 진정한 영향을 미치는 사람, 역사책에 자신의 자리를 마련한 사람 은 극소수다. 페이지는 거듭해서 야망 없는 사람들의 보편적인 소심함에 대해 불평한다. 그들은 대개 참을성이 없고 쉽게 지루함을 느끼는데 페이지는 이를 두고 다음과 같이 말한다.

"사람들은 야심적인 아이디어를 현실화하지 못해도 완전히 실패한 게 절대 아니라는 사실을 이해하지 못합니다."

페이지에게 진정한 실수란 대담하지 못한 선택을 하는 일이다. 위대한 도약과 발전을 갈망하며 관습적인 기업 방식에 별다른 의미를 두지 않는 페이지는 이렇게 말한다.

"기업 경영 방식이 완전히 잘못된 것 같아요. 모든 기업이 늘 지금까지 해온 것만 하려 하죠."

한때 페이지는 세상의 지식을 조직화해 모든 사람이 접근하고 사용하도록 하겠다는 구글의 본래 강령이 너무 협소한 게 아닌가 하고 생각했다. 아무리 지나친 야망처럼 들리더라도 비전 자체로는 '협소'할 수도 있다. 하지만 결국에는 페이지도 수십 년 된 구글의 강령을 그대로 지키는 것이 좋겠다고 확신하기에 이르렀다.

"정보는 우리가 하는 모든 일의 핵심이기 때문이지요."

페이지는 기술 발달로 촉발된 인류 역사상 가장 힘든 격동기의 한가운데에서 가장 힘센 기술기업을 이끌고 있다. 다시 말해 소프트웨어를 전파하고 일상의 구석구석까지 파고들어 전 세계를 연결함으로써 사회와 경제, 문화에 중요한 변화를 일으키고 있다. 구글의 최종 기업 모토가 무엇이든 이것은 분명한 사실이다. 페이지는 이것이 세계사에 커다란 흔적을 남기는 얼마 되지 않는 인물이 될 기회임을 알고 있을까? 자신의 생각에 따라 디지털 대변동을 주도하는 기회 말이다. 그는 다음과 같이 묻는다.

"우리는 미지의 영역에 와 있습니다. 어떻게 하면 이 자원을 사용해 세상에 긍정적인 영향을 줄 수 있을까요?"

페이지는 항상 귀에 거슬리는 목소리로 느릿하게 이야기한다. 몇 년 전 처음 성대에 문제가 생겼을 때는 그의 말을 이해하는 사람이 거의 없을 정도였다. 그동안 목소리가 어느 정도 안정되었지만 여전히 목소리나 톤에는 변함이 없다. 페이지의 '생각의 기차'가 달리는 동안 그가 계속 이야기를 이어가면 마치 혼자 중얼거리는 것처럼 들리기 때문에 대화 상대는 짜증날 수도 있다. 물론 페이지는 다정하고 상대에게 관심이 많으며 개방적이지만 끌어안는 힘이 약하고 사람들과 어느 정도 거리를 유지한다. 또 이야기하는 동안 가끔 표정이 멍해지고 생각에 사로잡힌 듯 다른 이들의 반대 의견을 완전히 무시하다가 느닷없이 커다란 미소를 지으며 이런저런 '위대한 기회' 속으로 깊이 빠져든다.

페이지는 숱이 많은 회색 머리칼에 짙어서 눈에 확 띄는 눈썹을 하고 있다. 그는 보통 짙은 회색이나 검정색 티셔츠 혹은 스웨터에 같은 색상의 재킷을 입고 어두운 회색 진에 검정색 스니커즈를 착용한다. 여기에다 느리고 침착하게 움직이며 많은 사람 앞에서는 거의 말이 없어서 접근이 불가능한 사람처럼 여겨진다. 샌디에이고의 해변 이름을 따서 지은 그의 회의실 '실버 비치'Silver Beach는 구글 캠퍼스의 여느 사무실과 다르지 않다. 초록색과 노란색 벽 위에 걸린 두 대의 평면 TV, 싸구려 일회용 펜, 뽑아 쓰는 휴지 한 통이 전부다. 그가 사무를 보는 건물도 평범하기 짝이 없다. 캘리포니아의 태양을 피하기 위해 어두운 유리와 오렌지색 벽돌로 된 그 4층 건물 앞에는 몇 그루의 야자수가 서 있다. 좁은 로비 건물에 들어서면 2층과 이어진 금속 미끄럼틀이 눈길을 끌지만 지금은 아무도 사용하는 사람이 없다.

페이지에게 정말 10년 전에 무인자동차나 목소리로 작동하는 스마트폰이 상용화될 것을 내다보았느냐고 묻자 그가 대답했다.

"물론이죠. 내겐 너무나 분명한 일이었습니다."

그는 으스대며 말하는 게 아니라 눈을 내리깔고 조용히, 즉 누구나 관심을 기울이면 내다볼 수 있는 기술 진보를 자꾸 설명하는 것이 부담스럽기라도 한 듯 대답한다.

"1978년, 그러니까 여섯 살 때 나는 이미 워드프로세서를 능숙하게 다뤘고 초등학교에 다닐 때는 에세이를 컴퓨터로 작성했어요."

이런 사례는 페이지가 늘 '어느 정도 미래의 삶'을 살았음을 보여준다. 결국 비밀은 강한 호기심과 모든 것에 의문을 보이는 자세에 있다.

페이지는 대기업이 되려면 거대한 야망이 필수적이며 그렇지 않다면 대기업이 될 자격이 없다고 말한다. 그렇다면 그의 기준에 부합하는 기업은 거의 없다고 봐도 무방하다.

"대부분의 기업이 만족스럽지 않아요."

이 말은 기업들이 '영감을 주지 못한다'는 의미다. 그러면 기업에는 반드시 위대한 사명과 비전이 있어야 하는 걸까? 사람들은 대개 돈을 버는 것으로 만족하지 않는가? 기업은 이익을 남기는 것만으로 충분하지 않은가? 페이지는 그렇지 않다고 말한다.

"어떤 회사의 CEO를 만났는데 그에게 오직 돈을 벌려는 동기밖에 없다는 확신이 들면 나는 그 회사를 머릿속에서 삭제해버립니다."

물론 세상에 어떤 영향을 미칠지 고려하지 않고 오로지 돈만 벌기 위해 일하는 것은 불만족스러운 일이다. 구글의 창업자는 "자본주의는 매우 효율적이지만 많은 기업이 그렇듯 단기적인 사고로만 접근하면 큰 문

▶▶▶

제가 발생할 수 있다."라고 이야기한다. 기업이라면 적어도 다른 방식을 시도해보려는 노력을 기울여야 한다는 말이다.

"10년 혹은 20년에 이르는 장기적인 방식으로 접근하면 경제와 사회의 이슈를 함께 해결할 가능성이 그만큼 커집니다."

'자넨 한꺼번에 너무 많은 것을 하고 있네'

페이지가 다시 기업 경영을 맡았을 때 사람들은 그가 대중 앞에 더 많이 나서고 언론에도 더 자주 등장하며 구글을 더욱 강하게 밖으로 드러낼 것이라고 기대했다. 하지만 그런 일은 일어나지 않았다. 은둔형으로 살아가는 페이지의 사생활은 거의 밝혀진 바가 없다. 2007년 그는 생체의학 박사 과정을 밟은 루신다 사우스워스Lucinda Southworth와 결혼했다. 사우스워스는 똑똑한 금발의 미녀로 그녀의 여동생은 모델 겸 여배우로 활동 중이다. 이들의 결혼식은 영국의 억만장자 리처드 브랜슨Richard Branson이 소유한 카리브 해의 한 섬에서 열렸는데, 여기는 가장 극성맞은 파파라치조차 접근할 수 없는 곳이다. 두 사람에게는 각각 2009년과 2011년에 태어난 두 자녀가 있지만 인터넷에는 이들의 사진이 한 장도 없으며 대중에게 이름조차 알려지지 않았다.

창업자들은 급성장하는 기업을 스스로 통제하기 위해 고군분투해야 한다. 특히 이들에게 별다른 비즈니스 배경이 없으면 더욱더 그러하다. 스티브 잡스도 1980년대에 자신이 창업한 회사에서 쫓겨나는 수모를 겪었다. 뛰어난 창업자에다 몇 년 후의 휴식 끝에 다시 회사의 리더로 등장해 기업을 새로운 차원으로 끌어올렸다는 점에서 사람들은 종종 페이지를 잡스에 비유한다. 그러나 페이지를 잡스에 비유하는 것은 애플을 구글에 비유하는 것만큼이나 부적절하다.

페이지는 애플의 창업자와 전혀 다른 기업을 건설하고자 한다. 즉, 그는 엔지니어처럼 사고하고 연구에 열정적이며 부모의 학술적 사고의 영향으로 과학적 진보를 이루고자 매진한다. 구글의 수많은 작은 분과에서는 물리학, 화학, 수학 같은 기본 학문을 계속 연구하고 있다. 페이지는 애플에 대해 이렇게 말한다.

"애플은 극소수의 아이템만 생산하는데 그것이 그들에게 잘 맞아떨어지고 있습니다. 하지만 내게는 그걸로 충분하지 않습니다. 기술이 우리 삶을 더 낫게 만들 방법이 아주 많으니까요."

페이지는 잡스와 정기적으로 대화를 나눴는데 잡스는 페이지에게 거듭 "자넨 한꺼번에 너무 많은 것을 하고 있네."라고 말했다. 그럴 때마다 페이지는 대답했다.

"당신은 일을 너무 적게 하고 있지요."

가능한 한 한꺼번에 많은 아이디어를 추구하는 것이 페이지가 품고 있는 목표다. 그는 완전히 새롭지 않은 것에 수십억을 투자하는 것을 꺼리며 목적 그 자체를 위해 돈을 사용하는 것을 '범죄'로 여긴다. 스티브 잡스의 측근으로 애플에서 아이팟과 아이폰의 개발 책임자로 일하다 현재 구글에서 일하는 토니 파델은 《포천》과의 인터뷰에서 이런 말을 했다.

"잡스는 마케팅에 능한 사람으로 제품을 사랑하고 사용자 경험의 상세한 부분까지 완벽하게 이해했다. 반면 래리는 진지한 기술 전문가로 과학과 이론에 흠뻑 빠진 사람이다."

페이지는 파넬을 비롯해 몇몇 측근 고문의 말에 귀를 기울이고 그들을 신뢰하며 그들의 조언에 따라 비즈니스 전략뿐 아니라 기업 구조를 만들어간다. 그들 중에는 예전에 애플의 이사였고 현재 소프트웨어 회사 인튜이트Intuit의 CEO인 빌 캠벨Bill Campbell도 있다. 주요 고문은 남인도 출신의 엔지니어 순다 피차이Sundar Pichai가 맡고 있는데 그는 스탠퍼드에서 재료과학을 배웠고 와튼 스쿨에서 비즈니스를 전공했다.

2014년 가을 피차이는 공식적으로 페이지의 오른팔이자 구글 제품의 경영을 책임지는 자리에 올랐다. 창업자와 마찬가지로 그도 호기심이 많고 조용한 성격이지만 확신에 차 있고 태도가 단호하다. 2004년 구글의 제품 매니저로 시작한 피차이는 빠른 속도로 책임 있는 자리에 올랐다. 그는 처음에는 크롬 웹브라우저를 개발했고 나중에는 크롬북 시리즈라는 휴대용 컴퓨터를 내놓았다. 2013년 그는 스마트폰 운영체계인 안드로이드 팀의 수장 자리를 물려받았다.

페이지는 피차이를 훌륭한 경영 간부라고 평가한다. 그에 따르면 피차이는 '심오한 기술적 전문성과 제품 및 사업에 대한 예민한 감각을 모두 갖춘 드문 인재'다. 2015년 구글의 조직 개편에서 또다시 승진한 피차이는 구글의 CEO로서 기업의 핵심 사업을 이끌며 알파벳 아래에 있는 모든 기업 프로젝트를 비롯해 검색엔진과 유튜브, 안드로이드, 구글 맵 같은 조직을 함께 책임지고 있다.

구글의 창업자 페이지는 "대체로 우리가 만나보고 싶은 사람은 절망적일 정도로 극소수"라고 말한다. 그 이유가 무엇일까? 그는 "지도력과 사업 능력, 기술적 이해를 갖추고 의식적으로 세상을 좀 더 나은 방향으로 이끌려는 목표를 갖도록" 사람들을 훈련시키는 교육의 틀이 부족하다는 결론을 내렸다.

"제가 교류하고 싶은 사람은 결국 그러한 교육 프로그램을 밟고 생각을 공유하는 사람들이라는 결론에 이릅니다."

구글의 협소한 고문 그룹에 상대적으로 최근 합류한 사람은 포드 자동차에서 오랫동안 CEO로 있던 앨런 멀렐리Alan Mullaly 다. 그는 글로벌 금융위기 이후의 힘든 시기에 회사를 성공적으로 이끌고 기업 구조를 능률적으로 구축했다. 멀렐리는 2014년 7월부터 구글의 이사회에 합류했는데, 페이지는 그에게 주로 '어떻게 하면 기업을 효율적으로 이끌 수 있는지'에 대한 조언을 얻는다.

한편 페이지의 가족은 자동차 산업과 특별한 인연이 있다. 그의 할아버지가 1920년대와 1930년대에 미시간 주에 있는 쉐보레 공장에서 일했는데, 그는 당시 등장하기 시작한 노동조합운동의 초창기 조직책이었다. 그 무렵 자동차 공장의 작업 환경은 열악했고 사고가 속출했으며 노동자들은 많은 억압을 받았다. 그런 상황에서 노동조합 활동을 하는 것은 매우 위험한 일이었다. 페이지는 할아버지의 경험이 구글을 기존의 기업체와 다른 작업 환경을 갖춘 기업, 직원들이 급여를 넉넉히 받고 자신의 아이디어를 추구하도록 격려받는 기업으로 만드는 데 결정적인 역할을 했다고 강조한다. 그는 할아버지가 일하러 가면서 자신을 보호하기 위해 항상 휴대하던 무기를 아직도 가지고 있다. 그것은 끝에 납으로 된 공이 달린 커다란 금속 튜브다. 2012년 페이지는 《포천》과의 인터뷰에서 말했다.

"나는 가끔 우리가 몸담은 회사에서조차 스스로를 지키기 위해 싸워야 했던 시절로부터 얼마나 멀리 왔는지 생각합니다. 내가 할 일은 직원들이 회사 업무를 통해 좋은 기회를 찾고 의미 있는 일에 기여하도록 하는 것입니다."

낙천주의자

페이지가 혼자 구글을 이끌기 시작한 2011년 초부터 구글에는 페이지의 손길이 확연하게 느껴졌다. 페이지는 경영진을 간소화하고 주요 제품을 중심으로 기업 조직을 재배치했다. 또한 수많은 제품의 외양이 하나의 일관성 있는 흐름을 유지하도록 만들었다. 나아가 그는 엔지니어들에게 단순하고 직설적으로 사고할 것을 주문했다.

특히 페이지는 성공한 다른 기업들을 자세히 관찰하고 분석했다. 이들의 기업 구조는 어떠하고 어떤 과정을 거치며 어떤 문제점이 있는가? 그가 좋은 연구 대상으로 삼는 기업은 경제계의 전설 워런 버핏이 세운 다국적 지주회사 버크셔 해서웨이다. 이 기업을 모델로 페이지는 2015년 기업의 근본적인 구조조정을 공표했다. 이때 핵심 사업인 검색엔진과 유튜브, 구글 맵, 안드로이드를 다른 모든 조직과 별도로 분리했다. 그리고 무인자동차처럼 많은 연구를 필요로 하는 프로젝트는 구글 X 아래 재편하고, 핵심 사업과 거리가 먼 주제를 다루는 여러 사업체 단위는 독립시켰다. 중요한 것은 모든 기업을 커다란 우산 격인 알파벳 아래로 모았다는 점이다. 페이지는 "알파벳은 인류의 중요한 혁신적 발명 중 하나인 동시에 구글 검색의 기본으로 그 나름대로 상징적 가치를 지닌다."라고 말했다.

새롭게 분리된 기업 중에는 초기에 구글에서 보충적인 역할을 하다가 단시간에 실리콘 밸리의 신생기업에 가장 큰 투자를 하는 기업으로 떠오른 벤처 자본 담당 기업 구글 벤처도 포함되어 있다. 우버를 비롯해 많은 신생 기술기업이 구글의 자본을 등에 업고 성장했다. 또한 수십 개의 작은 회사가 구글에 완전히 병합되었고 구글이 연구개발에 쏟아붓는 투자액도 급격히 증가했다.

덕분에 새로운 가속도가 붙으면서 구글은 경제적으로 더 큰 성공을 거두었다. 페이지가 CEO로 귀환한 후 구글은 약 350억 달러의 현금 보유력을 갖췄고 매출액도 매년 약 20퍼센트 이상 증가했다.

물론 페이지의 기대를 저버린 영역도 있었다. 그는 휴대전화 제조회사 모토로라Motorola를 구글 역사상 가장 큰 투자액인 125억 달러에 인수했다. 그러나 수천 명의 직원과 기업 문화가 완전히 다른 회사와의 합병은 실패로 돌아갔고 결국 모토로라를 다시 매각했다. 페이스북에 대항해 엄청난 돈과 에너지를 쏟아부은 구글플러스Google+ 역시 엄청난 기대를 받았지만 끝내 성공하지 못했다. 구글플러스는 구글의 열광적인 팬들조차 무시할 정도로 철저히 외면을 받았다.

페이지는 구글이 큰 덩치에도 불구하고 유연성을 유지하도록 전력을 다하고 있는데, 독립적으로 운영하는 사업체 단위의 실험이 점점 증가하는 것은 이 때문이다. 페이지는 구글이 성공에 안주하다가 평범한 기업으로 전락한 다른 수많은 업체의 운명을 따르지 않도록 온갖 노력을 기울이고 있다. 그는 '인류의 더 나은 삶을 위한' 아이디어 창출 및 제품 개발에 진지하게 매진하는 기업은 수십 개에 불과하다고 여긴다. 이에 대해 페이지는 심지어 좌절감마저 느낀다. 그것은 부정적인 세계관과 미래에 대한 공포 그리고 염세주의에 대한 좌절감이다. 더 나은 세상을 만들기 위한 그의 시도는 간혹 환호 대신 비판을 받는다.

"전체적으로, 특히 유럽에 새로운 것은 나쁘며 미래에 대한 전망은 무조건 비관적이어야 한다는 태도가 만연해 있습니다."

페이지는 변화와 평범하지 않은 시도는 대체로 불신을 받게 마련이라는 사실을 이해하지만 그것을 극복하는 간단한 해결책도 알고 있다.

"우리는 긍정적인 태도를 가져야 합니다."

세계관과 철학, 기업에 대한 비전을 묻는 질문에 답변할 때마다 페이지가 가장 자주 사용하는 단어는 '낙천주의'다. 그는 "예전에는 사람들이 미래의 가능성과 기회에 열광했다."라고 말했다. 가령 그는 날아다니는 자동차를 구경하기 위해 사람들이 몰려들었던 지난 세기의 세계 박람회를 거론했다. 그는 답답한 모양이었다.

"그런데 왜 우리는 이렇게 비관적일까요? 과학적으로 전혀 이해가 가지 않아요."

페이지는 점점 증가하는 문화적 비관주의가 합리적이지 않다고 비판했다. 인류가 기술적 진보를 통해 눈에 띄게 발전해왔다는 것은 역사가 증명하지 않는가. 인터넷을 비롯해 현대 사회의 모든 성취는 궁극적으로 세상의 발전에 기여할 거라는 낙천주의에서 나온 것이다. 태평성대와는 거리가 먼 이 세상에서 어떻게 발전에 대항하는 생각이 나오는지 페이지는 이해할 수 없다고 했다. 발전이 필요한 부분이 얼마나 많은데 그저 현상 유지에 만족하며 산다는 말인가.

"우리가 미래를 좀 더 행복하게 전망하면 안 될까요?"

페이지의 말처럼 비관주의가 늘어나는 것은 어쩌면 우리가 '주요 사회

제도에 대한 자신감을 잃어버렸기 때문'인지도 모른다. 즉, 사람들은 정부를 신뢰하지 않고 기업은 자신의 이해에 따라 움직인다고 믿는다. 물론 그들은 구글의 '사회적 임무'도 신뢰하지 않는다. 사회의 제도적 개선이 필요한 이유가 여기에 있다. 그렇지만 무엇보다 중요한 것은 우리가 '세상을 더 나은 곳으로 만드는 일을 즐겁게 받아들여야 한다'는 점이다.

실리콘 밸리 정신의 대변자

페이지의 사고와 행동, 커다란 야망은 독자적 · 독창적인 것이 아니다. 페이지와 브린은 수십 년 동안 실리콘 밸리에서 발전해온 특별한 비즈니스 엘리트층에 속한다. 이들은 다른 산업체와 달리 이곳에만 독특하게 존재하는 철학과 개념적 틀을 갖추고 있다. 그 틀은 '부는 모자이크의 한 부분으로 일종의 사소하면서도 기분 좋은 부수적 효과에 불과하다'는 것이다. 이곳의 사업자들은 돈보다 내용에 더 집착한다. 이들은 가능성의 메시지를 믿고 미래를 걸림돌로 여기지 않으며 분명한 목표가 있는 이상주의자다. 이것이 실리콘 밸리 기업들의 눈부신 성공 스토리에서 가장 독특한 부분이다. 실리콘 밸리의 이상주의자들은 인류 구원을 위한 자신들의 첨단기술 개념을 통해 인류가 진보할 거라고 믿는다. 이들은 자신이 하는 일이 문명에 커다란 진보를 가져오고 인류에게 득이 될 것임을 확신한다.

실리콘 밸리는 자신들의 제품만 판매하는 게 아니라 기술이 궁극적으로 커다란 사회적 진보를 불러온다는 지적 모델을 구축하고자 체계적인 시도를 하고 있다. 기술과 가치관이 결합된 이 선교사적 태도는 이제 더 이상 비밀이 아니다. 이것은 페이스북의 증권거래소 설명서에서도 찾아볼 수 있다. 거기에는 "이 인터넷기업은 '사회적 임무를 달성하기 위해' 창업했다."라고 쓰여 있다.

"우리는 사람들에게 공유하는 힘을 부여함으로써 그들이 자신의 투표권을 완전히 다른 방식으로 행사하고 역사상 그 어느 때보다 자기 목소리를 분명히 내도록 하고자 한다. 이 과정을 통해 모든 나라의 지도자들은 인터넷 친화성을 키우고 국민의 권익을 위해 투쟁하며 모든 정보에 대한 접근 및 공유 권리를 발전시킬 수 있을 것이다."

이 기술 성애적 관점은 각기 다른 정치적 사상에서 출발한 까닭에 서로 보완 혹은 상충되면서 사고의 흐름이 교차한다. 한편으로는 미국 정치의 극단적 우파에게 드러나는, 즉 토머스 제퍼슨Thomas Jefferson의 관점에서 따온 급진적 개인주의와 규제 철폐를 앞세우며 시장의 완전 자유화를 주장하는 신자유주의적 철학을 볼 수 있다. 다른 한편으로는 또 다른 정치적 극단주의인 트랜스휴머니즘transhumanism(과학과 기술을 이용해 사람의 정신적·육체적 성질 및 능력을 개선하려는 지적, 문화적 운동—옮긴이)의 사고를 엿볼 수 있는데, 이는 마약으로 새로운 의식 단계를 발견하려는 실험을 하고 무정부주의에 가까운 반反정부주의 성향을 보인 티모시 리어리Timothy Leary 같은 극단적 사상가의 영향을 받았다.

초창기부터 캘리포니아의 기술적 움직임은 좌파적 이상주의의 흐름에 가까웠다. 1960년대에 샌프란시스코를 관통하던 반체제 문화는 이후 컴퓨터 혁명을 이끈 많은 사람을 흡수했다. 가령 스티브 잡스는 애플을 창업하기 전에 한동안 공동체에서 지냈다. 이곳에서는 자신을 '디지털 히피'로 여기는 창업자를 드물지 않게 볼 수 있다.

이 모든 것을 감안하면 실리콘 밸리의 동력인 일종의 정치 철학이 드러난다. 그것은 바로 신비주의적 히피 철학과 뼛속 깊이 스며든 자본주의 철학의 특이한 결합이다.

1995년부터 영국의 두 언론학자 리처드 바브룩Richard Barbrook과 앤디 캐머런Andy Cameron은 캘리포니아의 이데올로기를 빗대 '새로운 종교'Neuen Glauben라고 불렀다. 두 사람은 문화 비평 에세이에서 "이곳에서는 이미 20년 전부터 서로 모순적인 '새로운 정보 시대의 신앙'에 가까운 히피 정신과 여피들의 기업 정신이 결합했다."라고 말한다. 이들은 이 상반된 특성의 결합은 새로운 정보 기술의 잠재적 해방성에 대한 무한한 믿음에서 기인한 것이라고 쓰고 있다. 미래에 대한 이 낙관적 관점이 괴짜나 학생, 혁신적 자본주의자, 미래지향적인 관료, 낙천적 정치가 사이에 내면화된 것은 그리 놀랄 일이 아니다. 인터넷이 아직 유아기일 때부터 바브룩과 캐머런은 정보화 시대에 새로운 기계적 미학을 제공하고 싶어 하는 '웨스트코스트의 이념가'들이 현대의 다음 단계를 '지배할 것'이라고 내다보았다.

이러한 가설은 비판과 경고를 의미했지만 오히려 실리콘 밸리는 캘리포니아 이데올로기를 자신들의 특별한 지위의 상징으로 삼았다. 우리는 단지 경제의 한 부분이 아니라 인류의 진보를 위한 하나의 움직임이다! 페이팔PayPal의 창업자이자 페이스북에 처음 자금을 지원했으며 현재 실리콘 밸리에서 영향력 있는 인물 중 하나인 피터 틸Peter Thiel은 세계가 정말로 중요한 질문에 대해 너무 관심을 덜 기울인다고 말한다. 그 질문은 이것이다.

'이 세상이 더 나아지려면 무엇을 성취해야 하는가?'

실리콘 밸리의 경제계 리더들은 수십억의 이익과 약간 허황되게 들리는 꿈이 서로 모순적이라고 생각하지 않는다. 오히려 그 반대다. 이들은 자신의 정체성을 공상적 이상주의에서 찾는다. 1960년대에 엔지니어들이 처음 마이크로칩을 생산하기 시작하고 스티브 잡스와 스티브 워즈니악Steve Wozniak이 첫 애플 컴퓨터를 차고에서 조립하던 시절부터 진보에 대한 급진적인 믿음은 늘 실리콘 밸리의 지배적인 정서였다. 이처럼 무한한 기술 결정론적 관점을 협소하게 하나의 개념으로 극단화하면 싱귤래러티singularity(특이점)라고 할 수 있다. 이 슬로건은 인간과 기계가 밀접하게 연결되어 인류가 다음 단계로 힘차게 비상하는 미래의 어느 한 순간을 묘사한 것이다. 이것은 상호 상승하는 기술력의 영향으로 생각하는 기계, 수명 연장, 3차원의 홀로그램 같이 그때까지만 해도 공상과학소설에서만 가능하던 일을 현실화하는 연쇄반응과 같다. 즉, 세상이 단순하게 변화하는 것이 아니라 완전히 새로운 세상으로 바뀌는 디지털 빅뱅이다.

2029년, 인간의 모든 일을 컴퓨터가 대체한다

싱귤래러티 개념은 레이 커즈와일Ray Kurzweil을 통해 대중에게 알려졌다. 열아홉 개의 명예 박사학위를 받은 그는 평판 스캐너와 음성 합성 장치를 발명했으며 수십 개의 특허권을 가지고 있다. 기술 연구를 평생의 사명으로 아는 커즈와일은 2012년부터 구글에 합류했고 몇 년 전

'2029년이면 사람이 하는 모든 것을 컴퓨터가 한다'는 결론을 얻었다. 심지어 그는 컴퓨터가 사람보다 더 잘할 거라고 전망한다.

이것은 언뜻 《스타 트렉》을 너무 열심히 본 열두 살짜리 아이의 환상 같다. 그러나 형태는 조금씩 달라도 실리콘 밸리에 있는 모든 사람, 이를테면 가장 냉정한 과학자와 현실적인 사업가까지도 이런 비전을 믿고 있다. 이것은 마치 모든 사람이 서명한 보이지 않는 사회 계약 같다. 또한 이것은 기술적 가능성에 대한 무한한 믿음이자 점점 단기간에 더 크게 도약해 지속적으로 새로운 돌파구를 열어 가리라는 믿음이다. 이러한 싱귤래러티의 개념은 인류를 보다 나은 미래로 이끌기 위한 슈퍼 구조, 즉 가파른 경사면을 제공한다.

커즈와일은 이미 정년의 나이에 접어들었지만 여전히 서른다섯 살 젊은이처럼 왕성하게 활동한다. 흥미롭게도 마른 몸매에 숱이 듬성한 머리칼, 직사각형의 안경을 쓴 그는 매일 비타민과 미네랄, 효소 등이 들어간 150개의 알약을 삼키고 내용이 미심쩍은 첨가제도 몸에 투입한다. 그 목적은 인간의 수명을 영구적으로 연장할 수 있을 만큼 기술이 발달할 때까지 자신의 수명을 늘리는 데 있다. 그는 그 시간이 머지않았다고 확신한다. 실제로 구글과 다른 기업들은 노화를 멈추고 암을 정복하기 위한 연구를 이미 시작했다.

구글인은 대부분 커즈와일의 생각이 지나치게 급진적이라 여기며 구글도 그의 싱귤래러티 이론이 개인적 관점일 뿐 구글에서의 작업과는 상관이 없다고 선을 긋고 있다. 하지만 해가 갈수록 새로운 발전을 이뤄내는 실리콘 밸리의 미래주의자들은 점점 더 자신의 신념을 굳히고 있다. 싱귤래러티 이론을 미친 소리로 여기는 의견은 갈수록 줄어드는 대신 디지털화에 대한 목소리는 커지고 있다. 단순히 요약하자면 컴퓨터 반도체의 성능이 약 2년마다 2배로 향상된다는 무어의 법칙에 따라 컴퓨터의 능력과 기계 용량이 급속히 증가하고 있다. 2014년의 프로세서는 1971년의 첫 번째 인텔칩에 비해 그 성능이 3,200만 배 향상되었다. 더 빠르고 나은 컴퓨터는 오늘날 거의 폭발적으로 발전하는 다른 기술 분야의 풍요로운 밑거름이 되고 있다. 가령 통신, 로봇학, 의학, 재료과학, 바이오 기술 등이 여기에 속한다. 또한 이들 분야는 서로에게 영향을 미치고 있다. 물론 아직까지는 그 결과가 희미하게 보일 뿐이지만 인간의 게놈을 1,000달러도 안 되는 비용으로 몇 시간 안에 배열한다는 것은 정확히 무엇을 의미하는가.

디지털화의 영향은 그 급진성과 범위에 비춰볼 때 발전 방향을 가늠하기가 어렵다. 심리학자와 사회학자의 의견에 따르면 그 이유는 인간의 발전 방식과 관련이 있다. 지난 10만 년 동안 인간의 역사는 지엽적이고 단선적으로 이어져왔다. 그러다가 갑자기 문명의 발전이 전 지구적이고 기하급수적으로 이뤄지기 시작했다. 커즈와일의 이론은 그 한 예다. 서른 걸음을 직선적으로 걸으면 최대 30미터까지 가지만 기하급수적으로 걸으면 수십억 미터까지 갈 수 있다. 이 속도를 따라잡을 수 있겠는가? 이는 때로 디지털 선봉자들도 하지 못하는 일이다. 첨단기술 분야의 거인인 컴퓨터공학자나 엔지니어와 얘기하다 보면 이들의 표정에서 발전 속도에 대한 엄청난 환희나 흥분과 함께 불안감을 읽을 수 있다.

시장성 있는 컴퓨터 개발에서 아이폰이 나오기까지는 20년이 걸렸다. 그런데 실리콘 밸리의 발명자들은 앞으로 25년 안에 우리가 더 이상 기기를 들고 다니지 않을 것이라고 말한다. 분자 컴퓨터나 생체 인식 센서처럼 인간과 주변 세상을 통합하는 장치가 그 일을 대신할 거라는 얘기다.

페이지와 브린 그리고 구글은 궁극적으로 이런 전제를 바탕에 두고 행동을 결정한다. 기술이 거의 모든 것을 향상시킬 것이라는 전제 말이다. 이것은 인터넷이나 디지털화의 문제만은 아니다. 기술은 의학, 자동차, 교육, 항공우주 산업 등 거의 모든 분야를 건드린다. 이 관점에서 사고하는 이들은 진보에만 멈추려 하지 않는다. 인간의 수명을 연장하려 노력해보는 것은 어떨까?

하지만 기술적 진보는 저절로 이뤄지는 것이 아니다. 이것은 사회에 영향을 미치고 경제와 문화를 바꾸며 우리가 스스로 설정한 보편적 틀과 계속해서 충돌한다. 그런 의미에서 정치는 항상 동지가 아니라 가끔은 속도를 떨어뜨리는 적이 된다. 실리콘 밸리의 많은 사람이 그렇게 느낀다. 아직 21세기를 이해하지 못하는 정치인들이 여전히 20세기의 인간처럼 행동하기 때문이다. 이들이 새롭게 창조하고자 하는 것은 혹시 하나의 국가나 행정 조직이 아닐까? 적어도 실리콘 밸리의 몇몇 인사는 그런 시각을 보인다. 샌프란시스코의 경영자 중 몇몇 사람과 억만장자가 숙고하는 것처럼 유능하고 진정으로 민주적인 정부를 만드는 것이 가능한지 생각해볼 필요가 있다.

구글, 미래를 시도하는 공간

미국이라는 정치 지형에서 자유주의자는 '약간 이상한 사람들'이라는 평판을 얻는다. 이들 중 다수가 한때 연방준비제도를 폐지하자고 주장한 골수 공화당원이자 실패한 과거 대통령 후보인 론 폴Ron Paul처럼 과격한 우파에 속한다. 그러나 피터 틸은 실리콘 밸리에서 자유주의는 '상당히 커다란 움직임'이라고 강조한다. 그중에서도 틸은 가장 눈에 띄는 자유주의 신봉자이자 핵심 인물로 유능하고 논쟁적이며 사상적, 이념적인 리더다. 틸과 자유주의를 놓고 이야기를 나누다 보면 그의 생각이 정치나 정치적 제도에 영향을 미치기 위한 것이 아님을 알 수 있다. 실리콘 밸리의 다른 많은 사람과 마찬가지로 그는 워싱턴이나 브뤼셀과 관계를 맺는 데는 전혀 관심이 없다. 오히려 이곳 기술 엘리트들은 자신의 목표와 일치하는 정치 철학과 세계관을 만들었다. 그것은 바로 가능한 한 많은 자율성과 적은 통제를 통해 풍요로움 및 만족을 추구하는 일이다. 권력을 보는 시각도 매우 회의적이다. 그들의 관점에서 규제와 정부의 규격화는 없애야 할 대상이다.

틸은 우리가 보다 근본적인 비전과 깨끗한 에너지 자원을 가지고 '급진적 돌파구'가 열리는 미래를 향해 나아가야 한다고 믿는다. 그러면 '사막이 풍요로운 땅으로 뒤바뀌리라.' 그는 자신이 '비트의 세계'die Welt der Bits라고 부르는 컴퓨터와 소프트웨어 분야가 왜 이처럼 위대한 발전을 이뤘는지 그 이유를 분명히 알고 있다. 그러나 그 외의 모든 분야, 즉 교통이나 의학 같은 '아톰의 세계'die Welt der Atome는 발전하지 못했다. 비트의 세계는 대체로 규제로부터 자유롭지만 아톰의 세계는 규정에 얽매여 있다. 그것이 이 분야가 발전하기 어려운 이유다.

틸과 커즈와일은 실리콘 밸리에서도 극단주의자에 속하며 대다수 구글 직원은 이들의 급진적 성향을 낯설어한다. 브린과 페이지도 싱귤래러티의 이상을 꿈꾸지 않으며 틸의 자유주의적 사고에 대해서도 거의 관심이 없다. 정치에 관한 한 구글은 의식적으로 대립보다 협조를 지향한다. 물론 구글과 두 창업자는 여전히 반체제적 문화유산과 가깝지만 다른 한편으로는 기술을 통한 진보를 열망하며 매일 그것과 상충하는 문화 속에서 움직이고 있다.

대부분의 실리콘 밸리 엘리트들은 1년에 한 번 네바다 사막에서 열리는 예술 축제 '버닝 맨'Burning Man으로 순례를 떠난다. 무정부주의에 뿌리를 둔 이 축제 현장에서는 수많은 사람이 일주일 동안 문명에서 벗어나 완전한 자유를 축하하며 만끽한다. 아무것도 없던 사막에 느닷없이 괴상한 옷차림이나 반쯤 벌거벗은 5만여 명의 군중이 몰려드는 도시가 생겨나는 것이다. 특히 온갖 종류의 마약이 등장하고 수많은 음향 기기에서는 일렉트로닉 음악이 흘러넘친다. 여기서는 돈으로는 아무것도 살 수 없으며 오직 교환만 가능하다. 어떤 이들은 수개월간 작업한 자신의 작품을 이곳에 전시한다. 20미터가 넘는 조각상, 프로펠러가 달린 장치, 유니콘으로 바뀌는 자전거 등 급진적인 자기표현을 추구하는 예술가를 비롯해 히피나 문신을 한 무정부주의자들이 그곳 풍경을 채운다.

그러는 동안 거의 1분에 한 번씩 축제 현장에서 멀지 않은 곳에 실리콘 밸리의 억만장자와 백만장자가 타고 온 개인 전용기의 문이 열린다. 축제 전문 주최자들은 이들을 위해 에어컨과 개인 요리사가 딸린 텐트를 세우고 비행기에서 막 공수한 신선한 초밥을 제공한다. 이처럼 버닝 맨도 다른 모든 히피 문화의 운명을 따르는 중이다. 일단 실리콘 밸리의 돈 기계 속에 들어갔다 나오면 남는 것이라고는 왜곡된 본래의 이상뿐이다.

페이지, 브린, 슈미트도 버닝 맨의 단골 참가자인데 이들은 사막 축제가 진정한 실험의 한 형태로 시작된 시절부터 축제에 참가해왔다. 페이지가 몸에 착 달라붙는 은색의 반짝이는 점프 슈트를 입고 마약에 취한 사람들 틈에서 춤을 추며 흥겨워하는 모습이 여러 번 목격되기도 했다. 페이지와 브린이 자신들과 마찬가지로 슈미트가 이 축제를 좋아한다는 이유로 슈미트를 구글의 CEO로 선출했다는 말이 있을 정도다. 브린은 경영 월간지《패스트 컴퍼니》Fast Company와의 인터뷰에서 다음과 같이 말했다.

"래리와 나는 1년 넘게 쉰 명이 넘는 실리콘 밸리의 최고경영자 중에서 적임자를 찾고 있었지요. 슈미트는 경험도 많고 후보 중에서 버닝 맨 축제에 가는 유일한 사람이었어요. 우리는 그것을 중요한 일로 생각했지요. 문화적으로 우리와 잘 어울릴 수 있다고 본 거지요."

축제가 벌어지면 구글 캠퍼스에는 사실상 정적이 흐른다. 대부분의 구글 경영팀이 사막을 향해 차를 몰고 가버리기 때문이다. 전기 자동차 회사 테슬라Tesla와 로켓 제조회사 스페이스X를 창업한 일론 머스크Elon Musk도 이렇게 강조했다.

"버닝 맨은 실리콘 밸리다."

머스크와 브린의 말에는 두 가지 의미가 담겨 있다. 첫째, 버닝 맨은 보헤미안적 이상주의의 최전방으로 기술 엘리트들은 이곳에서 무엇이든 자신이 원하는 것을 만든다. 둘째, 버닝 맨은 비즈니스 모델을 발전시키는 문화적 토대다. 실제로 이들은 버닝 맨에서 영감을 받아 사람들을 모으고 경제를 공유하는 방법 등을 연구한다.

버닝 맨에 착안한 페이지는 2013년 연례 개발자 컨퍼런스에서 구글 내부에 자유롭게 실험하고 규칙과 의무의 제약을 받지 않는 자치구역을 만들자고 제안했다. 페이지의 말을 들어보자.

"우리는 세상이 너무 빨리 변하는 것을 원치 않습니다. 그렇다면 세상의 한구석을 별도로 떼어내는 건 어떨까요? 나는 버닝 맨에 참가합니다. 그곳에서는 사람들이 무언가 새로운 것을 시도하지요. 우리 기술론자에게도 새로운 것을 시도하고 그것이 사회에 미치는 영향을 실험해볼 안전한 공간이 필요하다고 생각합니다. 세상에 즉각 적용하기 전에 사람들에게 실험해볼 수 있는 공간 말입니다."

이런 말을 들으면 우리는 브린과 페이지에게 구글이 어떤 의미인지 확연히 알 수 있다. 그들에게 구글은 자신의 생각에 따라 미래를 디자인하고 끊임없이 새로운 것을 시도하는 공간이다. 그 바탕은 바로 역동적인 아이디어들을 체계적으로 북돋워주는 문화다. 인터넷 검색에서 무인자동차로 이어지는 문화, 즉 '문샷' 문화 말이다.

제3장

문샷:
어떻게 미래를 만들 것인가

WHAT GOOGLE
REALLY WANTS

　　　　　　　　　　대부분의 기업은 제품이 연간 10퍼센
트 성장을 기록하면 만족한다. 그 덕분에 판매와 이익이 더 늘고 새로운
소비자층이 형성되기 때문이다. 이것을 안정된 성장, 견고한 성장이라
부른다. 중요한 것은 여기서 한 발 더 나아가는 일이다. 이미 기반을 다
진 제품과 기업이 어떤 차원이든 더 발전하는 것은 어려운 일이다. 가령
아디다스가 새로운 운동화를 출시해 지난해의 모델보다 10퍼센트 더 많
은 판매액을 달성했다면 이는 커다란 성취라 할 수 있다. 구글은 어떤 산
업체의 경제 구조든 이것을 기반으로 한다고 보는데, 이는 2008년에서
2015년까지 구글의 최고재무책임자CFO를 맡은 패트릭 피체트Patrick
Pichette의 말에 잘 드러난다.

　　"이 세계는 기본적으로 10퍼센트 성장을 바탕으로 움직입니다."

　　기업들이 제품을 더욱 성공적으로 판매하고 기존의 비즈니스 모델을
좀 더 정교하게 만들어 경쟁업체보다 한 발 앞서가려 하는 것은 논리적

인 발상이다. 기존의 제품과 경쟁하는 것만으로도 많은 노력이 필요하며 실제로 대부분의 시간과 에너지를 여기에 쓴다. 대기업도 현재의 사업이 잘 진행되도록 거의 모든 자원을 쏟아부어야 한다. 주주나 경영자의 관점에서는 기업의 건강을 지키기 위해 사업을 분산시키기보다 이익이 되는 분야를 우선적으로 보호하는 것이 타당하다. 그런데 피체트는 "구글에서는 이것을 올바른 길로 여기지 않는다."라고 말한다.

구글의 경영진은 구글이 다른 경쟁업체보다 좀 더 앞서가겠다는 목표를 세우면 수많은 다른 기업과 마찬가지로 쪼그라들다가 결국 사라질 것이라고 확신한다. 좀 더 나은 목표를 세우는 사람은 회사를 망치거나 곧바로 폭발하게 하지는 않겠지만 결코 놀라운 성공을 거두거나 독창적이고 혁신적인 기업을 만들지 못한다. 이것이 바로 페이지의 중심 과제다.

따라서 구글의 창업자는 기업 전체에 단지 10퍼센트가 아닌 10배 더 뛰어난 제품과 서비스를 만들라고 독려한다. 경쟁자보다 10배 더 훌륭하고 이전 제품보다 10배 더 나으며 지금까지 본 어떤 것보다 10배 더 뛰어난 제품과 서비스 말이다. 이러한 철학을 반영한 '10×' 개념은 구글에 완전히 흡수되어 다른 어떤 정신보다 더 크게 구현되고 있다. 10×는 세계관이자 비전이며 경영 접근 방식인 동시에 행동을 위한 가이드라인이다. 페이지는 매일 간부들에게 같은 원칙을 되풀이해서 이야기한다. 커다란 목표를 향한 발걸음이 작아서는 안 되기 때문이다. 페이지는 말한다.

"이 세상이 모든 사람의 필요를 충족시키는 그런 멋진 곳이라면 내가 더 보수적으로 행동해도 되겠지요."

알고 있다시피 전 세계에서 여전히 수백만 명이 교통사고로 사망하고 있다.

"그렇다면 10년이 아니라 5년 안에 무인자동차를 개발하는 것이 더 낫지 않을까요?"

10퍼센트보다 10배 향상시키는 것이 더 쉽다

구글이 새롭게 시도하는 제품이나 비즈니스 영역이 있으면 이런 생각은 극단적으로 확대된다. 수백만 달러를 벌 수 있는 확실한 비즈니스 모델로는 충분치 않은 것이다. 사업상의 모든 근본적인 결정을 주도하려면 원형의 스케일이 더 클 필요가 있다. 이를 통해 인류의 상당수가 이익을 볼 수 있을 것인가? 피체트는 말한다.

"사업 타깃이 인구 10억 미만이라면 우리가 시간을 바칠 만한 가치가 없다고 봅니다."

언뜻 과장이 섞이고 오만해 보이며 현실적으로 적용하기 어렵게 느껴지지만 구글의 리더들에게 이것은 가장 능률적인 방식이다. 피체트가 볼 때 이것은 전략적 결정을 하는 데에 있어 '이상적인 필터'다.

하나의 예로 피체트는 개인 광섬유 네트워크를 개발하겠다는 구글의 계획을 발표했다. 미국의 몇몇 도시에 초고속망을 통해 1초당 1기가바이트라는 엄청난 속도의 인터넷을 제공하겠다는 계획이다. 이는 미국의 평균 전송률에 비해 100배 더 빠른 것이다. 이 계획의 목적은 새로운 비즈니스 영역을 개척해 전 세계의 통신이나 케이블 산업체와 직접 경쟁하는 것이 아니라 이들 기업에 압력을 가하는 데 있다. 사실 이러한 초고속 인터넷은 구글에 많은 혜택을 안겨준다. 유튜브를 비롯한 여러 온라인 서비스는 모든 것이 잘 갖춰진 환경이라야 제대로 기능하기 때문이다. 네트워크가 빠르면 빠를수록 구글 서비스를 더 마음껏 사용할 수 있다.

특히 이것은 미래에 대한 전망, 즉 새로운 앱, 온라인 스트리밍 서비스, 가상현실 체험 등과도 관련이 있다. 미래의 디지털 제품은 분명 더 많은 대역폭과 더 빠른 전송력을 요구할 것이다. 물론 이러한 인프라를 확대하는 데는 돈이 많이 들고 복잡하다. 그렇다면 전기통신업체들이 고속 네트워크를 건설하는 데는 시간이 걸릴 수밖에 없다.

이런 상황에서 구글이 자체 광섬유 네트워크 개발을 선언하자 흥미로운 변화가 생겼다. 미국의 주요 전기통신업체들이 기가바이트 단위의 전송률을 목표로 한 계획을 발표하기 시작한 것이다. 이 계획대로 진행될 경우 빠르면 2020년경 수백만 명이 지금보다 100배 더 빠른 인터넷을 사용할 전망이다. 결국 장기적인 프로젝트의 기본 개념, 즉 '10×의 핵심'은 겉보기에 승산이 확실하지 않아도 된다. 아무튼 피체트는 그것이 "10년 안에 자체적으로 열일곱 개의 다른 형태로 변모할 것"이라고 말한다.

이 같은 구글 리더들의 야망으로 볼 때 10×가 모든 제품에 해당되는 것도, 그 목표가 일상적인 사업 활동의 매순간에 모두 적용되는 것도 아님을 분명히 알 수 있다. 그래도 목표로 하는 높은 빗장이 모두에게 보이도록 확실히 걸려 있으므로 모든 팀과 부서는 항상 더 높이 도약하기 위해 회사에 보다 많은 에너지를 쏟아부을 것이다.

구글의 엔지니어들은 세부적인 단계에서 혁신적인 전략을 제공하는 것처럼 뛰어난 리더십을 통해 목표에 더 쉽고 효율적으로 다가갈 수 있다고 확신한다. 비밀 연구소 구글 X의 수장 아스트로 텔러Astro Teller의 말을 들어보자.

"처음에는 믿지 않지만 정말 효과가 있습니다. 실제로 10퍼센트를 향상시키기보다 10배를 향상시키는 것이 더 쉬울 때가 많아요."

무인자동차와 구글 글래스, 혈당 측정 콘텍트렌즈는 구글 X에서 개발한 제품이다. 또한 이들은 암 퇴치를 연구 중이고 전기를 생산하는 풍력 터빈도 개발하고 있다. 구조조정 이후 구글 X는 알파벳(현재 세르게이 브린이 CEO로 있다) 산하의 독립적인 기업으로 거듭났고 일종의 거대한 연구센터로서 모든 대담한 프로젝트를 이곳에 모여 진행한다. 그리고 이후에는 다시 쪼개져 새로운 사업 단위나 회사로 독립한다. 텔러의 직함은 이사나 간부 혹은 수석 연구원이 아닌 '문샷의 캡틴'이다. 그의 명함에 적혀 있는 직함이 그렇다.

인간을 달에 보내는 이단의 정신

문샷은 구글의 핵심 키워드로 이는 호기로운 비전과 길들여지지 않은 환상 사이에 있는 '위대한 도약을 위한 탐색'을 의미한다. 10×를 극단적으로 밀고 나가면 달에 로켓을 쏘아 올린다. 구글의 판단에 따르면 과거에 공상과학의 한 부분에 불과하던 달에 로켓을 쏘는 일이 몇 년 안에 가능해질 전망이다. 텔러는 문샷의 개념이 어디서 출발했는지 설명하며 그것이 "인간을 달에 보내는 것만큼의 용기와 독창성을 필요로 한다."라고 말했다. 1960년 초 미국의 제35대 대통령 존 케네디가 10년 안에 달에 착륙하겠다고 공언했듯이 말이다. 이는 인간을 달에 보내는 것이 그만큼 어려웠음을 의미한다. 텔러는 말한다.

"케네디는 엄청난 임무감이 사람들에게 커다란 동력을 준다는 것을 이해했습니다. 목표로 이어지는 분명한 길이 없었다면 이전 세대들이 꿈만 꾸던 것을 10년 안에 이루지는 못했을 것입니다."

문샷 정신은 구글 X의 핵심이자 체계적으로 이단적인 움직임이기도 하다. 텔러 또한 어떤 면에서는 이단아라고 할 수 있다. 그에게는 글로벌 기업의 수석 과학자나 하얀 가운을 입은 전문가 혹은 연구원다운 면모가 엿보이지 않는다. 오히려 록밴드의 로드 매니저나 예술가에 가깝다. 넓은 구레나룻에다 염소수염 그리고 땋은 머리를 허리 중간까지 길게 늘어뜨린 그는 징이 박힌 의상을 즐겨 입는다. 텔러는 스탠퍼드 대학에서 컴퓨터공학을 전공했고 '기호와 인지 수학'Symbolic and Heuristic Mathematics 을 공부했다. 또한 카네기멜런 대학에서 인공지능 연구로 박사학위를 받았으며 뛰어난 박사 연구자에게 주는 헤르츠Hertz 장학기금을 지원받았다. 그의 할아버지는 바로 '수소폭탄의 아버지'라 불리는 에드워드 텔러다. 1970년 영국의 케임브리지에서 태어난 그는 본래 이름이 에릭 텔러지만 어린 시절부터 운동 경기장에 깔린 아스트로터프 잔디를 연상시키는 특이한 머리 스타일로 인해 아스트로라는 별명을 얻었다. 구글 X의 수장으로 취임하기 전부터 그는 여러 개의 소프트웨어와 하드웨어 특허권을 소유했고 몇 개의 기술회사를 설립하기도 했다.

문샷의 캡틴으로서 텔러가 하는 것은 급진적인 사고를 체계화하는 일이다. 목표가 아득히 멀리 있는 듯하고 엔지니어와 컴퓨터과학자가 회의감에 빠질 때마다 '10×'만이 가장 빠르게 목표에 도달하는 방식이라는 것을 거듭 강조하고 환기시키는 역할 말이다. 텔러는 말한다.

"예전보다 10퍼센트 더 나은 결과를 얻고 싶다면 당연히 과거의 수단이나 증명된 방법을 선택하면 됩니다. 그러나 10배 더 나은 것을 만들고 싶다면 다른 사람들이 시작한 것에서 출발하면 안 됩니다. 유일한 방법은 기존의 전제들을 버리고 모든 것에 새로운 방식으로 접근하는 것입니다."

연료를 효율적으로 소모하는 차량을 개발하려는 시도는 그 대표적인 예다. 사실 1리터의 휘발유로 200킬로미터를 달릴 수 있는 차를 개발하는 것만 해도 엄청난 노력이 필요하다. 기술적 장애가 아주 많기 때문이다. 그런데 여기에 성공해도 환경을 급진적으로 바꾸는 데는 큰 도움이 되지 않는다. 그러면 1리터의 휘발유로 2,000킬로미터를 주행하는 차량을 개발하는 것은 어떨까? 이는 기존의 기술이나 이미 증명된 사고방식을 좀 더 발전시켜서 해결할 수 있는 문제가 아니다. 재료와 에너지 동력을 처음부터 다시 연구해야 한다. 이 경우 완전히 다른 교통체계 개발의 길로 들어선다. 한데 현실적으로 과학자들이 연구소에서 하루 종일 급진적인 해결책만 강구하도록 내버려둘 수 있는 회사는 거의 없다. 물론 텔러에게 그것은 중요한 문제가 아니다. 이 작업 방식은 돈이나 지성의 문제라기보다 용기의 문제라고 할 수 있다. 그는 이렇게 강조한다.

"사람들은 대부분 10배의 연장선상에서 사고할 능력을 갖추고 있습니다. 진정한 문제는 그런 사고를 격려하고 용기를 북돋워주는 협동적인 문화를 창조하는 일입니다. '실패' 같은 단어는 결코 사용해서는 안 되지요. 우리는 실험 단계에 있습니다. 그러므로 우리가 무엇을 시도했고 거기서 어떤 교훈을 얻었는지 생각해야 합니다. 그렇게 하면 절대로 부정적인 결과가 나올 수 없습니다."

텔러의 또 다른 철학은 직원이 내놓은 새로운 아이디어가 아무리 하찮고 돈키호테적이고 미숙하더라도 무조건 칭찬해주라는 것이다. 그는 말한다.

"나는 모든 직원이 내게 끊임없이 새로운 아이디어를 제시하기를 바랍니다. 그런데 처음에 낸 아이디어가 바보 같다고 묵살하면 다음엔 절대로 새로운 아이디어를 가져오지 않습니다."

여기에 대해 진부한 방법이라거나 직원들을 심리적으로 길들이려는 방식이라는 반대 의견도 있지만 텔러는 상관하지 않는다. 다만 그는 직원들이 수년 혹은 수십 년간의 경험과 자원을 통해 다져진 똑같은 길을 가지 않기를 바랄 뿐이다. 가령 지금까지 수많은 기업, 과학자, 정부가 식량 생산을 증대하기 위해 오랫동안 노력해왔다. 그런데 아직도 이 지구상에는 굶주리는 인구가 수억 명에 이른다. 지구의 자원은 불평등하게 배분되고 있으며 식품 생산 방식도 강도 높은 대량 축산업처럼 환경 생태적으로 매우 비도덕적이다. 오래전부터 더 많은 알곡을 생산하는 벼 품종과 개간을 덜해도 되는 경작지 연구를 해왔음에도 불구하고 말이다.

그렇다면 다른 연구자들은 이들과 똑같이 일해서는 안 된다. 설령 구글의 연구팀이라도 수십 년 동안 문제를 해결하기 위해 골몰해온 이 모든 과학자와 전략가보다 더 지혜로운 아이디어를 내놓을 수는 없기 때문이다. 만약 구글이 뛰어든다면 객관적으로 완전히 새로운 해결책을 제시해야 한다. 텔러는 말한다.

"우리가 먹고 싶어 하는 고기와 입거나 신는 데 사용하는 가죽 혹은 털이 동물이 아닌 곳에서 온다고 상상해보세요."

그야말로 급진적인 아이디어이자 추구해볼 만한 문샷이 아닌가. 실제로 이 일은 뉴욕에 기반을 둔 신생기업이 구글보다 더 빠르게 목표를 달성했다. 생물학자와 화학자 그리고 다른 분야의 과학자로 구성된 작은 연구기업 모던 메도Modern Meadow가 연구소에서 인공적인 단백질 고기를 만드는 데 성공한 것이다. 연구원들은 이 단백질 덩어리로 칩스나 햄버거용 고기를 만들기도 했다. 나아가 이들은 인공 가죽을 개발하기 위해 연구소 실험용 접시 위에서 열심히 실험을 하고 있다. 그런데 여기에 중요한 장애 요소가 있다. 즉, 언뜻 헛소리 같은 아이디어를 실현할 기술은 있지만 인공 고기를 생산하는 데 드는 비용이나 그 구매가가 어마어마하게 높다. 진정한 문샷이 되려면 연구소에서 생산한 스테이크가 소고기 스테이크보다 더 비싸면 안 된다. 물론 비용을 최소화하고 연구 프로젝트를 통해 현실적인 비즈니스 모델을 만드는 것은 어려운 일이지만 텔러는 가장 핵심적인 조건은 충족되었다고 본다. 오히려 그는 새로운 문제에 신경을 쓴다.

"대기업의 입장에서 중요하면서도 해결하기 어려운 임무가 있다면 그것은 끊임없이 새로운 과제를 만들어내는 일입니다."

기업들은 대개 기존의 문제를 해결하기 위해 가진 자원을 모두 활용한다. 베스트셀러 제품을 어떻게 더 향상시킬 것인가? 어떻게 하면 이윤을 2퍼센트 더 올릴 수 있는가? 텔러는 "이런 방식으로는 성장하기 어렵다."라고 잘라 말한다. 결국 그의 임무는 계속해서 새로 해결해야 하는 문제점을 찾아내는 일이며 이는 광고 시장에서 수백만 달러의 이윤을 더 짜내는 것과는 상관이 없다.

구글은 거대하고 가끔은 어처구니없어 보이는 새로운 도전과제를 찾아 끊임없이 세상을 살핀다. 사실은 현재 가동하는 일만으로도 구글은 아주 바쁘다. 하지만 끊임없이 새롭게 등장하는 프로젝트의 동력인 창업자들은 그렇게 생각하지 않는다. 이들은 계속해서 구글을 밀어붙이며 현재에 머무는 것으로는 충분치 않다고 채찍질한다. 텔러는 "진실을 말하자면 구글의 창업자들은 자신들이 처음에 내세운 것보다 세상이 훨씬 더 많이 바뀌기를 원한다."라고 말한다. 누구나 세상에 존재하는 모든 정보에 접근하도록 하겠다는 본래의 기업 모토마저 '초기 투자자들과의 타협'의 산물이라는 얘기다.

그렇다면 고려할 가치가 있는 목표는 무엇인가? 야심에 차 있지만 광인은 아닌 브린과 페이지가 선택하는 프로젝트의 기본은 무엇인가? 구글이 수십억을 투자할 가치가 있다고 보는 곳은 어디이고 또 어디가 아닌가? 텔러는 말한다.

"래리와 세르게이에게는 처음부터 중간 과정을 걱정하지 않고 세상의 발전 가능성을 냉정하게 내다보고 그것에 관해 결정을 내리는 특별한 재능이 있습니다."

가령 '자율 주행차'가 안전하다는 판단이 서면 그들에게는 그에 필요한 기술 개발이 가치 있게 느껴진다. 그러면 인간의 삶에서 근본이 되는 모든 것이 결국 구글의 목표가 되지 않을까? 의학, 영양, 통신, 교통 등 모든 분야 말이다. 확실히 그렇다. 페이지의 말을 들어보자.

"경제학자들은 경제 성장의 진정한 동력은 농업의 기계화나 제품 생산 같은 중요 분야의 발전이라고 강조합니다. 그러나 우리 사회는 더 이상 그것에 관심을 기울이지 않으며 그토록 큰 영향을 미치는 부분을 위해 노력하지 않습니다."

▶▶▶

지금까지 누구도 해결하지 못한, 중요한 문제인가

이제 근본적인 질문을 통해 보편적인 목표에 접근해보자. 환경을 오염시키지 않고 깨끗한 물을 마시려면 어떻게 해야 하는가? 이를 위해서는 어떤 기술이 필요한가?

페이지를 비롯한 구글의 많은 리더가 새로운 프로젝트를 개발할 때 소위 '제1원리'라는 사고 모델을 차용한다. 이 철학의 기원은 아리스토텔레스 시대로 거슬러 올라가는데 그는 《형이상학》에서 다음과 같이 묘사했다.

"모든 원리에는 어떤 것을 태동, 생성, 인식시키는 공통적인 요소가 있다."

이 점에서 제1원리는 다른 추정에 바탕을 두지 않은 근본적인 추정 및 상태를 말한다. 물리학이나 다른 자연과학에서는 경험적 자료가 아닌 가장 기본적인 과학 지식에 근거를 둔 정보를 제1원리라고 부른다. 제1원리 사고 모델을 구글과 실리콘 밸리의 언어로 풀이하면 모든 낡은 관습을 벗어던지고 문제를 새롭고 독립적인 방식으로 사고한다는 것을 의미한다. 브린과 페이지가 기존의 검색엔진이 아닌 완전히 새로운 수학적 접근 방식으로 검색엔진을 개발한 것처럼 말이다.

테슬라의 창업자이자 스페이스X의 사주인 일론 머스크도 이 모델의 열렬한 옹호자다. 머스크는 구글 벤처의 예전 파트너였던 케빈 로즈 Kevin Rose 와의 대화에서 이런 말을 했다.

"우리는 보통 모든 것에서 유사성을 찾습니다. 다른 사람들이 하는 것을 보고 이미 존재하는 것을 참고로 삼는 것이지요. 그리고 이를 토대로 다양하게 변형을 합니다."

만약 스페이스X가 로켓을 개발할 때 이런 길을 걸었다면 아마 비용을 절감하기 위해 NASA나 정부 산하의 다른 우주선 제작업체가 몇 십 년 동안 쌓아온 기존 모델을 활용했을 것이다. 그 대신 머스크와 그의 팀은 오랜 통념을 던져버리고 훨씬 더 근본적인 질문을 던졌다. 로켓에 정말로 필요한 부품은 무엇인가? 그 부품에 맞는 재료는 무엇인가? 결국 스페이스X는 비용을 획기적으로 절감한 로켓을 개발하는 데 성공했다. 머스크는 말한다.

"제1원리는 물리학자들이 세상을 보는 필터입니다. 그것은 모든 것을 부숴 원리에 기반을 둔 진실에 비춰보고 거기서부터 논리적으로 시작하는 것이지요. 다행히 그런 방식으로 더 효율적이고 유연한 해결책을 얻을 수 있습니다."

예를 들면 스마트폰이 더 쉽게 작동하도록 기존의 이메일 프로그램에 한두 가지를 보완하는 대신 제1원리를 바탕으로 휴대전화 통신 방식을 어떻게 변화시킬지 새롭게 사고하고 그에 필요한 애플리케이션을 개발하는 게 더 낫다는 얘기다. 그러나 모든 프로젝트를 이 같은 방식으로 처리하자면 엄청난 노력이 필요하다. 머스크는 이것이 "정신적 에너지가 훨씬 더 많이 필요한 일"이라고 말한다.

특히 페이지는 기본으로 돌아가는 것을 '자신의 직관을 따르지 않는 방식'으로 본다. 사업 결정을 내릴 때 직관은 때로 도움을 주지만 기술에서는 그것이 '대부분 매우 나쁜 생각'에 불과하다는 입장이다.

"사람들에게 무인자동차가 가능하겠느냐고 물어보면 대부분 '아니오'라고 말할 것입니다. 불가능한 일이라고 생각하기 때문이죠."

▶▶▶

사실 이 질문에 답하려면 원리 속으로 깊이 들어가야 한다. 기술이 점점 더 정교해지고 있기 때문이다. 페이지는 "정보 기술의 미래를 예언하려면 자신이 그 이면의 물리학을 이해하고 있는지 자문해봐야 한다."라고 말한다.

"아마도 대개는 완전히 이해하지 못할 겁니다."

페이지의 핵심적인 생각은 그가 '제로 밀리언 달러 문제'Null-Millionen-Dollar-Problem라고 부르는 문제 탐색에 담겨 있다. 엄청난 가능성이 있는 중요한 문제를 해결해야 하는데 아무도 거기에 대해 노력을 기울이지 않으면 그 연구 프로젝트에 투입되는 연구비는 제로 밀리언 달러다. 페이지는 이렇게 말한다.

"지금까지 누구도 해결하지 못한 중요한 문제로 눈을 돌리면 세상을 위해 훨씬 더 가치 있는 무언가를 창조할 수 있습니다."

그는 이런 일을 신생기업에 맡겨두고 싶어 하지 않는다. 대부분의 경우 기업체는 어떤 시점이 되면 주요 제품에 주력하고 이윤 창출에 몰두한다. 거친 아이디어를 내세우고 기존의 사업 모델 혹은 산업 구조를 공격하는 일은 아무것도 잃을 게 없는 젊은 사업가에게 어울린다. 이들은 관료 조직이나 내분이 없기 때문에 수천 명의 직원을 거느린 기업체보다 훨씬 더 빠르고 민첩하며 혁신적이다. 그런 의미에서 페이지는 구글이 항상 신생기업의 심장을 유지하기를 바란다. 마운틴 뷰에서 신생기업의 태도를 지키고자 하는 이들은 '공세적이고Scrappy 효율적이며 실용적인'이라는 표현을 자주 사용한다.

그렇다면 직원이 수만 명에 이르는 기업이 이런 태도를 취하는 것은 과연 현실적일까? 혹시 안정된 중년이 된 뒤 짜릿했던 청년 시절을 그리워하는 이들의 향수가 아닐까? 페이지는 이러한 반대 의견을 묵살한다.

"당신이 몇 가지라도 미친 짓을 하지 않는다면 그건 당신에게 무언가 문제가 있는 것입니다."

이런 이유로 페이지는 더 급진적인 방향으로 나아갈 것을 주문한다. 구글의 엔지니어들이 '엄청나게 노력할 경우 글로벌 인터넷 환경이 얼마나 향상될지' 토론할 때 이들은 몇 년 안에 5퍼센트 혹은 10퍼센트 증가를 전망한다. 그러면 곧바로 페이지의 반격이 들어온다. 그는 200퍼센트나 300퍼센트의 성장을 요구하는 것이다. 그것도 같은 기간 안에 말이다.

지메일의 10주년 기념일에 페이지는 지메일의 담당 부서 수장들을 불러 지메일 2.0에만 역점을 두지 말고 향후 10년을 위한 새로운 통신 서비스를 개발할 것을 주문했다.

일단 발명하고 돈은 나중에 번다

최근 몇 년 동안 구글이 동시에 진행하는 문샷 프로젝트는 점점 더 늘어나고 있다. 이와 더불어 아이디어가 더욱 대담해지고 투자비용이 확대되고 있다. 이들은 의학 분야 혁신도 원하고 암 연구에도 진전이 있기를 바란다. 또 성층권에 쏘아 올린 풍선을 통해 우주의 경계에서 인류에게 인터넷을 공급할 계획이고 새로운 세대의 로봇으로 노동 세계를 바꿔놓을 전망이다. 구글 엔지니어들은 혈당을 측정하는 콘택트렌즈와 우편물을 배달해주는 드론도 개발했다. 한편으로 기존의 제품에 '10×'를 성공적으로 적용하기도 했다. 덕분에 검색엔진은 더 다양해지고 빨라지고 스마트해졌다. 구글 맵도 몇 년 전에는 실현 불가능하다고 여기던 새로운 성능들을 자랑하고 있다.

다른 기업들은 어째서 똑같이 사고하지 않을까? 아니, 최소한 비슷하게라도 사고하지 않을까? 구글의 원칙을 따라 하기가 너무 어려워서 그런 것일까? 새로운 제품이 이전보다 10배 좋지 않을지라도 최소한 2배 더 나으면 결국 기업은 이익을 남길 수 있다. 그것은 나사 제조회사든 의류회사든 마찬가지다. 지금껏 어떤 소비자도 더 높은 품질과 다양한 종류, 향상된 제품을 외면한 적이 없다. 그런데 수익성 높은 기업까지도 커다란 도약을 망설이는 이유가 무엇일까? 텔러는 "두려움 때문"이라고 망설임 없이 말했다. 실제로 경영자들은 보통 자신이 얻을 것보다 잃을 것을 더 많이 생각한다.

"이미 성취한 것을 지키는 것은 문샷에 맞는 레시피가 아닙니다."

구글 캠퍼스에서 엔지니어나 기업 전략가와 얼마 동안 함께 시간을 보내면 구글이 스스로 창조한 일종의 실험적 서식지나 거품 속에서 빠르게 뛰어다닌다는 느낌을 받는다. 어쩌면 구글인들은 바깥세상을 내다보며 왜 나머지 세상은 확연히 다르게 돌아가는지 의아해할지도 모른다. 텔러는 현대 사회는 안전 의식이 너무 강해 진정 대담한 사상가와 기업인이 나오기 힘들다고 불평한다.

"물방울은 느리지만 바위에 확실하게 구멍을 내지요."

작은 것부터 시작하라! 이것은 우리가 위대한 비전을 품지 못하도록 끊임없이 방해하는 주문이다. 텔러는 말한다.

"내게는 네 아이가 있는데 그들의 위대한 꿈을 사회에서 체계적인 교육을 통해 빼앗는 현실이 속상합니다."

이 관점에 따르면 별을 따려는 구글의 시도는 결국 세상의 진보를 책임지려는 시도와도 같다. 사실 누구도 중요한 기술적 진보에 대해 굳이 의무감을 가질 필요는 없다. 신생기업이나 소기업은 보통 자금 부족을 이유로 문샷 같은 일은 대기업이 해야 한다고 생각한다. 반대로 주주들에게 얽매이는 대기업에서는 이것을 신생기업의 임무라고 생각한다. 정부 역시 즉각 결과가 나오지 않거나 선거에 이롭지 않은 프로젝트에 세금을 쓰지 말라는 납세자들의 압력을 받는다. 항공우주 연구 분야가 현재 대부분 개인 기업으로 넘어간 것도 그 때문이다. 대학의 연구원들도 기본적인 연구만 할 뿐 제품은 생산하지 않는다.

텔러는 이러한 현실에 반박한다. 그의 부서는 아이디어가 좋으면 거의 무제한으로 예산을 보장받는다. 이러한 구글의 급진적인 태도는 검색 엔진에서 나오는 수익이 있기에 가능한 일이다. 하지만 텔러는 문샷 프로젝트가 그것과 아무 상관도 없는 영역에서 나온 수익에 의존한다는 사실을 인정하려 하지 않는다. 나아가 다른 기업체도 주주들의 기대를 새롭게 조정해야 한다고 주장한다. 다른 기업들이 서서히 몰락해가는 노키아의 운명을 피하려면 구글 같은 방식을 취해야 한다는 얘기다.

"주주가 인정하지 않는다고 해서 장기적인 도박이나 위대한 비전을 포기한다면 당신은 이미 죽은 것입니다."

물론 텔러는 이것이 불필요한 위험을 감수하거나 '미친 아이디어를 따르는 것'은 아니라는 점을 분명히 했다. 오히려 '아주 특별한 방식의 겸손함'이라고 했다. 다시 말해 이것은 진정으로 노력하면 지금까지의 방식과 다르게 해도 성공할 수 있다는 것, 나보다 더 뛰어난 누군가를 인정하고 항상 더 나은 해결책이 있다는 것을 믿는 일이다.

구글 캠퍼스를 방문한 사람은 누구나 둘로 나뉜 세상을 걷는 듯한 느낌을 받는다. 한쪽에는 광고 판매와 유통을 책임지는 수천 명의 직원과 함께 강력한 검색엔진 사업을 펼치는 현금 기계 구글이 있다. 다른 한편에는 수많은 연구소에서 수천 명의 컴퓨터공학자, 전기공학자, 기계공학자, 생물학자, 물리학자가 기본 연구에 전념하는 미래 기계 구글이 있다.

미래 기계와 현금 기계의 차이는 점점 더 무시하기 어려울 정도로 커지고 있다. 그 이유는 특히 페이지가 문샷 프로젝트를 제한하려 하지 않기 때문이다. 오히려 창업자는 미래를 향해 더욱 과감하게 도박하고자 한다. 회사 합병 및 분리 방식으로 새롭게 구조 개혁을 하면서 두 세계는 더욱 분명하게 갈라지는 동시에 투명해졌다. 사실 미래의 프로젝트와 핵심 산업을 분리하기로 한 결정은 투자자를 위한 특별한 배려다.

지금껏 구글의 창업자들은 주주와 토론하는 것을 멀리해왔다. 이것은 무엇보다 이들이 기업 공개를 할 때 두 종류의 주식을 발행하고 투표권을 대부분 자신들이 소유하는 데 성공한 덕분이다. 이들은 처음부터 투자자들에게 분명히 선언했다.

"만약 우리의 기업 경영 방식이 마음에 들지 않는다면 다른 곳에 투자하시는 것이 좋을 것입니다."

더 중요한 것은 구글이 이제까지 한 번도 위기에 처한 적이 없다는 사실이다. 이윤은 계속 늘었고 성장도 이어졌다. 하지만 언제 흉년이 닥칠지 모른다. 구글처럼 성공에만 익숙한 기업에게 흉년이란 평소처럼 연간 20퍼센트의 성장이 아닌 10퍼센트의 성장을 의미한다. 이미 지평선에는 폭풍우를 암시하는 구름이 피어오르고 있다. 구글이 목표로 한 광고점유율이 점점 떨어지고 있는 것이다. 또 인터넷을 통한 사업이 예상보다 훨씬 어려운 상황이다. 여기에다 구글의 창업자들이 아무리 단독으로 회사의 운명을 결정할지라도 경영진이 주주와 은행의 압력을 끝까지 견뎌낼 수는 없다.

그렇다고 페이지가 자신이 가고자 하는 길을 포기할 리는 없다. 구글의 창업자들은 보수적인 전략으로는 경쟁이 치열한 기술 세계에서 살아남을 수 없다고 확신하기 때문이다. 그들은 오직 속도를 가속화하는 자만 살아남는다고 믿는다. 경쟁이 심화되고 기존기업과 신생기업의 미래를 향한 분투가 치열해졌다는 것은 모두가 몇 년 전부터 알고 있던 사실이다. 디지털 변혁은 아직 초창기에 불과하지만 그 흐름이 너무 거세 새로운 아이디어와 비즈니스 모델이 단기간에 세상을 채우고 있다. 대부분의 기술기업은 수억 달러를 들여 신생기업을 사들이는데, 여기에는 합병뿐 아니라 이들이 위험할 정도로 성장하기 전에 시장에서 제거하려는 목적도 있다. 마찬가지로 구글이 10×와 문샷 프로젝트에 주목하는 목적이 세상을 바꾸려는 창업자의 비전에 있다는 것은 부분적으로만 진실이다. 다른 사람이 아이디어를 발전시키기 전에 자신들이 해내겠다는 욕망도 그만큼 크다.

생명 연장부터 로봇 개발까지 미래에 대한 커다란 도박은 구글식 사고의 극단적인 버전이다. 그 이면에는 다음과 같은 원칙과 생각이 있다. 일단 발명하고 돈은 나중에 벌어라! 구글에서는 비즈니스 모델로 시작해 그에 맞는 상품을 개발하는 식으로 새로운 프로젝트를 시작하지 않는다. 이는 사업적 아이디어를 토대로 설립된 많은 신생기업과 확연히 다른 방식이다. 신생기업은 이윤 창출 개념을 앞세우고 여기에 맞춰 상품을 개

▶▶▶

발한다.

구글을 관찰할 때 고려해야 할 가장 중요하고 핵심적인 부분은 구글은 '엔지니어들로 구성된 기업'이라는 점이다. 결코 경제주의자나 광고업자가 아니다. 물론 후자는 일상적인 사업 영역에서 아주 중요한 역할을 맡고 있다. 어쩌면 구글 내에서는 이윤 창출 압력이 다른 기업보다 더 클지도 모른다. 그래야 엔지니어들과 그들의 프로젝트를 재정적으로 뒷받침할 수 있기 때문이다. 그래도 구글의 전략과 이들의 여러 전술적 결정은 구글이 자사의 철학을 따른다는 것을 전제로 해야 제대로 이해할 수 있다. 그 철학은 바로 '올바른 기술을 개발해야 많은 돈을 번다'는 것이다. 이를 위해 구글은 몇 년을 기다리는 것도 마다하지 않는다. 구글이 수십억 달러를 투자해 새로운 제품을 개발한 다음 무료로 배포하는 방식을 거듭 고수한 이유를 알려면 이 철학을 먼저 이해해야 한다. 구글이 10년 넘게 무인자동차라는 아이디어에 매달려온 이유도 같은 맥락에서 이해할 수 있다.

10년 넘게 무인자동차에 매달리는 이유

이미 샌프란시스코의 거리나 캘리포니아 고속도로에서는 수십 대의 구글 무인자동차가 주행하고 있다. 보통 테스트 주행은 멀리 떨어진 곳에서 눈에 띄지 않게 이루어지지만 캘리포니아 마운틴 뷰의 거리에서는 눈에 잘 띄는 방식으로 버젓이 무인자동차 테스트 주행을 실시하고 있다. 렉서스 컨버터블 SUV 차량의 지붕 위에는 사방으로 레이저를 쏘는 커다란 축구공 모양의 라이더Lidar 센서가 달려 있다. 이는 레이저의 반사광을 통해 다른 목표물과의 거리를 측정하기 위한 센서다. 차량 조명등의 한쪽에는 알록달록한 구글 로고가 붙어 있다. 운전자의 손은 무릎에 얌전히 놓여 있고 차의 핸들이 유령처럼 저절로 돌아가며 이리저리 방향을 바꾼다. 차량을 조종하는 것은 바로 로봇이다.

처음 주행에서 가장 놀라웠던 것은 복잡한 도심 교통에도 불구하고 자동차가 매끄럽게 굴러갔다는 점이다. 구글 차는 알아서 가속하거나 멈추고 차선을 스스로 바꾸며 횡단보도 앞이나 행인, 자전거를 타는 사람 앞에서 멈춘다. 또 공사가 진행 중인 도로에서는 수정한 교통로를 따른다. 그중에서도 특히 놀라운 점은 기존의 교통 흐름을 전혀 방해하지 않고 자동차가 속도를 아주 빠르게 바꾼다는 사실이다. 덕분에 눈을 감으면 인간이 운전하는 차량과의 차이를 전혀 느낄 수 없다. 45분 동안의 주행시간 동안 핸들 앞에 앉은 구글 엔지니어는 한 번도 참견하지 않는다. 시골길과 여러 마을을 지나는 전체 주행구간 동안 자동차는 완전히 독립적으로 움직인다.

차에 탄 손님은 노트북을 통해 자동차가 감지하는 세상을 언제든 볼 수 있다. 레이저와 라이더, 카메라 센서는 3차원 이미지를 모든 방향에서 보여준다. 여기서 다른 차량은 분홍색으로 행인은 노란색으로 나타난다. 각각의 센서는 다른 관점을 제공하는데 스크린에는 데이터 물결로 가득 찬 특이한 네온색의 세상이 펼쳐진다. 이 프로젝트의 소프트웨어 팀장인 드미트리 돌고프Dmitri Dolgov는 이렇게 말한다.

"사실 이 시스템은 아주 간단합니다. 일단 컴퓨터에 엄청난 양의 데이터를 저장합니다. 그 데이터는 두 가지로 나뉘는데 하나는 속도를 책임지고 다른 하나는 방향을 책임지지요."

　세계의 자동차 선두업체들은 이미 오래전부터 운전 방식을 단계적으로 자동화하는 일을 진행해왔다. 스페이서나 차선 유지 보조 장치, 자동 주차 보조 장치 등은 현재 광범위하게 쓰이고 있다. 하지만 구글은 교통 시스템을 몇 십 년에 걸쳐서가 아니라 몇 년 안에 확 바꿔놓으려 하고 있다. 즉, 자동 운전 자동차 혹은 무인자동차는 10퍼센트가 아닌 10배라는 구글 경영 철학의 하나의 모델이다.

　세르게이 브린은 장기적으로 무인자동차가 우리 사회를 극적으로 변화시킬 것을 희망한다. 도로가 더 안전해지고 술을 마시거나 주의력이 흐트러지지 않는 로봇이 조종하는 차량 덕분에 인명 피해가 줄어드는 것은 그 첫 단계일 뿐이다. 브린은 사람들이 운전대 앞에서 시간을 낭비하지 않고 더 많은 여가시간을 누리기를 바란다. 또한 현재 차고와 주차장이 점령한 도시 공간을 대신하는 새로운 지형을 사람들에게 돌려주고자 한다. 구글은 더 적은 차량이 오가는 미래를 계획하기 위해 엔지니어뿐 아니라 도시계획가와 교통 전문가, 환경론자, 사회학자까지 아우른다. 2014년 브린은《가디언》과의 인터뷰에서 그것이 커다란 목표이기 때문이라고 말했다.

　"무인자동차를 상용화하면 모든 사람이 굳이 자기 자동차를 소유할 필요가 없습니다. 자동차는 당신이 필요로 할 때 와서 데려다줄 뿐이죠."

　그는 거대한 로봇 셔틀 서비스 시스템을 구축하면 교통 체증과 오염 문제가 줄어들 것이라고 내다본다. 이 커다란 최종 목표와 별도로 현재 구글의 비즈니스 모델에는 불분명한 요소도 있다. 사실은 구글이 무료로 제공하는 기술 산업을 버리고 자동차 산업에 뛰어들어 데이터 분석이나 제휴 사업으로 돈을 벌 것이라는 전망이 지속적으로 나오고 있다. 물론 마운틴 뷰에 있는 리더들은 전혀 그럴 계획이 없다고 말한다. 무인자동차 개발은 미래를 향한 구글의 가장 큰 도박이지만 그럼에도 불구하고 이 사업이 실제로 이윤을 창출할지, 결국 다른 자동차업체에 추월당할지는 불분명하다. 여기에 대해 구글의 엔지니어들은 별로 상관하지 않는다. 구글 차 개발에 큰 도움을 준 세바스티안 스룬Sebastian Thrun은 말한다.

"세상을 바꾸면 부자가 될 수 있습니다. 그렇게 하지 않는 것은 완전히 바보 같은 짓이지요."

스룬이 보기에 자동차 개발 프로젝트는 목적이 명백하고 확실히 잘 팔릴 아이템으로 굳이 머리를 굴리지 않아도 누구나 그 의미를 파악할 수 있다. 스룬은 "20세기에 자동차만큼 사회를 크게 바꾼 동력은 없었다."라고 주장한다. 자율 주행차가 21세기에 미치는 영향도 그에 못지않게 클 것이라는 게 그의 생각이다.

독일 졸링겐Solingen 출신으로 힐데스하임Hildesheim과 본에서 대학을 다닌 스룬은 컴퓨터공학으로 박사학위를 받았고 로봇과 인공지능 분야를 집중적으로 연구했다. 그렇게 젊은 시절부터 두뇌학과 인공지능 분야에 관심이 많았던 그는 나중에 로봇 전문가가 되었다.

"더 지혜로운 로봇을 만들려고 노력하다 보면 인간 지성에 대한 존경심이 더욱 커집니다."

스탠퍼드 대학은 그를 인공지능학과 학과장으로 초빙했다. 그는 실리콘 밸리의 빛나는 인재 중 하나로 차고와 창고에서 땀 흘리며 더 나은 인공지능 기계를 개발하기 위해 노력하는 많은 엔지니어와 프로그래머의 신망을 얻고 있다. 스룬이 개발한 자율 주행차는 최고의 로봇이기도 하

▶▶▶

다. 컴퓨터공학자인 그는 스탠퍼드 교수로 재직 중이던 2005년 다르파 그랜드 챌린지DARPA Grand Challenge에 참가했다. 스탠퍼드 팀은 미 국방성의 후원 아래 황야에서 무인자동차로 213킬로미터를 주행하는 이 경기에서 우승했는데, 그 경기를 유심히 관전한 래리 페이지는 재빨리 그를 구글에 영입했다. 스룬은 처음에 구글 스트리트 뷰 팀에서 일했고 브린과 페이지는 2009년부터 진지하게 자체 무인자동차 개발에 나섰다. 이들은 스룬을 그 프로젝트의 수장으로 임명한 뒤 수십 명의 엔지니어를 그에게 보내면서 목표를 분명히 제시했다. 그 목표란 캘리포니아의 고속도로와 시골길을 1,000마일(약 1,600킬로미터) 시험 주행할 수 있는 무인자동차 개발이었다. 15개월 후 스룬은 그 임무를 완수했다.

이 기간에 스룬과 페이지는 서로 가까워졌고 두 사람은 가끔 함께 저녁식사를 하며 '인류에게 중요한 예닐곱 가지의 중요한 문제와 더 높고 멋진 산을 오르기 위한 목표'에 대해 토론을 했다. 긴 안목으로 내다볼 때 대답은 자명했다. 건강 산업 혁신과 더불어 의학 연구에 더욱 박차를 가해야 한다! 무엇보다 교통 문제는 많은 해결책이 필요한 과제다! 페이지와 스룬은 자동차와 관련해 불확실한 문제가 너무 많고 21세기에 이른 지금까지도 서구 세계에서 한 해에 수백만 명이 교통사고로 사망하는 것은 어처구니없는 일이라는 데 의견을 같이했다. 또한 미국 노동자들이 매일 출퇴근하느라 시간을 쓰는 것은 낭비라고 확신했다. 값비싼 자동차가 하루 중 대부분의 시간 동안 주차장에 서 있는 것도 낭비라는 결론을 내렸다.

처음에 자율 주행차는 단지 표류하는 프로젝트에 불과했지만 브린과 페이지는 곧 별도의 부서가 필요하다는 데 동의했다. 그리고 올라야 할

산을 함께 연구할 독립된 부서를 만드는 것이 최선이라는 결정을 내렸
다. 이러한 생각을 바탕으로 오늘날 아스트로 텔러가 이끄는 비밀 연구
소 구글 X가 탄생한 것이다. 구글 X의 첫 번째 수장은 여러 면에서 브린
이나 페이지와 생각이 같은 스룬이었다. 스룬은 이렇게 말한다.

"사실 해결하기 쉬운 문제가 많지만 사람들은 그걸 보지 못합니다. 문
제를 처음부터 끝까지 통찰할 용기가 없기 때문이지요."

스룬은 최고의 교육을 받은 사람들조차 스스럼없이 표현하는 선입견
으로 가득한 말을 의아하게 생각한다. 예를 들면 '그건 안 될 일이야', '절
대로 이뤄질 수 없어', '선례가 없는 일이라니까' 등이 있다.

"무인자동차를 개발하는 것은 불가능한 일이라고 내게 말하려는 사람
이 수백 명이나 있었지요."

그렇지만 스룬은 이미 오래전에 세상을 바꾸기 위한 스무 가지 영역
의 목록을 작성했고 그것을 이루려면 무엇을 발명해야 하는지 생각해두
었다. 그중에서도 가장 많은 인명을 구할 수 있는 수단으로 무인자동차
가 목록의 꼭대기에 올라 있다. 그는 말한다.

"이 사회를 움직이고 싶어서 나 자신에게 물었지요. 어떤 방식이 세상
에 가장 긍정적인 영향을 미칠까?"

이 로봇학 전문가는 기존의 기술을 따라가지 않고 그것을 확장하려
노력하는 자만이 진정 세상에 커다란 발자취를 남길 수 있다고 믿는다.
완전히 획기적인 아이디어는 다른 사람이 한 번도 가지 않은 험한 길에
서 항상 '고난'을 겪을 수밖에 없다. 스룬에 따르면 '구글의 트릭'은 위대
한 아이디어를 환상이라며 쉽게 무시해버리는 사회적 제약을 뛰어넘는
다. 실제로 이들은 유명 공상과학소설 속에서 아이디어를 차용해 현실화

▶▶▶

한다.

"놀랍게도 공상과학 작가들은 간혹 실현 가능한 아이디어를 제시합니다."

프랑스의 소설가 쥘 베른Jules Verne은 책에 평생 실현이 불가능할 것 같은 수많은 신기술을 묘사했지만 고도로 정교한 잠수함처럼 그중 몇 가지는 이후 현실화했다.

그들의 목표는 자동차가 아니다

무인자동차를 개발한 초기에는 시험 주행을 고속도로에서만 제한적으로 시행했다. 그곳은 교통이 덜 복잡하기 때문이다. 그러나 나중에는 시골길과 도시의 도로를 포함해 해마다 10만 킬로미터가 넘는 거리를 시험 주행했다. 구글 자동차 팀은 여러 시험 자동차를 이끌고 하루에 여섯 시간 동안 주로 캘리포니아를 중심으로 시험 주행에 나섰다. 물론 엔지니어들은 무인자동차를 대량생산하려면 거의 완벽에 가까워야 한다는 점을 잘 알고 있다. 구글은 실리콘 밸리의 남쪽에서 차로 몇 시간 걸리는 곳에 있는 버려진 공군기지에 도로와 교통 상황을 본떠 장애물 코스를 만들었다. 이곳에서 무인자동차는 정교한 모의실험 장치들 사이를 400만 마일(약 640만 킬로미터) 넘게 주행했다. 더 많이 주행할수록 성능은 나아지고 소프트웨어는 더욱 영리해진다. 실제로 무인자동차 로봇은 경험이 쌓일수록 보다 나은 성능을 보였다. 이것은 구글의 무인자동차가 거둔 핵심적인 성취 중 하나다. 기계가 점점 더 많은 것을 배운다는 사실 말이다.

특히 구글의 엔지니어들은 기계가 새로운 정보와 경험을 서로 연결해 학습하고 자기 주변을 분석해서 해석하게 만드는 획기적인 진보를 이루었다. 이것이 구글이 무인자동차 프로젝트에 과감히 나선 주된 배경이다. 즉, 이들은 차를 만드는 것이 아니라 지적 능력을 갖춘 로봇을 개발했다. 이는 인공지능 분야의 대가인 스룬이 이 프로젝트를 맡은 이유이기도 하다. 이제 이 독일 엔지니어는 교육 혁신을 위해 설립한 개인 회사 유다시티Udacity에 전념하고 있다.

현재 무인자동차 프로젝트를 이끄는 사람은 로봇학 박사 크리스 엄슨Chris Urmson으로 전임자와 완전히 다른 타입이다. 소년 같은 외모에 쾌활하고 실리적인 그는 위대한 비전 추구가 아니라 프로젝트를 시장에 맞게 개발하는 임무를 맡았다.

구글의 자동차 부서는 구글 캠퍼스 외곽의 평범해 보이는 건물에 자리 잡고 있다. 여기서 사람들이 밤낮으로 용접하고 두드리고 나사를 조이며 땜질하는 흔적은 조금도 찾아볼 수 없다. 그러나 건물의 깊숙한 곳, 즉 사무실과 회의실이 늘어선 기다란 복도 뒤편으로 가서 금속으로 된 무거운 이중문을 열면 커다란 조립장이 눈에 들어온다. 이곳에서는 차량의 지붕 위에 라이더 시스템을 갖춘 컨버터블 렉서스 SUV에 땜질을 하는 모습을 볼 수 있다. 중앙에는 눌린 폭스바겐 비틀Beetle이나 피아트 500보다 살짝 통통해 보이는 자그마한 차량이 수십 대 서 있다. 이 차량은 좌석이 두 개밖에 없고 계기판과 운전대도 없다. 엄슨은 이것이 진정 구글이 원하는 방식이라고 말한다. 이것은 완전 자동화된 개인용 차량으로 렉서스 같은 컨버터블 도로 시험용 차량이 아니다.

구글은 자동차의 모든 부품을 자체 설계하지 않고 자동차 공급업체와 제휴해 부품을 공급받기로 했다. 엄슨은 차량 주변을 돌며 뒷문을 열어 보이거나 외판을 보여주며 다양한 제휴 파트너에 대해 이야기했다. 차량 조종 장치는 ZF 렝크시스테메ZF Lenksysteme가 책임지고 브레이크 시스템은 콘티넨탈Continental과 보쉬 같은 독일 자동차업체가 관여하는 식이다.

캘리포니아에서 운전자 없는 차량 모델은 2015년 여름부터 도로 주행이 허용되었다. 시험 차량은 먼저 장애 코스를 주행한다. 여기에서 전기로 작동하는 2인용 차량은 오렌지색 교통 장애용 원뿔이나 방향 전환 신호 사이를 쉽게 뚫고 지나가며 시속 40킬로미터로 속도를 높였다가 부드럽게 낮춘다. 마치 귀신이 나오는 집에서 운행하는 유령 기차를 보는 듯한 느낌이다.

구글 자동차는 미래지향적으로 보인다기보다 오히려 귀여운 모습인데 이는 의도된 것이다. 엄슨은 지나치게 모던해 보이는 영화 《배트맨》 속 차량은 사람들에게 위압감을 줄 수 있다고 말한다. 구글 차는 유혹적이고 친근하면서도 안전하게 보일 필요가 있다. 아직까지 로봇이 조종하는 자동차에 대한 회의론이 크기 때문이다. 가까운 미래에는 기술 자체보다 운전자가 운전대를 포기하고 기꺼이 기술에 의존할 것인지가 더 중요해질 가능성이 크다. 엔지니어들도 그 사실을 잘 알고 있다. 수년의 시험 주행을 통해 놀랍게도 사람들은 로봇이 조종하는 자동차가 일반적인 조종 장치를 하나도 갖추지 않은 특이한 외형일 때 더 안심한다는 것이 밝혀졌다. 엄슨은 이렇게 말한다.

"핸들을 갖춘 차에 대해서는 보행자도 책임감을 갖고 매순간 주의를 기울여야 한다고 느끼는 것 같습니다."

운전대가 마법처럼 돌아가는 예전의 시험 차량은 누군가가 리모컨으로 조종하는 자동차처럼 보였다. 따라서 새로운 구글 차가 업그레이드한 운전 보조 시스템을 갖춘 차량이 아니라 완전히 자동화된 차량으로 보여야 하는 것은 논리적으로 이치에 맞다. 원래 무인자동차 아이디어의 목표는 미래의 사람들이 조종석 뒤에서 책을 읽거나 이메일을 쓰거나 화장을 하면서 안전하게 이동하는 데 있다. 엄슨의 말에 따르면 미래에는 무인자동차로 이동하는 매순간이 마치 택시를 타고 가는 것처럼 여겨질 것이다. 단지 그 차의 운전자가 로봇이라는 점만 다를 뿐이다.

가장 큰 장애 요소는 무인자동차가 빨간색 신호임에도 불구하고 횡단보도 앞에서 질주하거나 나무에 부딪치는 일은 없을 거라고 사람들에게 확신을 심어주는 일이다. 로봇이 있는 한 승객은 안전할 것이라는 확신을 줘야 한다. 인간은 복잡한 상황을 능수능란하게 헤쳐 갈 사람은 자신뿐이라고 직관적으로 믿는 경향이 있기 때문이다. 그러나 도로교통에서 제일 중요한 문제가 무엇인지는 통계자료가 보여준다. 미국에서 발생하는 교통사고의 90퍼센트는 인간의 실수 탓이다. 차 안에서 통화하거나 메시지를 보내다가 정지 신호를 지나치기도 하고 흡연을 하려다가 순간적으로 실수를 한다. 또 깜박이를 켜지 않고 방향을 바꾸거나 운전대를 잡고 잠이 드는 경우도 있다. 엄슨은 "컴퓨터는 절대 지치지 않고 반응 시간도 더 빠르다."라고 말한다.

확실히 브레이크를 밟아야 할 순간이 수천 킬로미터마다 한 번에 지나지 않을지라도 운전자가 실수할 때 보조 장치가 스스로 중요한 결정을 내리는 시스템 개발은 그 자체로 큰 진전이다. 설령 그 성공률이 50퍼센트에 불과해도 사고 위험은 현저하게 낮아진다.

놀랍게도 구글과 미국 교통청에 따르면 완전 자동화한 로봇 자동차가 스스로 교통사고를 일으킨 적은 한 번도 없다. 이미 일반 도로를 수백만 킬로미터 주행하고 그러는 동안 '1초에 열 번의 결정'을 내렸지만 사고는 없었다. 2015년 여름까지 자율 주행차가 사고에 연루된 건수는 열세 번인데 그 책임은 모두 반대편에서 주행하던 인간 운전자에게 있었다.

구글뿐 아니라 대부분의 교통 전문가도 곧 수많은 무인자동차가 도로를 주행하리라고 확신한다. 이것은 단지 시기에 달린 문제다. 구글은 언제 무인자동차를 대량 출시할지 그 정보를 정확히 알리려 하지 않는다. 브린은 2017년을 목표로 잡고 있지만 대부분의 자동차회사는 2020년까지도 그 프로젝트를 실현하기는 어려울 거라고 내다본다. 하지만 애플이 몇 년 내에 스마트폰을 대량생산해 출시할 것이라고 내다본 통신정보회사도 거의 없었다. 엄슨은 2020년이 되기 전에 구글 자동차를 시중에 출시하는 것이 자신의 개인적인 목표라고 강조했다. 그때쯤이면 아들이 운전면허를 취득할 나이가 되기 때문이란다.

"10대들이 얼마나 운전을 엉망으로 하는지 아시지요?"

보스턴 컨설팅 그룹Boston Consulting Group, BCG 은 완전 자동화된 자동차가 일상적인 거리 풍경이 되려면 2025년은 되어야 할 것이라는 연구 결과를 내놓았다. 자동차 산업의 비즈니스 컨설팅 부서에서는 부분적으로 자동 기술을 적용한 차량이 먼저 출시될 거라고 내다본다. 예를 들면 고속도로 주행을 위해 자동조종 장치를 탑재한 자동차가 먼저 나오고 나중에 대도시를 중심으로 로봇 택시가 등장할 것이라는 얘기다. BCG 의 디트로이트 사무소 소장이자 연구가인 사비에르 모스케Xavier Mosquet 는 "자동차 산업은 100년이 넘는 역사에서 가장 큰 분수령을 맞이하고 있다."라고 말했다. 그는 심지어 대도시에서 무인자동차만 보게 될 날이 멀지 않았다고 전망한다.

무인자동차를 대량생산하기까지는 시간이 걸리겠지만 소비자의 관심은 벌써부터 뜨겁다. BCG의 시장조사 결과에 따르면 이미 미국 운전자의 45퍼센트가 완전 자동화된 자동차로 옮겨갈 준비가 되어 있고, 그중 많은 사람이 더 비싸더라도 자동조종 장치나 교통 체증 탐지기 등을 탑재한 차량을 선택하려 한다. 2035년이면 전체 차량의 6분의 1이 이런 기능을 갖출 전망이다. 또 2025년에는 자율 주행차가 시장에서 차지하는 총액이 420억 달러에 육박할 것이다.

자율 주행차를 향한 세계적인 경쟁

그렇게 되기까지는 극복해야 할 장애물이 아주 많다. 구글은 이미 오래전부터 정치인과 도로안전을 책임지는 정부 부서 그리고 다른 자동차 회사와 이를 논의해왔다. 미국의 몇몇 주는 벌써 자율 주행차의 주행권을 제한하고 있다. 교통기반 시설을 혁신하는 동시에 환경을 보호하고자 하는 정치적 관심사는 대단하지만 아직은 여러 가지 법적인 문제가 남아 있다. 만약 로봇이 교통사고를 낼 경우 누구에게 책임을 지우고 죗값을 물을 것인가? 소프트웨어 에러를 기술적 문제인 브레이크 에러와 비교할 수 있을까? 컴퓨터로 주행하는 차량을 외부에서 해킹할 가능성은 없는가? 주행 도중에 수집하는 데이터 문제는 어떻게 처리할 것인가?

예측 가능한 미래를 위해 구글의 엔지니어들은 더 튼튼한 무인자동차를 만들고자 기술 개발에 매진하고 있다. 컴퓨터는 특수하고 예측할 수 없는 여러 가지 상황에 대처할 능력을 갖추어야 한다. 이는 총체적인 진단이 필요한 아주 어려운 문제다. A라는 상황이 벌어지면 B라는 방식으로 대응하라! 초록색 신호등이 켜지면 주행하라! 무인자동차 기계는 이처럼 지시에 따라 간단하게 프로그램을 가동할 수 있는 게 아니다. 지금까지 배운 적 없고 시험 주행에서 경험하지 못한 상황이 갑자기 발생해도 차량이 지능적으로 반응할 수 있어야 한다. 상황은 헤아릴 수 없을 만큼 다양하게 발생하므로 미처 시뮬레이션하지 못했을 수도 있음을 염두에 두어야 한다.

가령 무인자동차는 급히 장애물을 피해야 하는 상황이나 빨간색 신호에도 불구하고 다른 차가 횡단보도를 주행할 때의 위험을 사람보다 더 빨리 '본다.' 그보다 더 어려운 것은 눈이나 얼음, 갑작스런 폭우 같이 자동차의 센서에 영향을 미치는 기후 상황에 대처하는 일이다. 엄슨은 자신의 팀이 시험 주행 중에 겪은 일화를 소개했다.

갑자기 도로에 휠체어를 탄 여인이 나타나 날개를 다친 오리를 이리저리 쫓아갔다.

"자동차는 이것이 보통 상황이 아니며 가장 먼저 오리, 무엇보다 휠체어에 탄 여성과 부딪치지 않아야 한다는 것을 이해해야 했습니다."

무인자동차는 이 임무를 성공적으로 완수했지만 이를 통해 엔지니어들은 현실세계에서는 그보다 더 황당한 일도 얼마든지 일어날 수 있고 그때마다 컴퓨터가 적절히 처신해야 한다는 사실을 깨달았다. 엄슨은 "우리에게 가장 힘든 일은 차가 유연하게 대처하도록 가르치는 일"이라고 말했다.

"그냥 백과사전을 펼쳐놓고 스케이트보드가 도로를 날고 있으니 거기에 맞춰 반응하라고 지시할 수는 없지요."

기술적인 부분에서 가장 어려운 것은 레이저와 카메라 데이터를 해석하는 일이다. 차량 지붕에 달린 주요 센서는 1초에 150만 개의 측정 지점을 담으며 끊임없이 쏟아지는 정보를 계속 분석 및 비교해야 한다. 이것은 구글 맵 도로 정보의 지원도 받지만 특히 구글 클라우드와 구글 데이터 센터와의 연결이 큰 역할을 수행한다. 일단 거대한 정보 덩어리에서 다른 교통 물체와 신호등, 나무 등의 필요한 데이터를 걸러낸다. 그런 다음 이들 물체가 어떤 움직임을 보이는지 판단한다. 나무는 움직이지 않지만 자전거를 탄 사람은 어디로 가고 있고 빨간색 신호등은 무엇을 의미하는가?

일단 이 모든 정보를 수집하고 이해하는 것은 가능하다. 지난 몇 년간 컴퓨터공학 분야 중에서도 특히 '컴퓨터 영상 처리'computer vision 부분이 엄청나게 발전했기 때문이다. 이것은 일반적인 이미지를 단순 처리하는 게 아니라 그 이미지의 내용을 이해하는 방식이다. 기계가 이런 작업을 하는 것은 매우 어려운 일이다. 물론 메가픽셀을 장착한 카메라는 이미 100만여 개의 정보를 처리하는데 컴퓨터의 입장에서 그것은 그저 숫자에 지나지 않는다. 이를테면 하나의 정보 덩어리에서 그것이 인간의 얼굴이라는 사실을 도출해내는 것은 매우 복잡한 작업이다.

기계 영상 분야 전문가 안드레아스 벤델Andreas Wendel은 이렇게 말한다.

"컴퓨터 영상 처리는 굉장히 환상적인 기술이지만 매우, 매우 어려운 분야라 사람들이 일반적으로 회피하려 합니다."

▶▶▶

그의 임무는 구글의 자동차가 카메라를 통해 받아들인 모든 시각적 이미지를 정확히 이해하고 분류하며 다른 센서를 지원하도록 보장하는 일이다. 정보의 홍수 속에서 스틸 이미지로 이해할 수 있는 데이터를 추론하는 것은 무척 어려운 일이다.

"움직이는 차량에 들어오는 실시간 영상을 분석하는 것은 훨씬 더 어려운 일이지요."

1984년 오스트리아의 작은 마을에서 태어난 벤델은 구글에서도 젊고 유망한 엔지니어 중 한 사람으로 꼽힌다. 그라츠Graz에서 공부한 그는 박사 과정 중 나무와 부딪치지 않고 자유롭게 숲을 날아다니는 로봇형 드론을 개발하는 데 전념했다. 박사 과정을 마친 벤델은 여러 공학자 팀이 주최한 인터넷 실시간 강연 이후 구글에 채용되었다. 현재 그는 교통관리 팀에서 탐지 기능을 위한 연구에 집중하고 있다.

구글의 엔지니어들은 현재 가장 중요한 기술적 장애는 대부분 해결했고 자율 주행차 모델을 완성해 출시할 날이 머지않았다고 확신한다. 그렇다면 구글은 출시라는 마지막 관문을 어떻게 뚫을 것인가? 독자적으로 하거나 공급업체와 협력할 것인가, 아니면 도요타나 폭스바겐 혹은 다른 자동차회사와 대규모로 협력할 것인가? 엄슨은 여러 자동차 제조회사와 많은 논의가 오가는 중인데 반응이 제각기 다르다고 했다.

"어떤 회사는 협력에 많은 관심을 보였고 자체 개발에만 집중하겠다는 회사도 있었습니다."

엄슨은 구글이 끊임없이 제휴 파트너를 찾고 있다고 강조했다.

"차를 만드는 건 매우 어려운 일이라는 것을 우리도 분명 알고 있습니다."

구글이 몇몇 시험 주행 차량을 가지고 대부분 단독으로 프로젝트를 진행해온 과정은 충분한 정보와 경험을 쌓기 위한 학습기간으로 볼 수 있다.

"이제 누구와 손을 잡더라도 더 나은 협력체계를 갖출 수 있을 것입니다."

그러나 구글이 누구보다 먼저 자율 주행차를 시장에 출시할지라도 시장을 독점하지는 못할 것이다. 오히려 그 반대다. 구글이 앞으로 나아갈수록 그들의 값비싼 노력이 성과를 거둘지에 대한 의문도 높아지고 있다. 자동차 산업은 처음에는 구글의 열정을 비웃었지만 시간이 갈수록 점점 초조감을 감추지 못했다. 그러는 동안 대부분의 자동차업체도 자체적으로 자율 주행 프로젝트를 가동했다. 나아가 이들은 기술 개발이 미래의 모델임을 깨닫고 부지런히 그것을 광고하고 있다. 이처럼 빠르게 상승하는 경쟁 기류를 보고 엄슨은 "이제는 모두가 자율 주행차 개발 프로그램을 가동하는 것 같다."라고 불평했다.

구글의 입장에서 이것은 커다란 문제다. 엄청난 자원과 경험을 축적한 기존 자동차업체들은 자신들의 비즈니스 모델을 지키려는 목적의식이 매우 강하다. 폭스바겐이나 다임러 같은 회사가 무인자동차 개발에 전력할 경우 구글이 이룩한 선구적인 작업과 정교한 $10\times$ 비전은 결국 참담하게 패배할 가능성이 크다. 자동차업체들은 자동차 제작뿐 아니라 판매 방법도 더 잘 알고 있기 때문이다.

물론 엄슨은 구글이 쉽게 복제하기 어려운 기술을 보유하고 있다는 사실에 자부심을 보였다.

"우리가 하는 일은 로봇학과 인공지능, 기계학습, 컴퓨터 영상 분야에

▶▶▶

서 지난 몇 십 년 동안 축적해온 경험을 바탕으로 한 것입니다.”

특히 데이터 처리와 클라우드 컴퓨팅(인터넷 기반cloud 컴퓨팅computing 기술—옮긴이)에 관한 구글의 기반은 모방하기 어렵다. 그렇다면 이것은 다른 기술기업과의 경쟁에서도 마찬가지로 적용될까? 2015년 봄 교통 서비스 제공회사 우버는 자율 주행차를 개발하겠다는 계획을 발표하고 카네기멜런 대학의 로봇 연구소를 통째로 사들였다. 우버의 회장 트래비스 칼라닉Travis Kalanick은 인터뷰에서 무인 택시 서비스를 시행하고 싶다는 의사를 여러 차례 피력했다. 그와 동시에 애플이 ‘타이탄’titan이라는 암호명의 전기 로봇차를 개발하고 있다는 소문이 돌았다. 만약 우리가 구글과 애플이 만든 무인자동차 사이에서 선택을 해야 한다면 어떨까? 애플의 프로젝트를 잘 아는 애플의 한 직원은 무인자동차 계획은 아직 정확한 그림이 나온 게 아니라고 말했다.

그렇지만 적어도 애플이 기회를 잡으려 한다는 것만큼은 확실하다. 이 프로젝트의 수장은 스티브 자데스키Steve Zadesky로 그는 포드에서 경력을 쌓기 시작한 노장이다. 애플이 자동차 산업과 관련해 노하우와 인력을 축적하기 시작한 것은 상당히 오래전의 일이다. 그중에는 실리콘밸리 메르세데스-벤츠 연구소의 연구개발팀 수장이던 요한 융비르트Johann Jungwirth도 있다. 메르세데스-벤츠 연구소는 애플 본사와 10분 거리에 있고 이 회사는 부분적으로 애플과 긴밀히 기술 협력을 하고 있다. 가령 차량에 설치한 컴퓨터에 애플의 스마트폰 기술을 접목하기 위해 캘리포니아 쿠퍼티노Cupertino의 인력들을 초대해 메르세데스의 직원들과 공조하게 한다. 거대한 유리 빌딩 뒤쪽에 있는 시험용 연구소에는 카메라와 센서를 장착해 업그레이드한 검은색 메르세데스 S-클래스가 세워져 있는데 바깥에서는 이것을 볼 수 없다. 이 차량의 측면에는 커다란 흰색 글씨로 '지능 운전'이라고 쓰여 있다. 슈투트가르트에 기반을 둔 메르세데스-벤츠는 이것을 자동 운전 기능의 변형이라고 부른다. 메르세데스의 엔지니어들은 기술에 기반을 둔 새로운 자동차 시리즈가 결국 다른 어떤 제품보다 나을 것이라고 자신한다. 특히 경제적인 성공 가능성이 크다.

어떤 방식으로 접근하든 중요한 것은 곧 획기적인 기술적 돌파구가 열릴 것이라는 사실이다. 자율 주행차에 대한 꿈은 몇 십 년 전부터 시작되었다. 이미 1939년 세계 박람회에서 리모컨으로 조종하는 차가 메가 고속도로를 주행하는 세상을 보여준 바 있다. 당시 경제학자들은 그 미래가 1960년대에 가능하리라고 내다보았다. 그런데 1980년대가 되어서야 뮌헨 독일연방군 대학Bundeswehr-Universitat의 교수이자 공학자인 에른스트 디크만Ernst Dieckmann이 개발한 컴퓨터와 비디오카메라를 장착한 메르세데스가 운전자가 조종하지 않고도 고속도로를 몇 백 킬로미터 주행하는 데 성공했다. 진정한 자동 주행은 2000년 이후에야 현실적인 범위 안에 들어왔는데 이때 컴퓨터 처리 장치와 전원 공급 방식, 센서, 디지털 지도, 라이더 기술 등을 결합시킴으로써 완전히 새로운 가능성이 열렸다.

하지만 기술 향상에도 불구하고 자동차기업들은 오랫동안 진짜 로봇 자동차를 만들려고 하지 않았다. 대부분의 소비자가 운전대를 기계에 맡기려 하지 않았기 때문이다. 특히 독일에서는 운전의 즐거움이 중요한 판매 포인트이기도 했다. 이제 세계의 많은 지역에서 운전은 점점 스트레스로 다가오고 있다. 교통이 복잡해지면서 운전대를 잡고 출퇴근하는 것은 매우 신경 쓰이는 일이 되었다. 일부 구간만이라도 컴퓨터가 차량을 운전해주면 출퇴근자의 삶은 훨씬 더 여유로워질 것이다. 실제로 지난 몇 년간 분위기가 눈에 띄게 바뀌었다.

운송수단을 넘어 움직이는 주거지로

구글이 '자율 주행을 섹시하게' 만들었다는 것은 메르세데스 측도 동의한다. 메르세데스의 모기업인 다임러의 회장 디터 제체Dieter Zetsche는 다음과 같이 선언했다.

"2030년이면 우리는 A지역에서 B지역으로 갈 때 운전하는 것이 아니라 대부분 자율 운행 방식으로 이동할 것이다."

이들은 기존의 속도로는 성에 차지 않는지 실리콘 밸리가 만든 모든 비전의 꼭대기에 우뚝 서고 싶어 한다. 2015년 초 다임러는 새로운 메르세데스 모델 F015를 출시했는데 이것은 완전 자율 주행에다 은빛으로 빛나는 외형으로 마치 배트맨이 운전하는 차량처럼 보인다. 차량 내부는 우주선 조종석과 고급 호텔의 로비가 합쳐진 듯하다. 차량에 동승하는 사람은 회전 가능한 네 개의 라운지 의자에 각각 마주보고 앉는다. 이들이 손을 내밀면 센서가 작동하면서 가상의 컨트롤 기능이 등장한다. 차량 인테리어 디자이너 하르트무트 징크비츠Hartmut Sinkwitz에 따르면 이는 자율 주행 시에는 거리를 내다보거나 혼잡한 교통 상황에서 다른 차들의 꽁무니를 살필 필요가 없기 때문이라고 한다. 엔진은 유독가스를 배출하지 않고 보조 시스템은 온라인에서 항상 가동한다. 그러나 메르세데스는 운전을 즐기는 소비자를 모두 쫓아내지 않기 위해 미래에 운전대와 페달을 갖춘 자동 주행차도 생산할 예정이다.

이것과 구글 무인자동차는 차이점이 거의 없다. 나아가 다임러의 회장 제체의 말도 래리 페이지의 말과 유사하다.

"기술만 생각하는 이들은 자율 주행이 우리 사회를 어떻게 변화시킬지 아직 깨닫지 못하고 있습니다. 자동차는 운송수단을 넘어 드디어 움직이는 주거지가 되고 있습니다."

구글 X와 아스트로의 사무실이 있는 빌딩 앞에는 가끔 나무 사이에 슬랙 라인slack line(폭 5센티미터 내외의 줄을 나무와 나무, 기둥과 기둥 사이에 묶어 지상 50센티미터 높이에 설치하고 그 위에서 균형을 유지하며 걷거나 묘기를 부리는 스포츠—옮긴이)이 내걸린다. 재주가 뛰어난 직원은 그 줄 위에서 걷거나 뛰고 구른다. 텔러와 브린도 간혹 슬랙 라인 위에 올라가지만 곧장 바닥으로 고꾸라지고 만다. 바로 이것이 슬랙 라인을 설치한 진정한 목적이다. 리더가 모든 사람이 보는 앞에서 넘어지면 그것을 보는 다른 사람도 넘어지는 것을 두려워하지 않는다. 이것은 주말 프로그램에서 흔히 볼 수 있듯 경영자가 뜨거운 석탄 위를 달리거나 눈을 감은 채 동료들의 품속으로 떨어지는 것과 유사하지만 텔러는 상관하지 않는다. 효과가 있는 한 이것은 시도해볼 만한 방법이다. 즉, 다른 사람들의 비웃음을 살까 염려하지 않고 무엇이든 생각해보거나 실험하는 것은 좋은 시도다.

텔러는 직원들이 제시한 온갖 미친 아이디어가 실패하더라도 그들을 따뜻하게 감싸주는 것으로 유명하다. 한때 구글 팀은 호버보드Hoverboard(공중에 뜨는 스케이트보드—옮긴이) 개발을 심각하게 고려한 적이 있다. 마이클 폭스가 주인공 역을 맡은 할리우드의 고전영화《백 투 더 퓨처 Ⅱ》Back to the Future 2에 나오는 호버보드와 비슷한 스케이트보드를 염두에 둔 것이다. 이 같은 무중력 플랫폼 시스템 개발은 운송수단에 혁명을 불러올 수 있기 때문이다.

하지만 이 프로젝트는 물리적으로 불가능하다는 이유로 무산되었다. 대신 구글은 현재 무인자동차를 비롯해 보다 명확한 비즈니스 모델과 가능성이 큰 여러 가지 대규모 문샷 프로젝트를 가동 중이다. 예를 들면 우주의 모서리를 떠다니는 풍선을 이용해 모든 인류에게 인터넷을 제공하는 프로젝트가 있다.

제4장

비밀 연구소:

구글의 미래 전략

2013년 여름 뉴질랜드의 아주르Azure 지역 상공에 예기치 않던 서른 개의 이상한 물체가 나타났다. 넓이 5미터, 높이 13미터인 이 투명한 물체는 바다의 표면 위로 떠오르는 거대한 해파리처럼 흐느적거리며 별을 향해 날아올랐다. 이것은 안테나와 라디오 주파 기술을 갖춘 해파리로 당시 전 세계 UFO 연구자들을 흥분시켰고 CNN도 이 상황을 보도했다.

　이 초현실적인 일이 몇 달 전 구글이 낸 특이한 광고 시리즈와 관련이 있음을 짐작한 사람은 아무도 없었다. 그것은 '재단사와 풍선 전문가 급구'라는 광고였다. 구글은 몇 달 동안 은밀하게 사람들을 불러 모아 캘리포니아의 비밀 연구소 안에 이상한 팀을 꾸렸다. 그들은 섬유공학자, 항공 전문가, 와이파이 기술자, 화학자 들이었다. 이들이 만들려고 한 것은 지금까지 존재한 적 없는 공기 중 수송 장치로 어떤 폭풍우와 기후도 견뎌내고 예정한 기나긴 일정을 소화할 만큼 질기고 강한 풍선이었다. 공기 중에서 100일을 견디며 지구 주위를 끊임없이 돌고 있는 기류를 따라 지구를 세 바퀴 돌 만큼 튼튼한 풍선이어야 했다.

풍선은 성층권까지 올라갔다. 긴 신호 사슬로 연결된 풍선들은 일종의 공중 모바일 기지국으로 해발 20킬로미터 높이에 떠서 땅 위에 위치한 베이스캠프와 지속적으로 신호를 주고받으며 공기를 통해 세상에 인터넷을 공급한다. 풍선이 성층권 궤도 내를 돌면서 지구의 구석구석에 와이파이 신호를 보내는 것이다.

아직도 지구상 인구 3분의 2에게는 빠른 인터넷이 연결되지 않는다. 아예 인터넷이 연결되지 않는 인구도 수십억이 넘는다. 특히 모바일 제공자나 케이블회사에서 그다지 공들일 필요가 없다고 생각하는 농촌지역과 제3세계의 많은 지역이 인터넷의 사각지대로 남아 있다. 전통적인 방식으로 하부 시설을 건설하려면 비용과 시간이 많이 든다. 모바일 통신 기지국을 세우고 광선을 깔고 또 우주에 위성을 쏘아 올려야 하기 때문이다. 구글은 이런 방식을 가능한 한 빨리 바꾸고 싶어 한다. 인도나 아프리카의 수많은 사람, 티베트 오지의 사람들도 인터넷을 저렴하게 이용하도록 말이다. 이 프로젝트를 제대로 수행할 경우 많은 사람이 디지털 세상으로 진입할 수 있을 것이다.

이것은 구글의 광고 사업에도 커다란 기회를 제공한다. 인터넷을 사용하는 사람은 어느 때든 구글의 광고를 클릭할 확률이 높지 않은가. 구글의 엔지니어들은 풍선 네트워크가 엄청나고도 우아한 해결책이 되기를 희망한다. 페이지는 2010년대 말까지 모든 인류가 온라인에 접근할 수 있기를 바란다. 만약 지구 주변을 회전하는 수백 개의 풍선이 그 문제를 해결하는 가장 빠른 길이라면 구글의 관점에서 그것을 시도하는 것은

▶▶▶

당연한 일이다. 풍선 프로젝트는 '룬'Lonn이라고 하는데 아스트로 텔러의 문샷 공장 X에서 태동해 발전하고 있는 진정한 문샷 프로젝트 중 하나다.

이 프로젝트의 책임자는 마이크 캐시디Mike Cassidy로 곧 쉰 살이 되는 그는 대머리에 항상 카키색 바지와 폴로셔츠나 적당히 낡은 스웨터 그리고 낡은 스니커즈 차림이다. 캐시디는 네 개의 기술업체와 인터넷회사를 창업했는데 한 회사는 130억 달러, 다른 회사는 1억 달러 이상, 또 한 회사는 5억 달러 넘게 받고 매각했다. 이미 부자가 된 그의 네 번째 기업은 구글이 매입했다. 아니, 구글이 캐시디를 산 셈이다. 구글에서 볼 수 있는 특별하고 변덕스러우며 뛰어난 구글인들 중에서도 캐시디는 단연 눈에 띈다. 그는 하버드 비즈니스 스쿨 출신이자 버클리 음대에서 재즈 피아노를 전공한 인재로 여가시간에는 재즈곡을 작곡한다. 여기에다 매사추세츠 공과대학MITC에서 항공학을 전공하기도 했다.

구글이 룬 프로젝트의 책임자 자리를 제안했을 때 캐시디는 처음에 회의적이었다. 전문가들이 해결할 수 없다고 말한 일의 목록이 너무 길었기 때문이다. 지난 몇 년을 돌아보며 그는 고개를 절레절레 흔들었다.

"우린 전화기만 한 기계를 상공 위로 20킬로미터 쏘아 올린 다음 거기서 1초에 20메가비트Mbps 속도로 지구에 데이터를 전송하는 일을 해냈습니다. 100일 동안 공기 중에 머무는 풍선을 개발하는 일도 해냈지요. 직원들이 풍선을 조종하는 문제도 해결했습니다."

본래 제2차 세계대전 때 비행선 격납고로 건설한, 마운틴 뷰의 남쪽에서 몇 킬로미터 떨어진 거대한 공간에서는 현재 새로운 버전의 풍선을 제작하는 뚝딱거림이 쉴 새 없이 들려온다.

2015년 여름에는 얇은 폴리에틸렌으로 만든 수십 개의 풍선을 제작했다. 그동안 기술이 많이 발달하고 비용도 낮아져 성층권에서 지구의 드넓은 영역에 인터넷 서비스를 제공하는 대규모 실험이 성공적으로 이뤄졌다. 전송 속도는 1초에 50메가비트까지 향상되었으며 이는 현재까지 지구상에서 가장 빠른 속도다. 모든 풍선에는 새의 이름을 붙였다. 2015년 구글은 열세 번째 풍선을 실험했는데 그 이름은 쇠황조롱이 Merlin고, 마지막이 될 열네 번째 풍선은 쏙독새Nighthawk다. 캐시디는 룬 프로젝트가 전 세계적으로 제품에 쓰일 만반의 태세를 갖추고 있다고 확신한다. 이를 실현할 경우 룬 프로젝트는 구글 X의 한 부분이 아니라 자율 주행차와 마찬가지로 독립적인 부서로 회사에 통합될 것이다.

'거대한', '급진적인', '불가능하지 않은'

문샷 공장의 프로젝트는 아이디어가 시장성을 충분히 확보하면 거기서 끝난다. 마케팅과 판매, 이윤 창출 센터를 세우는 일 등은 다른 부서에서 진행한다. 창의적인 아이디어와 판타지로 가득한 엔지니어, 예술가, 철학자 그리고 오스카상을 받은 배우 등 아스트로 텔러가 영입한 수백 명의 프로젝트 팀원은 핵심적인 임무에만 집중한다. 그 임무는 거대한 아이디어를 개발 및 실험하고 모델을 만들며 실현성이 없을 때는 포기하는 일이다. 전체적으로 볼 때 구글 X는 회사의 다른 부서보다 상대적으로 독립적이다. 여기서 진행하는 많은 프로젝트와 아이디어는 구글의 다른 직원들에게 거의 알려지지 않는다. 한마디로 구글 X는 비밀 연구소다.

초기 몇 년처럼 존재 자체가 비밀은 아니지만 여기에서 진행하는 연구 프로젝트는 대부분 비밀로 유지하고 있다. 더 놀라운 것은 이곳의 경비가 구글의 다른 부서에 비해 더 삼엄하지 않다는 사실이다. 구글 X는 구글 캠퍼스의 가장자리에 위치한 평범한 세 개의 건물에 자리 잡고 있다. 그곳에는 울타리도, 경비원도 없으며 건물 안에서 어떤 일이 진행되는지 안내하지도 않는다. 단순한 안전 잠금 장치를 지나면 똑같이 단조로운 사무실로 이어진다. 다만 커다란 달 로켓 사진이 담긴 포스터가 이곳에서 사람들이 무슨 일을 하는지 암시해줄 뿐이다. 건물 깊숙이 들어가야 미래를 향한 과감한 아이디어를 실현하기 위해 사람들이 부지런히 뚝딱거리는 모습을 볼 수 있다. 그곳에는 전기 장치와 레이저, 용접 장비로 가득한 작업장이 있다. 구글의 다른 부서는 보통 디지털과 관련된 작업을 하지만 구글 X는 물리적인 작업에 치중한다. 여러 전기공학자, 기계공학자, 화학자가 무언가를 만들기 위해 노력하는 것이다. 텔러는 "우리는 비트와 바이트가 아닌 원자에 더 많이 집중한다."라고 말한다. 구글 X가 구글의 다른 분야와 마찬가지로 비슷한 아이디어와 의제를 추구하는 게 아니라 구글을 '지금까지 전혀 접해보지 못한 분야로 이끈다'는 얘기다.

구글 X의 기원은 래리 페이지가 검색엔진과 전혀 상관이 없는 '다른 분야의 디렉터'Director of Other를 찾던 2009년으로 돌아간다. 이때 자율주행차를 개발한 독일의 로봇학 전문가 세바스티안 스룬을 영입했다. 이후 아스트로 텔러를 팀의 공동 리더로 영입한 스룬은 자동차 프로젝트에 전념했고 나중에는 텔러 혼자 수장의 역할을 맡았다. 텔러는 무엇보다 연구소가 아이디어를 실현하는 공장 역할을 하고 상대적으로 믿을 만한 새로운 프로젝트를 문샷 공장에서 진행하도록 체계를 세우는 데 전념했다.

프로젝트 진행에서 가장 중요한 요건은 좋은 아이디어를 걸러내는 일이다. 이를 강조하기 위해 텔러는 칠판 위에 세 개의 서로 겹치는 커다란 동그라미를 그렸는데 그것의 교집합이 구글 X의 핵심이라고 했다. 첫 번째 동그라미는 전 세계적으로 중요한 기본적인 아이디어로 '거대한 문제'다. 예를 들면 교통사고나 암으로 인한 많은 사망자 수, 인터넷이 닿지 않는 수십억의 인구 등이 있다. 두 번째 동그라미는 새로운 기술을 통해 문제를 빠르고 새롭게 해결할 가능성이 있는 급진적인 해결책이다. 텔러는 말한다.

"우리가 해결하려는 문제를 30년이 걸리는 다른 이들의 해결 방식으로 풀 이유는 전혀 없지요."

마지막 동그라미는 물리와 과학의 기본 공식을 무시하지 않고 프로젝트의 타당성을 확실하게 조사하는 일이다. 텔러는 첫 번째와 두 번째 동그라미만으로는 "타임머신 같은 불가능한 아이디어에 발목이 잡힐 수 있다."라고 말한다. 한마디로 이 세 가지 요소가 합쳐져야 비로소 문샷 프로젝트를 완성할 수 있다.

이 기준을 통해 몇몇 아이디어는 빠르게 포기했다. 가령 북극을 거대한 구리로 만든 고리로 둘러 지구의 전자장을 에너지로 변환시키는 것은 어떨까?

"재미있고 영감이 넘치는 아이디어였지만 어느 정도 계산해본 결과 전혀 가능성이 없다는 결론이 났지요."

수백 시간 동안 노력했음에도 불구하고 쓰레기통으로 직행한 아이디어도 있다. 구글 X의 한 팀은 한동안 집 안 전체에서 무선으로 송전하는 모델을 개발하는 데 열을 올렸지만 결국 프로젝트를 접었다. 텔러는 "그 프로젝트는 기본 아이디어의 스케일이 너무 작았다."라고 말했다.

"그 프로젝트를 한동안 지켜본 뒤 내가 말했지요. 더 이상 콘센트에 플러그를 꽂지 않아도 되는 것은 멋진 아이디어지만 10배 철학에 어울리는 세계적인 문제는 아니라고 말이지요. 사업적으로 긍정적인 면이 있긴 해도 우리와는 어울리지 않는 프로젝트로 본 것이지요."

초기 타당성 계산에서 살아남은 아이디어는 '빠른 평가'Rapid Eval라고 불리는 팀으로 넘어가고 여기서 신속하게 실험과 개발이 이뤄진다. 이 팀은 기술적, 수학적으로 뛰어난 전문가를 비롯해 여러 분야의 우수한 공학자 여덟 명으로 구성되어 있다. 빠른 평가 팀은 이론적인 수준에서 아이디어를 토론하는 것이 아니라 가장 간단한 방법으로 아이디어의 본보기를 개발 및 실현한다. 정말 기술적으로 타당한가? 이것을 어떻게 만들 것인가? 비용은 얼마나 들까?

매년 수십, 수백 개의 아이디어가 빠른 평가 팀의 수장인 리차드 드발Richard DeVaul의 책상 위에 놓인다. 구글의 목적은 아이디어 실현이 아니라 실현 가능성이 없음을 가능한 한 빨리 확인하는 데 있다. 즉, 평가 결과에 따라 프로젝트를 가급적 빨리 포기하려는 것이 목적이다. X프로젝트에 대한 아스트로 텔러의 기본적인 접근 방식은 이것이다. 쉬운 문제를 가지고 힘 빼지 말고 일단 가장 어렵고 무거운 장애물이 무엇인지 즉시 확인하라! 이 철학은 이후의 모든 개발 단계에도 적용된다. 텔러는 날카로운 질문을 던진다.

"룬을 시작한 이후 처음 2년 동안 우리는 어떻게든 프로젝트를 도중에 접는 일에 모든 걸 바쳤습니다. 실패할 일을 어째서 내일이나 다음 주까지 미뤄야 하나요?"

대다수 기업은 정확히 그 반대로 일한다. 이들은 성공을 선포할 때까지 가능하면 예산을 삭감하지 않고 프로젝트에 혼신을 다한다.

룬 프로젝트, 새로운 인터넷 보급 사업

룬 역시 빠른 평가를 통해 탄생했다. 페이지는 이미 2005년부터 풍선과 이를 이용한 데이터 전송을 생각해왔다. 통신 위성이 너무 비싸고 복잡해 혁신의 걸림돌이 되고 있다는 것은 페이지가 대학에 다닐 때부터 생각하던 바였다. 그러다가 그는 마침내 대안을 찾아냈다. 1960년대의 자료 속에서 지구를 몇 바퀴 도는 풍선의 이미지를 찾아낸 것이다. 페이지는 자문했다. 보다 현대적인 재료와 기술로 몇 주 혹은 몇 달 동안 공중에 떠 있는 풍선을 만드는 것이 가능하지 않을까? 이 아이디어는 분명 페이지가 집착해온 '제로 밀리언 달러 문제'의 전통적인 본보기가 될 터였다. 이것은 전 세계적으로 가능성이 있음에도 불구하고 다른 산업체와 연구 분야에서 무시해온 영역이었다.

페이지의 설득으로 리차드 드발 팀은 타당성을 탐색하기 시작했다. 드발 팀이 몇 개의 기상 풍선에 와이파이 송신기를 매달아 하늘에 올려보낸 결과 실제로 실현 가능한 아이디어임이 드러났다. 여기에다 수학적 계산까지 맞아떨어졌다. 결국 새로운 문샷 팀이 탄생했고 캐시디를 중심으로 다섯 명의 공학자는 도저히 다룰 수 없을 듯한 문제와 마주했다. 가장 큰 난제는 정교하고 무거운 엔진 없이 풍선을 조종하는 문제였다. 어떻게 하면 정해진 한 장소에서 다른 장소로 날아가게 할 수 있을까? 어떻게 하나의 고정된 목적지에서 오랫동안 머물며 인터넷 서비스를 제공하게 할 수 있을까? 바람에 따라 이리저리 움직이는 풍선을 한자리에 고정시키는 것은 엄청나게 힘든 일이었다. 해발 20킬로미터 높이에서는 더욱더 그랬다. 비록 성층권은 지구의 기상 조건에서 벗어나지만 가끔은 시속 200킬로미터의 바람이 분다.

결국 캐시디는 단순하면서도 우아한 해결책을 찾아냈다. 풍선을 한곳에 고정시키는 대신 바람에 날아가면 새로운 풍선으로 교체하는 방법이었다. 그래도 풍선을 조종하기 위한 역학은 필요했다. 구글은 이 문제를 데이터 처리 방식을 통해 해결했다. 미국의 기상청은 과거와 현재의 기류에 관해 방대한 양의 정보를 갖추고 있다. 이에 따라 소프트웨어와 컴퓨터 처리 방식으로 성층권 기류에 대한 모델을 만든 다음 풍선이 미로 같은 기류를 타고 어떻게 다음 목적지로 이동할지 추정했다. 일단 기류를 계산한 후에는 바람의 움직임에 따라 풍선을 내리거나 올리면 된다. 캐시디의 말을 들어보자.

"이때 필요한 것은 정확한 통제 알고리즘인데 이 모든 계획을 사흘 전에 미리 세워야 합니다."

상황은 계산을 통해 정확히 예측한다. 예를 들면 빠른 서풍을 타고 재빨리 해양을 가로지른 풍선이 이틀 후 1킬로미터를 하강한 다음 느린 기류 속에 한동안 머문다는 식의 예측이 가능하다.

풍선의 높이는 단순한 역학으로 바꿀 수 있다. 일단 큰 풍선이 있고 그 안에 작은 풍선을 넣는다. 큰 풍선에는 헬륨을 채워 뜨게 하고 작은 풍선에는 공기를 채워 헬륨보다 무겁게 한다. 안에 있는 작은 풍선에 공기를 얼마나 넣느냐에 따라 바깥의 큰 풍선이 올라가거나 내려간다. 캐시디는 이렇게 말했다.

"안쪽 풍선에 공기를 어느 정도 주입하면 풍선은 즉각 2~3킬로미터 내려갑니다. 또 풍선을 띄우는 수학적 방법도 간단합니다. 공기를 잘 빨아들이는 성능 좋은 선풍기만 있으면 만사를 해결할 수 있지요."

처음 실험할 때는 거리에서 낙엽을 날리는 데 쓰는 휴대용 선풍기를 사용했다. 이미 많이 발전한 풍선 조종 시스템은 정확히 작동하며 룬의 엔지니어들은 대륙 간 거리를 이동하는 풍선에 몇 분에 한 번씩 새로운 명령을 내린다. 어떤 풍선은 1만 킬로미터를 항해하고도 목표 지점의 500미터 안쪽으로 정확히 이동한다. 물론 명령 신호는 지구에 있는 기지국에서 보낸다. 이처럼 땅에서 모든 풍선 함대가 목표 장소까지 가도록 조종함으로써 온 지구를 풍선으로 뒤덮지 않고도 인터넷을 공급할 수 있다. 가구의 밀집도나 수에 따라 다르지만 하나의 풍선으로 인터넷 연결이 가능한 거리는 직경 40~80킬로미터다.

하지만 룬 팀이 이 프로젝트를 시장에 출시하려면 먼저 기술적 장애를 해결해야 한다. 무엇보다 성층권의 온도가 최대 영하 80도까지 떨어지기 때문에 전자파가 작동하기 어렵다. 물론 캐시디는 해결할 수 없는 문제는 없다고 말한다. 아무튼 그런 상황에서도 그 정도로 '비합리적인 낙천주의'로 가득 차 있다면 룬 같은 프로젝트가 성공하지 않을 수 없을 듯하다. 처음 올려 보낸 풍선 예순 개는 성층권에 도달하자마자 터져버렸다. 캐시디는 웃으며 말했다.

"이런 일을 하려면 머리가 살짝 모자라서 '그래도 괜찮아. 계속 하지 뭐'라고 말할 수 있는 사람이 필요해요."

구글 X의 팀원은 대부분 실망스런 상황에서도 놀라울 정도로 회복력이 강해 설령 열 번 넘게 실패할지라도 결코 '그건 안 될 일이야. 이제 그만두자'라고 말하지 않는다. 첫 번째 풍선은 성층권에서 닷새밖에 견디지 못했지만 이제는 200여 일을 견딘다. 전자 장치는 모두 합해 몇 백 그램에 불과하고 필요한 전력도 10와트w뿐이다.

룬 프로젝트의 가장 큰 장점은 상대적으로 비용이 저렴하다는 것이다. 온 지구에 빈틈없이 인터넷을 제공하려면 수만 개의 풍선이 필요하고 또 계속 교체해야 하지만 문제될 것은 없다. 대량생산하면 풍선 제작비는 그리 비싸지 않다. 캐시디는 구글이 현재 풍선 제작자와 한 팀을 이루어 "싼값에 수만 개의 풍선을 신속하게 만들 수 있다."라고 말한다. 헬륨을 채운 뒤 풍선을 공기 중에 띄우고 100일 동안 머물게 하는 데는 거의 비용이 들지 않는다고 한다.

그래도 캐시디의 팀은 연구를 계속하고 있다.

"신중하게 계산했을 때 우리가 인터넷을 제공할 수 있는 인구는 2억 정도지만, 앞으로 5억에서 10억으로 확대할 계획입니다."

캐시디는 브라질의 깊은 산림지대에 있는 한 학교의 이야기를 들려주었다. 브라질 정부가 학교 위의 성층권을 연결하는 실험을 해보라며 구글을 초대한 것이다. 룬 팀이 학교 위로 풍선을 올려 보내자 브라질의 이동통신 사업자가 그 위로 주파를 쏘아 올렸다. 그렇게 해서 학교 전체가 생전 처음 인터넷을 경험하던 그 현장에 캐시디도 있었다. 그 이야기를 하는 그의 눈에는 눈물이 고여 있었다.

"그동안 나는 엄청나게 많은 돈을 벌었지만 내가 몸담았던 회사가 세상이 발전하는 데 기여했다고 말할 수는 없습니다. 하지만 이곳은 완전히 다르더군요."

그는 인터넷이 특히 아프리카와 아시아의 수많은 사람에게 교육과 자유를 제공하는 기회가 되길 바란다. 그렇다고 구글이 순수한 이타주의만으로 룬 프로젝트에 그토록 많은 시간과 돈을 투자하는 것은 아니다. 구글은 사업적 관심사도 확실하게 추구하고 있다. 캐시디는 룬이 결국 구글에 '환상적인 사업 이익'을 안겨주는 프로젝트로 발전할 것이라고 본다. 그 기반은 현재 구글이 전 세계의 수많은 통신업체와 체결하고 있는 제휴 관계. 원래 룬 팀은 풍선에 쏘아 올리는 데 필요한 모바일 주파수를 여러 나라에서 구입할 예정이었다. 한데 그 라이선스 비용이 수십억 달러에 이르자 구글은 이미 주파수를 확보한 통신사와 제휴하기로 결정했다. 통신사가 라이선스를 확보하면 수익이 나는 도시뿐 아니라 나라 전역에 인터넷 서비스를 제공할 수 있기 때문이다. 특히 개발도상국의 경우 구글이 직접 그 일을 하려면 비용이 너무 비쌀 뿐 아니라 그럴 가치도 거의 없었다. 캐시디는 이런 이야기를 들려주었다.

"브라질이나 인도 혹은 탄자니아의 인터넷 제공업체에 향후 몇 년간 무선 기반 시설에 얼마나 투자할 생각이냐고 물어보면 20~30억 달러라고 말합니다. 그럼 우린 이렇게 묻지요. 그 비용을 들이지 않도록 우리가 기지국을 세워줄 테니 나중에 이익을 나누는 건 어때요? 모든 업체가 곧바로 '예스'라고 대답합니다."

동시에 잠재적인 경쟁자와 손을 잡는 방식도 있다.

"궁극적으로 우리는 소비자에게 접근할 수 있도록 통신업체에 연결고리를 제공하는 셈입니다."

물론 구글의 전략가들은 이미 성층권 인터넷의 사업성을 계산해보았다. 인터넷을 사용할 수 없는 40억 인구 중 적어도 2억이 룬 프로젝트로 인터넷에 연결되면 한 달에 5달러씩만 지불해도 전체 매출액이 10억 달러에 이른다. 여기에다 수억 명의 인터넷 사용자가 당연히 구글 검색엔진을 사용하고 유튜브로 비디오를 보며 이메일 서비스를 이용할 것이다. 캐시디는 이렇게 강조했다.

"괴상한 공상과학 프로젝트를 놓고 뚝딱거리는 웃기는 실험실 같은 X가 어느 시점에 정말로 대단한 무언가를 내놓는 것은 전설 속 이야기 같지요. 이제 몇 달만 기다리면 제대로 된 사업 모델이 나올 겁니다."

온 지구에 인터넷을 보급하기 위해 애쓰고 있는 기업이 구글뿐은 아니다. 수십억 명이 넘는 개발도상국 국민이나 오지의 주민에게 인터넷을 제공하는 한편 이들을 자사 제품 소비자로 만들기 위해 노력하는 다른 회사들도 있다. 페이스북은 드론과 인공위성을 사용해 지구상의 거대한 지역에 인터넷을 쏘아 보내는 실험을 진행 중이다.

페이스북과 구글 사이에서 벌어지고 있는 새로운 형태의 인터넷 보급 경쟁에는 두 가지 이점이 있다. 하나는 공급자가 다수로 늘어나면 소비자가 그에 따른 이익을 얻는다는 점이고, 다른 하나는 경쟁이 벌어질 경우 발전 속도가 빨라진다는 점이다. 그 분야의 선두에 서려면 일단 전송 가능성을 확인한 뒤 새로운 분야에 대한 실험에 많은 돈을 투자해야 하기 때문이다. 실제로 페이스북이 드론 생산업체 타이탄 에어로스페이스Titan Aerospace에 관심을 보이자 구글은 즉시 그 회사를 인수했다. 타이탄에서 만든 드론은 대기권 가장자리를 오랫동안 비행할 수 있다. 점보 제트와 날개길이가 같고 커다란 태양광 패널을 매단 거대한 드론은 여러 해 동안 20킬로미터 이상 고도에서 상공을 회전하며 룬 프로젝트와 결합해 인터넷을 보급한다. 룬의 수장 캐시디는 "풍선과 드론 팀이 서로 각자의 연구 결과를 교환하면서 긴밀하게 협력한다."라고 말했다.

나노 위성과 인공위성 사업

2015년 초기 구글은 금융투자회사와 함께 창업자 일론 머스크가 지난 몇 년간 독자적으로 로켓을 개발해 NASA의 인공위성을 우주로 보내는 일을 해온 스페이스X의 지분을 10퍼센트 정도 확보했다. 이제 스페이스X는 우주 공간에서 지구로 직접 인터넷을 보내기 위해 미니 인공위성을 궤도 안에 쏘아 올리려 하고 있다. 하지만 지금까지 인공위성을 통해 인터넷을 보급하려던 다른 프로젝트들이 여러 가지 장애 요소로 실패했음을 간과하지 말아야 한다. 우선 인공위성 신호를 받아 처리하는 지상 설비를 건설하는 데 엄청난 비용이 든다. 기술적 어려움도 무시할 수 없다.

기본적으로 우주 공간에서 지구로 데이터를 보내는 방법은 두 가지, 즉 레이저와 무선 전파가 있다. 그중 무선 전파는 지금까지 충분히 증명된 방법으로 휴대전화 작동에 쓰인다. 그런데 무선 전파는 그 범위에 맞는 라이선스가 필요하고 이것이 한정적이라 경쟁이 치열하다. 최근 레이저 기술 연구가 집중적으로 이루어지는 이유가 여기에 있다. 2013년 우주 공간에서 레이저 전송 실험을 한 NASA는 초당 622메가비트의 다운로드 속도까지 도달했다. 이는 독일의 일반 가정 전송 속도에 비해 수십 배 빠른 것이며 그것도 송신기와 수신기의 거리가 23만 9,000마일(약 38만 킬로미터)이나 떨어진 곳에서 신호를 주고받는다.

한데 레이저 전송은 아무런 장애물이 없어야 정확히 작동한다. 물론 우주 공간에는 방해 요소가 상대적으로 적지만 기후가 나쁘거나 구름이 짙게 끼면 기술 작동에 문제가 발생할 수 있다. 여하튼 구글과 실리콘 밸리의 다른 기업체들은 이런 문제와 상관없이 우주 사업에 전폭적으로 나서고 있다.

실리콘 밸리에 있는 기업 중 상당수는 인공위성 사업에 무한한 가능성이 있고 택시 산업이나 호텔 산업, 언론 산업처럼 이전과 다른 방식으로 완전히 변화할 수 있다고 본다. 비록 수십 년 전부터 상업화하긴 했지만 인공위성은 아직 생산부터 궤도로 운송하는 과정까지 엄청난 비용이 든다. 물론 이것 역시 근본적으로 변화하고 있다. 더 작고 강력한 컴퓨터 시스템 덕분에 나노 위성이나 큐브 위성cube satelite 같이 보통의 위성보다 100배 더 작고 가벼우면서도 성능은 같고 값은 비교할 수 없을 만큼 싼 위성들이 등장하고 있는 것이다. 우주 공간으로 운송하는 비용까지 합쳐 2~10억 달러가 드는 일반 위성에 비해 나노 위성은 3만 5,000달러에서 100만 달러의 비용밖에 들지 않는다.

2014년 8월 몇 분 간격으로 스물여덟 개의 미니 인공위성이 국제 우주 정거장International Space Station, ISS으로 출발했다. 이 미니 위성은 모두 신발 상자만 한 크기에 무게는 5킬로그램에 지나지 않지만 궤도 깊숙이 들어가 지구를 매일 열다섯 바퀴씩 돈다. 이들의 임무는 지구의 구석구석을 사진 찍는 일이다. 매일 어떤 방해도 받지 않고 말이다. 이 인공위성 군단은 수집한 데이터를 몇 시간마다 지구로 보내는데 이 독특한 데이터 줄기는 NASA나 중국이 아니라 샌프란시스코 도심에 위치한 평범한 한 건물로 들어간다. 그곳에는 전자공학자와 엔지니어로 가득한 사무실이 여러 개 있다. 미니 위성들은 2010년 애플과 가까운 곳에 위치한 쿠퍼티노의 한 차고에서 태동한 신생기업 플래닛 랩스Planet Labs의 소유다. 이 회사의 창업자 윌 마셜Will Marshall은 이렇게 말한다.

"우리는 궤도 내에 이미지 전송 시스템을 구축한 가장 큰 사업체가 되고자 합니다."

깡마르고 성질이 급한 마셜은 옥스퍼드에서 천체물리학을 전공하고 NASA에서 근무할 때 달에서 물을 찾는 일을 했다. 그는 개인 기업이 미래의 항공 분야에서 주도권을 쥘 것이라고 내다본다. 적어도 그의 관점에서는 그렇다.

"우리는 더 작은 인공위성을 만드는 방법을 알고 있습니다. 덕분에 많은 위성을 한꺼번에 궤도 속으로 보낼 수 있었지요. 이것은 완전히 새로운 장을 연 셈입니다."

플래닛 랩스는 짧은 시간 내에 거의 1억 달러에 가까운 벤처 자본을 끌어 모았다. 2014년 8월 이 신생기업은 세 번째 인공위성 무리를 우주 속으로 보냈다. 먼저 쏘아 올린 일흔세 개의 인공위성에 수십 개의 인공위성이 새로 합류함으로써 거대한 연결 시스템을 구축한 것이다. 이들은 매일 새롭게 지구의 지도를 만드는 위성 스캐너의 역할을 한다. 마셜은 말한다.

"놀랍게도 우주항공 분야 기술은 여전히 많은 부분이 구식입니다. 우리는 마침내 우주 분야에 소프트웨어 세상을 접목했는데 이것만 해도 엄청난 변화지요."

플래닛 랩스는 지금까지 주로 에어버스Airbus와 디지털글로브Digital-Globe가 지배해온 인공위성 데이터 관련 사업을 혁신하고자 한다. 몇 개의 커다란 인공위성을 궤도로 보낸 두 회사는 거기서 전송받은 사진들을 마이크로소프트나 정부 조직 같은 주요 고객에게 보내주는 서비스를 제공한다. 반면 플래닛 랩스는 매일 업데이트된 사진 데이터를 전송하는 서비스를 제공하려 한다. 마셜은 다음과 같이 강조한다.

"정부 조직과 연구소, 기업을 비롯해 수백 개 분야에서 인공위성 사진을 필요로 합니다. 숲의 면적 변화부터 구리 광산의 일일생산량, 선박의 움직임, 농업 분야의 기후에 따른 농작물 변동 사항 등을 모두 확인할 수 있거든요. 우리의 목표는 거의 실시간으로 필요한 요청에 답하는 검색 이미지 데이터베이스를 구축하는 일입니다. 그러면 가령 함부르크 항에 현재 정박된 선박이 몇 척인지, 오일 파이프 공사가 얼마나 진척되고 있는지 등을 알 수 있지요. 더구나 모든 사람이 쉽고 '상당히 민주적으로' 접근할 수 있습니다."

구글도 이러한 응용 방식에 커다란 관심을 보이고 있다. 지금까지 구글이 구입한 사진 재료는 화상도는 높지만 처리 방식은 느린 편이다. 구글 맵의 위성사진 중에는 몇 년이 지난 것도 많다.

이에 따라 구글은 2014년 플래닛 랩스의 가장 큰 경쟁상대인 스카이박스Skybox를 약 5억 달러에 인수했다. 지금까지 스카이박스가 궤도에 쏘아 올린 위성은 한 개에 불과하지만 앞으로 스물세 개의 추가 위성이 따라 올라갈 예정이다. 100킬로그램에 달하는 스카이박스 위성은 기존의 위성사진보다 해상도가 높고 영상 녹화 기능도 갖추고 있다. 이처럼 새로 등장하는 전 세계적인 정보 깔때기가 우리 삶에 위협이 될 가능성은 없을까? 개개인의 집이 위성사진에 드러나면서 지역 주민의 저항을 불러온 구글 스트리트 뷰의 논쟁은 사생활 보호를 위한 투쟁의 서막에 불과한 것이 아닐까?

세상을 공중에서 내려다보는 것은 전혀 새로운 현상이 아니다. 사실은 비행기에서도 거리나 마을 등을 정기적으로 촬영해왔다. 그런 방식으로도 교통신호 위치 같은 요소를 고해상도로 매우 정확히 볼 수 있었다. 그러나 이러한 촬영은 매일이 아니라 몇 년에 한 번씩 이루어졌을 뿐이다. 흥미롭게도 스카이박스 위성은 기술적으로 고해상도의 사진을 찍는 것이 불가능하다. 집은 확인할 수 있지만 사람은 볼 수 없다.

생명 연장 프로젝트

구글의 모든 건물은 고유한 주제에 따라 회의실 이름을 결정하는데 이는 로비나 카페테리아의 디자인도 마찬가지다. 하지만 건물의 이름은 보통 부서가 하는 일과 직접적으로 상관이 없으며 심지어 만화책 주인공의 이름이나 클래식 영화 제목을 붙이기도 한다. 물론 가끔은 분명한 의도로 건물 이름을 짓는다. 울창한 숲에 가려져 있고 일상적인 구글 캠퍼스의 활동이 미치지 않는 2층 건물 GWC7은 그 주제가 제임스 본드다. 이 건물의 로비에는 강철 난로가 천장에 매달려 있고 대리석으로 만든 바의 냉장고에는 맥주가 채워져 있다. '다이 어나더 데이'Die Another Day 라고 적힌 문의 안쪽에서는 푸른색 실험복을 입은 연구소 직원이 인공

▶▶▶

팔에 피를 주입한 다음 질량 분석계를 통해 그 결과를 확인한다. 제임스 본드가 등장하는 영화 중 개발 부서 소장의 이름을 딴 'Q' 실험실에서는 연구원들이 위상차 현미경phase contrast microscopes을 들여다보거나 이동용 칠판에 기다란 공식을 갈겨쓰고 있다. 건물 중간에는 제임스 본드로 분한 숀 코너리의 모습이 입간판으로 서 있는데, 그가 손에 쥔 월터 PPK 권총 위에 누군가가 연구소의 권총인 피페트pipette(실험실에서 소량의 액체를 잴 때 쓰는 작은 관─옮긴이)를 올려놓았다.

GWC7은 구글의 생명과학 부서가 위치한 곳으로 의학 분야를 혁신하고 새로운 기술 시대를 열기 위한 일환으로 2013년 창설되었다. 실제로 수백 명의 과학자가 매달리고 있는 이곳의 프로젝트는 마치 할리우드 영화의 시나리오에나 나올 것 같다. 현재 인체로 들어가 질병을 진단하는 나노 분자나 시계처럼 팔목에 둘러 건강 상태를 모니터링하는 진단용 팔찌 등의 프로젝트가 진행 중이다. 이미 안액 속의 혈당을 측정하는 콘텍트렌즈를 개발해 임상실험을 거쳤다. 이로써 지속적으로 혈액을 채취해야 하는 수고를 덜게 되었다.

만약 혜안을 갖춘 연구소의 리더들이 없었다면 이 연구소의 수많은 프로젝트가 현실성이 없거나 난해한 프로젝트라는 판정을 받고 곧바로 폐기되었을 것이다. 이곳에서 나란히 연구에 전념하는 화학자, 생물학자, 의학자, 천체물리학자, 전기공학자 중에는 국제적인 명성을 자랑하는 이들이 많다. 가령 하버드 의학대학원에서 영입한 제시카 메가Jessica Mega 박사는 심장병 분야의 권위자다. 현재 구글은 거의 완벽하게 전략을 구축했다. 새로운 부서는 문샷 프로젝트를 진행하는 부서처럼 처음에는 그 분야의 가장 뛰어난 전문가 4~5명을 영입해 이들이 자유롭게 프로젝트를 진행하도록 특권을 부여한다. 그런 다음 이들이 각자의 네트워크를 이용해 다른 여러 명의 뛰어난 전문가를 구글에 영입하게 한다.

구글의 생명과학 팀 수장은 분자생물학 박사 앤드루 콘래드Andrew Conrad다. 그는 1991년 국립 유전학 협회National Genetics Institute를 창설했는데 이곳에서는 새로운 HIV 테스트 방식과 훨씬 더 빠르고 싸게 헌혈 가능 여부를 확인하는 바이러스 검사법을 개발했다. 이후 콘래드는 가장 큰 유전 연구소로 성장한 국립 유전학 협회를 최고의 혈액검사회사 랩코프Laboratory Corporation of America Holdings, LabCorp에 매각한 뒤 그곳의 수석 과학자로 일했다. 앞머리가 희끗희끗하고 멋진 회색 수염을 기른 콘래드는 의학 연구소에서 흔히 볼 수 있는 전문 의학자의 인상과는 거리가 멀다. 자신의 사회적 지위에 전혀 관심이 없는 그의 사무실에는 작은 책상과 네 개의 의자만 놓여 있을 뿐이다. 문의 손잡이에는 누군가가 작은 노란색 종이에 '앤디'라고 적어놓은 이름표가 붙어 있다. 그는 맨발에 버켄스탁Birkenstock 샌들을 즐겨 신고 주로 멜빵바지를 입는다.

페이지와 브린은 오래전부터 콘래드를 개인적으로 알고 있었고 셋이 휴가를 같이 간 적도 있다. 페이지는 의학과 생명공학에 특별한 관심을 보였는데 이는 그 분야가 자기 아내의 직업적 영역이기 때문만은 아니었다. 구글 X를 세운 뒤 브린과 페이지는 즉시 콘래드를 영입하려 했으나 콘래드는 회의적이었다. 그는 의학 연구 전문가였는데 구글에는 관련 부서가 없었기 때문이다. 브린의 반응은 신속했다.

"그렇다면 당신이 우리에게 부서를 만들어주면 되겠네요."

백지수표를 손에 쥔 것이나 마찬가지인 그 기회를 어떻게 활용해야 건강관리와 의료 서비스 체계의 근본적인 향상에 도움이 될 것인가? 콘래드의 출발점은 이 핵심적인 사고의 끝에 있었다.

"지난 2000년 동안 의료 분야는 근본적으로 예방책이라기보다 치료책이었습니다."

이 말은 의료 분야가 대부분 어떤 일이 발생하거나 건강에 적신호가 발생해야 움직였다는 의미다. 다른 복잡한 체계는 보통 이와 다른 방식으로 작용한다. 이를테면 자동차나 비행기는 수백 개의 센서를 통해 기압부터 엔진 온도까지 필요한 데이터를 지속적으로 측정 및 분석한다. 만약 수치가 정상치에서 떨어지면 기술자를 불러 기계가 망가지기 전에 보수 작업을 한다. 콘래드는 한탄하듯 말했다.

"하지만 인간은 아파야 의사를 찾아가지요."

더구나 병이 위중하면 의사를 찾아가도 때가 늦어버린다. 대부분의 암은 생존율이 10퍼센트 이내인 말기가 되어서야 진단이 가능한데 만약 조기 발견한다면 90퍼센트 이상은 생존할 수 있다. 콘래드는 "질병의 징후는 보통 초기에 형성되는데 사람들은 자신이 아프다는 것을 모르는 경우가 많다."라고 말한다. 만약 연기 탐지기 같은 장치가 우리 몸속에서 지속적으로 감시 기능을 수행하고 경고음을 울리면 징후를 초기에 발견하는 일이 가능할 것이다. 콘래드는 말한다.

"최근 우리 사회는 일종의 경고 탐지기를 가동하고 있는데 보통 1년에 한 번 혈액 채취를 통해 건강 검진을 하는 방식이 그것입니다."

그러나 사고가 다른 날에 터지면 그것을 알릴 방법이 없다. 콘래드는 가장 중요한 신체의 건강 지표, 예를 들어 적혈구 숫자를 지속적으로 감시 및 보고하는 체계를 찾기 위해 골몰했다. 그것은 귀찮을 정도로 크지 않고 가격이 싸면서도 에너지 절감이 가능해야 했다. 또한 그 크기는 분자와 세포 활동을 볼 수 있을 정도로 작아야 했다. 콘래드는 "우리는 100만 마일 떨어져 있는 세포에게 확성기로 말을 걸 수 없고 가까운 거리에서 소통할 수밖에 없다는 사실을 깨달았다."라고 말했다.

구글의 과학자들은 그 해결책을 통제 기술 영역과 생물학 세계를 이어주는 나노 입자에서 찾았다. 나노 입자는 연구소에서 인공적인 생산이 가능한 가장 작은 기계적 존재다. 생물학적으로 프로그램이 가능한 이 입자는 그 둘레가 실제 적혈구의 1,000분의 2 정도에 불과하며 바이러스보다 크기가 작다. 일단 나노 입자 표면에 신체의 단백질이나 다른 분자 성분과 연결될 수 있는 수용체 혹은 항체를 부착한다. 그런 다음 나노 입자가 담긴 캡슐을 삼키면 입자들이 혈액 속을 돌아다니며 몸 안을 관찰한다. 콘래드의 얘기를 들어보자.

"DNA와 직접 얘기하는 것은 어렵습니다. 대신 우리는 DNA와 연결된 나노 입자에게 물어볼 수 있습니다."

현재 연구진은 나노 입자에 아미노산이나 단백질 등의 화학적 요소를 첨가하는 실험을 진행 중이며, 이를 통해 암세포 같은 몸속 세포와 연결될 수 있다. '생물의학 시스템 공학 그룹'Biomedical Systems Engineering Group의 팀장 비키 데마스Vicky Demas는 "나노 입자는 그 형태가 다양하다."라고 말한다. 현재 데마스의 팀은 내부에 산화철이 든 나노 입자 연구에 집중하고 있는데 이것은 자력이 있어서 자석에 쉽게 붙고 거기서 모인 정보를 읽는다. 이러한 형태의 나노 입자는 새로운 것으로 데마스는 그 기능과 속성을 수년 동안 연구해왔다. 미국과 유럽의 감독기관에서는 이미 인체에 여러 종류의 입자를 사용하는 것을 허용했고 제약회사들도 신체 내의 목표 지점까지 약 성분을 운송하기 위해 입자 활용 방안을 연구 중이다. 독일의 프라운호퍼Fraunhofer 연구소도 다른 여러 연구와 더불어 의학적 고분자인 나노 입자 활용을 연구하고 있다. 나노 입자의 장점은 입자가 림프액을 포함해 신체의 모든 부분에 침투할 수 있다는 점이다. 그런데 만약 이것이 두뇌나 폐처럼 우리가 원치 않는 곳까지 들어가면 어떻게 될까? 나노 입자가 건강에 미치는 영향은 아직 충분히 연구되지 않았다. 콘래드는 입자가 대장을 통과해 쉽게 배설된다고 강조한다. 물론 나노는 배설 전에 모은 정보를 전달하는 임무를 완수한다.

구글 과학자들의 계획을 간단히 설명하자면 이렇다. 일단 나노 입자가 시계만 한 크기로 팔목에 차는 특수 밴드에 모인다. 콘래드는 이 나노 입자가 원적외선 범위와 가까운 주파를 통해 "말을 한다."라고 표현한다. 즉, 원적외선 근처에서 레이저 빛이 나는 원리를 적용해 기계로 피부와 조직의 신호를 읽는 것이다. 콘래드는 이 새로운 진단기가 애플 시계 같은 '웨어러블'Wearables과는 관련이 없다고 강조한다. 구글은 새로운 라이프스타일을 창조하는 제품이 아니라 합법적인 승인을 받은 의료 기기를 만들어낼 계획이다.

구글의 연구원들은 아직 사람을 대상으로 임상실험을 하는 단계에 이르지 못했고 인공 팔을 통해 피부 반응과 혈액순환을 확인하는 시뮬레이션 연구 단계에 있다. 갈 길이 멀긴 해도 연구자들은 지난 몇 년간 적어도 하나는 증명했다. 그것은 원칙적으로 나노 모델이 제대로 기능할 수 있다는 점이다. 물론 단순히 센서체계를 개발한다고 모든 게 해결되는 것은 아니다. 센서를 인체 기능에 맞춰 조정하는 것은 물론 입자가 경고를 보내는 상황에서 인체가 비정상적으로 작동하는 것인지 아니면 단순한 일탈인지 판단할 체계도 갖춰야 한다. 기계라면 이것이 훨씬 더 단순하겠지만 인체는 그렇지 않다. 콘래드의 얘기를 들어보자.

"정비기술자는 메르세데스의 완벽한 상태가 어떤지 정확히 알고 있지요. 그러나 다양한 각 연령대의 완벽한 건강 상태가 어떤지 아는 사람은 아무도 없습니다. 정확한 기준치가 없으면 센서의 경고음이 엄살로 느껴질 수도 있고 또 이틀 동안 지난주보다 심박수가 높은 것이 뭘 의미하는지 알지 못해 환자들이 의사에게 몰려드는 사태가 벌어질 수도 있지요."

결국 구글은 인간의 건강한 상태를 정확히 측정하기 위해 전례 없는 연구를 시작했다. 콘래드는 이것을 '공상과학적 전망의 실용화'라고 부른다. 이를 위해 구글은 수년 동안 수천 명의 건강한 의학적, 생물학적 데이터를 수집할 계획이다. 또한 이들의 게놈을 검사하고 신진대사를 조사하며 모든 종류의 혈액 수치와 생물화학적 기능도 연구한다. 이를 통해 이들은 정보 제공 기준을 마련할 수 있을 것으로 본다. '건강한 사람의 표준' 말이다. 이 익명의 데이터 수집은 구글이 아니라 듀크 대학과 스탠퍼드 대학의 감독 아래 독립적인 연구소가 맡는다.

이러한 제휴 방식은 구글 생명과학 팀의 핵심적인 전략 요소다. 콘래드는 자신의 팀이 최종 제품을 생산하고 진단용 팔찌를 판매하는 것을 원치 않는다. 구글이 원하는 것은 새로운 기술 개발이며 이를 상업화하는 것은 다른 이들의 몫이다. 가령 현재 콘래드 팀과 협력 중인 대형 제약회사들이 그 일을 맡을 것이다.

예방의학에 대한 구글의 위대한 전망을 실현하려면 여전히 수년이 지나야겠지만 이미 구글 연구진의 연구 결실이 곧 첫 제품 형태로 출시될 예정이다. 콘래드는 "우리가 새롭게 발명을 준비하는 영역은 아주 많다."라고 말한다. 혈당측정용 콘택트렌즈는 시장 출시 능력이 무르익었지만

▶▶▶

이것은 단지 '정말로 특별한 것을 출시하기 전에 구글이 준비하는 여러 가지 제품 중 하나'일 뿐이다. 이는 점점 복잡한 제품을 연구 및 생산해 진화를 도우려는 전략의 일환이다. 콘래드는《스타 트렉》에 나오는 의료 진단기기 트라이코더Tricorder처럼 해당 인물에게 갖다 대면 1초 안에 그 사람의 건강 상태를 완벽하게 진단하는 기기를 개발하는 것이 최종 목표라고 했다. 그러나 그 순간이 오기까지는 100년의 시간이 더 필요할 수도 있다. 콘래드 역시 이를 부정하지 않는다.

"어쩌면 그때가 영영 오지 않을지도 모릅니다. 생물학은 혼돈의 영역이거든요."

아무리 완벽한 나노 입자를 만들고 위대한 기술을 개발해도 그것을 모든 사람에게 보편적으로 적용하지 못하면 아무런 소용이 없다. 그 단계에 도달하기에는 아직 부족한 것이 많다는 사실을 아는 콘래드는 이렇게 강조한다.

"내가 말할 수 있는 것은 그게 불가능하지 않다는 정도입니다."

래리 페이지가 사람들 앞에서 자신의 비밀 아이디어를 전격 공개하는 것은 매우 드문 일이다. 2013년 9월 그 예외적인 날이 있었다.

"저는 오늘 여러분에게 즐거운 마음으로 새로운 건강 관련 업체 칼리코Calico의 설립을 알리고자 합니다. 칼리코는 특히 노화와 노화 관련 질병을 다루는 데 집중할 것입니다."

구글 생명과학과 설립 목적이 달라 의도적으로 분리한 칼리코는 영원한 젊음을 찾는 일, 적어도 죽음을 획기적으로 늦추는 일에 전념한다. 이들의 목표는 왜 인간의 몸은 나이가 들면 점점 약해지고 질병에 잘 걸리는지 규명하고 이를 통해 최소한 노화 과정을 늦추는 데 있다.

제약회사와 연구소 그리고 대학교 부설 연구소는 이들의 활동에 회의적이다. 구글은 이 분야에 대해 경험이 없고 의학 전문가도 없지 않은가. 그렇지만 필요한 사람은 영입하면 그만이다. 한 가지 분명한 사실은 구글이 제안하면 따라올 사람은 많다는 점이다. 재정적 걱정 없이 자유롭게 연구에만 몰두하고 싶어 하는 뛰어난 연구자가 얼마나 많은가. 칼리코의 수장은 애플의 이사장이자 제약회사 제넨텍Genentech의 CEO이던 아서 레빈슨Arthur Levinson이다. 레빈슨은 칼리코를 위해 유명한 의사와 생물학자를 단기간에 영입했는데 그중에는 거대 제약회사 로슈Roche의 최고 의료책임자이던 데이비드 보트스타인David Botstein도 있다. 하지만 이후 구글도, 칼리코도 구체적인 계획을 전혀 내놓지 않고 있다. 칼리코 자회사의 경영진 중 한 명이 비공식적으로 상황을 들려주었다.

　"우리는 계속해서 올바른 접근 방식을 찾는 중입니다. 생명 연장 방법이나 살아 있는 동안 건강과 활력을 유지하는 방법 등을 말이지요."

　분명한 사실은 칼리코는 제약회사보다 의학 연구소에 가까우며 기본적인 영역 탐구에 더 집중한다는 점이다. 연구진은 여전히 전례 없이 방대한 양의 생물학적 과정과 질병, 죽음, 발명에 관한 연구 자료를 수집하는 중이다. 이를 통해 그들은 삶과 죽음에 대한 질문의 답에 보다 가까워지길 희망한다. 실제로 방대한 양의 정보 처리는 구글이 가장 잘하지 않는가. 예를 들어 칼리코는 인간의 체중, 체구와 수명과의 관계 등에 관심을 집중하고 있다. 이들이 100세 이상 장수하는 사람이 많은 캐나다의 특정 단신 부족을 연구할 수도 있다. 체중이 몇 그램에 불과하지만 거의 마흔 살까지 사는 시베리아의 작은 박쥐 연구는 어떤가. 이것은 결코 이론에만 머물러서는 안 된다. 최종적으로 모든 연구는 의약적 제품 생산으로 이어져 수명을 연장하거나 삶의 질 향상에 기여해야 한다. 이 모두가 수십억 달러의 잠재력이 있는 비즈니스 영역이다.

로봇 프로젝트

칼리코보다 더 비밀리에 운영되는 구글의 프로젝트가 있는데 그것은 수백 명의 직원이 닫힌 문 안쪽에서 엄청난 압력에 시달리며 매달리는 대규모 로봇 프로젝트다. 구글은 2012년부터 로봇 기술과 관련된 다양한 분야의 전문 회사를 포괄적으로 사들이기 시작했다. 구글이 사들인 기업 중에는 진보한 휴머노이드 로봇을 개발한 일본의 벤처기업 샤프트Schaft가 있다. 또한 히트한 영화《그래비티》Gravity에서 사용한 로봇 카메라 시스템을 개발한 봇 앤 돌리Bot & Dolly도 있다. 주변 상황을 확인하면서 짐을 자동적으로 싣고 내리는 기능을 갖춘 로봇을 개발한 업체도 있다. 메카Meka 역시 인간과 보다 잘 협력하는 로봇 시스템을 생산한다.

구글의 여러 부서에서는 수많은 공학자와 과학자가 새로운 교통체계, 공장 로봇, 드론, 인공지능 기계를 개발하기 위해 쉴 새 없이 뚝딱거리고 있다. 로봇 기술 분야의 모든 연구 결과는 최종적으로 새로 생긴 로봇 부서로 넘긴다. 이 프로젝트가 얼마나 중요한지는 페이지가 안드로이드를 개발한 앤디 루빈을 로봇 관련 부서의 수장으로 임명한 것만 보아도 알 수 있다. 루빈이 개발해 구글에 판매한 안드로이드는 전 세계에서 가장 성공적인 휴대전화 체계로 각광받았다. 원래 루빈은 독일의 광학회사 칼 자이스Carl Zeiss의 로봇 분야 공학자로 일을 시작했다. 루빈은 안드로이드의 성공과 함께 일종의 우상으로 떠올랐지만 2013년 3월 갑자기 구글의 수장 자리를 사임하고 어디론가 사라져버렸다. 페이지는 그의 새로운 여정을 이런 말로 대신했다.

"앤디, 더 많은 문샷을 부탁해요!"

실리콘 밸리 전체가 그의 행방을 궁금해 했다. 2013년 말 드디어 루빈이 구글의 로봇 부서 수장으로 모습을 드러내자 실리콘 밸리 너머까지 환호성이 울려 퍼졌다. 그동안 구글이 사들인 회사 중에는 로봇 전문가들 사이에 꽤 유명하고 미 국방성과 협력하기도 한 보스턴 다이내믹스Boston Dynamics도 있다. 회사의 광고 영상에는 네 발 로봇이 장비를 잔뜩 짊어지고 마치 네팔의 셰르파처럼 병사들을 따라 험한 지형을 통과하는 장면이 나온다. 그러나 군사적 목적은 단지 부차적인 요소에 지나지 않는다. 보스턴 다이내믹스의 창업자 마크 레이버트Marc Raibert는 자신의 목표를 한마디로 요약했다.

"우리는 사람을 위해 모든 것을 할 수 있는 로봇을 만들고자 합니다."

이것은 좀처럼 대중 앞에 모습을 드러내지 않는 그가 MIT의 연구 세미나에서 한 말이다. 레이버트는 로봇 전문가로서 수십 년 동안 전 세계적으로 선도적인 위치에 있었다. MIT 세미나에서 그는 금속과 플라스틱으로 만든 거대한 네 발 로봇이 혼자 계단을 오르고 다른 로봇과 함께 숲과 초원을 달리는 영상을 보여주었다. 로봇은 옆에서 밀고 차도 균형 감각을 유지하면서 넘어지지 않았다. 하와이안 셔츠를 즐겨 입고 전문가보다 코미디언처럼 유쾌한 모습인 레이버트는 세미나에서 다음과 같이 말했다.

"우리는 자동차와 마찬가지로 로봇의 발이 땅에 닿는지 기계가 감지할 수 있는 알고리즘을 개발했습니다."

최근 몇 년 동안 보스턴 다이내믹스는 세상에서 가장 빠른, 즉 인간보다 더 빠르고 벽이나 나무를 기어오를 수도 있는 로봇을 개발했다. 인터넷에서 빅도그BigDog나 와일드캣Wildcat, 펫맨Petman, 아틀라스Atlas 같은 비디오를 검색하면 힘은 세지만 결코 우아하지는 않은 인간 혹은 동물을 흉내 내는 금속 괴물들을 쉽게 볼 수 있다.

한편에서는 구글이 인공지능 로봇을 개발해 인간을 노예로 삼으려 한다는 허황된 음모론이 계속 제기되고 있다. 구글의 실제 계획은 인류의 대재앙과는 거리가 멀며 오히려 독일 정부의 미래 프로젝트인 '인더스트리 4.0'Industry 4.0의 슬로건과 가깝다. 이것은 기계와 제품, 공급자가 서로 연결된 현대 산업체로 여기서 로봇은 결정적인 역할을 한다. 구글은 쉽게 사용 가능하고 주위 환경을 이해하면서도 전자기기 조립 같은 복잡한 직무를 수행할 수 있는 로봇을 원한다. 이 프로젝트를 잘 아는 한 엔지니어는 군수 시스템에도 기본적인 로봇 생산체계로 충분히 시도하지 않은 영역이 많아 구글을 비롯한 여러 경쟁사가 기술 진보로 이를 선점하려 한다고 말했다.

페이지는 자신의 계획을 자세히 말하지 않았지만 구글이 증가하는 로봇 분야 관심사의 촉매제 역할을 한다고 말했다.

"이것은 일반적으로 세상을 좀 더 효율적이고 생산적이며 비용 효과가 높은 곳으로 만드는 데 기여할 가능성이 큰 분야입니다."

마운틴 뷰에 구글처럼 아이디어를 보유한 기업이 단 하나만 있는 것은 아니다. 자동화는 수십 년 동안 많은 산업체에서 꾸준히 진보해왔다. 그러다가 지난 2년 사이 그 속도가 갑자기 상승했다. 로봇은 더 빠르고 작아지고 영리해졌고 결과적으로 공장에서 산업 제품을 만드는 데 투입될 가능성이 훨씬 커졌다. 미국의 스파르탄부르그Spartanburg에 있는 BMW 공장에서는 2년 전부터 X3 모델의 문 내부 단열 작업에 로봇을 사용해왔다. 첫 단계에는 직원이 접촉 필름을 붙이고 가볍게 누른다. 그 다음에는 작은 로봇이 힘든 일을 맡는다. 로봇이 머리를 앞뒤로 움직이면서 필름을 완전히 접착시키는 것이다.

최근까지도 이 작업은 인간의 손으로 이뤄졌지만 BMW 공장에서 이러한 분업체계는 이제 표준화될 전망이다. 뮌헨의 혁신경영 팀 팀장 슈테판 바르체Stefan Bartscher는 이렇게 말했다.

"인간과 로봇은 서로 협력해서 일합니다. 새로운 시대가 열린 것이지요."

2013년 전 세계적으로 산업 로봇이 18만여 개 보급되었는데 이는 전년보다 12퍼센트 증가한 수치로 전례 없는 증가세다. 앞으로는 수요량이 적어도 같은 수준이거나 그 이상일 전망이다. 미국만 해도 2025년이면 120만 대의 로봇이 보급될 것으로 보인다. 그러나 전통적인 산업체 로봇이나 공장 로봇은 가까운 미래에 일어날 로봇 붐의 일부에 불과하다. 과학계와 산업체에서는 완전히 새로운 자동기계 연구에 많은 노력을 기울이고 있다. 이것은 인조인간이나 단순한 강철로 만든 거대한 짐승의 모양이 아니라 인간의 일상생활 전반을 도와줄 컴퓨터화한 기계다. 분명 집안일, 운전, 일을 할 때도 유용하게 쓰일 것이다.

기계공학의 나라 독일은 오래전부터 자동 기술에 관한 한 세계적인 권위를 인정받았다. 독일의 공장에서 생산한 수많은 로봇이 중국이나 대만, 미국에서 가동 중이다. 이제 로봇 기술 디지털화와 함께 공격적이고 재정적으로 강력한 기반을 둔 새로운 플레이어들이 등장해 시장을 주도하고 있다. 그중 구글은 잘 알려진 후보일 뿐이다. 운송 서비스를 제공하는 우버도 새로운 로봇 연구팀을 꾸려 한꺼번에 50여 명의 선구자적 과학자를 영입했는데, 여기에는 NASA에서 화성탐사 로버Rover를 개발한 과학자도 포함되어 있다. 페이스북도 인공지능 기계 연구에 엄청나게 투자를 하고 있다. 애플도 앞서 말한 것처럼 자체 무인자동차를 개발 중이다.

캘리포니아 대학 로봇학과 교수이자 로봇 연구 연맹Robot Research Alliance 회장인 켄 골드버그Ken Goldberg는 로봇학에도 '새로운 패러다임'이 형성되었다고 말한다.

"여기서 단순한 연산 능력뿐 아니라 새롭고 위대한 아이디어가 생겨나고 있습니다."

그는 우리가 오랫동안 로봇을 독자적으로 프로그램하고 조작하는 개별적인 기계로 인식해왔다고 지적한다. 이제 로봇은 데이터 클라우드를 통해 인터넷과 유비쿼터스 네트워크, 데이터 연결 방식으로 계속 외부 정보를 획득하며 다른 로봇과 상호 학습도 할 수 있다. 물론 아직 초창기 단계인 연구 방향은 클라우드 로봇학cloud robotics에 집중되고 있다. 골드버그는 "로봇이 클라우드를 통해 컴퓨터의 엄청난 힘을 얻고 정보를 공유하며 완전히 새로운 수학적 연산 능력을 펼치게 된다."라고 말한다.

여기서 로봇의 능력이란 대체로 훨씬 빨라진 학습 능력을 말한다. 골드버그에 따르면 이것은 이를테면 한 로봇이 1만 시간 동안 배우는 것을 1만 개의 로봇이 한 시간 안에 배운다는 것을 의미한다. 여러 개의 학습 기계는 하나의 기계보다 더 나은 결정을 내린다는 것은 현재 증명된 사실이다. 이 수학적 모델에 따라 훨씬 더 복잡한 임무를 수행하는 로봇을 개발하는 일이 가능해진다.

지금까지 통용된 로봇의 기본 규칙은 정확한 용접처럼 인간에게 어려운 일은 로봇에게 쉽고, 접시 닦기 같이 인간에게 아주 쉬운 작업은 로봇에게 어렵다는 것이었다. 이제 이 규칙은 바뀔 것이다. 거대한 데이터베이스를 통해 사물을 비교 및 식별하고 커피 컵을 어떻게 잡을 것인지 등 구체적인 지시사항을 습득하면 로봇도 훨씬 쉽게 일할 수 있다. 골드버그는 로봇이 노인이 사는 집의 마루를 청소하거나 집 안의 장애물을 치우는 일이 곧 가능해질 것이라고 말한다.

확실하게 적용 가능한 또 다른 영역은 의학이다. 외과의사는 조직 제거 같은 힘든 일에 점점 더 로봇의 도움을 받을 전망이다. 골드버그는 갈수록 더 많은 영역에서 네트워크화한 로봇이 많은 도움을 줄 거라고 생각한다.

여기에는 구글의 자율 주행차 개발도 포함된다. 자율 주행차도 데이터 클라우드를 통해 끊임없이 지능을 축적하고 배우는 기계이자 로봇이기 때문이다. 그동안 구글을 떠나 스스로 창업한 앤디 루빈도 자율 주행차와 구글의 로봇 연구 계획에 유사한 점이 있다고 지적했다. 그는 2013년 말《뉴욕타임스》와의 인터뷰에서 이렇게 말했다.

"프로젝트를 시작할 무렵에는 자율 주행차가 공상과학에 지나지 않았지만 이제는 거의 눈앞에 있습니다."

그러나 다른 많은 문샷 프로젝트와 마찬가지로 여기에도 인내가 필요하다.

"우리는 충분한 시행착오 기간을 거쳐 10년 앞을 내다볼 수 있어야 합니다."

다른 모든 장기적인 비전과 마찬가지로 구글의 로봇 계획도 끊임없이

▶▶▶

변화하는 중이며 계속해서 획기적인 기술이나 새로운 개발의 영향을 받고 있다. 하지만 구글은 새로운 영역을 탐색한다는 기본적인 자세를 놓치지 않고 포괄적인 로봇 작동 시스템과 모든 기계 시스템에 적용 가능한 소프트웨어를 창조하려 지속적으로 노력할 것이다. 궁극적으로 구글은 로봇 분야를 수익성이 뛰어난 영역으로 보고 있다. 소프트웨어 작동 체계와 기계학습, 엄청난 양의 데이터 처리 등 그동안 전 세계를 이끌어온 다양한 요소를 하나로 묶을 수 있는 영역이기 때문이다.

페이지는 아직 로봇 분야가 어떻게 발전할지 단언하기가 어렵다고 말한다.

"현재 우리 모두가 전환점을 향해 가고 있다는 것은 알지만 그 모습이 정확히 어떨지는 아무도 모릅니다. 아무튼 곧 전환점에 도착할 것이라는 점만큼은 분명합니다."

윙 프로젝트, 드론 배달 시스템

최근 몇 년간 구글은 그동안 경험을 축적해온 전문가들을 새로운 분야로 보내 다양한 연구 분야를 서로 교차시키는 방법을 찾고 있다. 이는 구글의 가장 중요한 기업 전략 중 하나로 지금까지 시도해온 것들이 분명하게 하나의 방향으로 이어지도록 하기 위함이다. 이것은 또 다른 X프로젝트인 코드명 '윙'wing에서도 볼 수 있다. 로봇이나 자율 주행차와 함께 공학자들은 2년 넘게 자유로운 비상이 가능한 드론을 개발 중인데, 이것은 더 빠르고 저렴하며 과거보다 친환경적인 새로운 운송수단의 길을 열 전망이다. 이 드론의 목적은 물건, 의약품, 서류 등을 공중에서 빠르고 직접적으로 지구의 구석구석까지 배송하는 서비스를 제공하는 데 있다.

2014년 여름 구글은 호주의 사막 위에서 수십 개의 드론으로 시험 비행을 했다. 새롭게 개발한 드론은 높이 80센티미터에 넓이 1.5미터로 커다란 독수리와 크기가 비슷했다. 날개 없는 그 하얀 드론에는 네 개의 조종 가능한 회전자가 달려 있어서 앞으로 나아가거나 공중에 떠 있을 수 있다. 이러한 틸트로터tiltrotor(양끝에 엔진을 장착하고 프로펠러를 위아래로 회전시켜 수직 이륙과 고속 전진 비행이 가능한 비행기—옮긴이) 원리는 오랫동안 항공 산업에서 활용해온 것이다. 이 드론은 목표 지점으로부터 40~60미터 떨어진 상공에서 공중 정지 모드로 들어가 길고 가는 줄에 매달린 작은 상자 모양의 모듈을 조심스럽게 땅에 내려놓는다. 그렇게 배달물을 내려놓은 후 이 모듈은 다시 드론을 향해 올라간다.

이러한 드론의 개념은 리모트 컨트롤로 조종하는 비행 물체보다 자율주행차에 더 가깝다. 드론은 프로그램된 루트를 따라 날며 스스로 풍향 같은 장애 혹은 문제점을 파악해 대응한다. 이 프로젝트는 항공공학자가 아니라 MIT의 로봇 전문가가 디자인했다.

공중 배달 시스템을 시장에 출시하려면 아직 멀었지만 마운틴 뷰의 전략가들은 이것이 결국 전 세계 운송 시스템에 혁명을 불러일으키고 경제 성장을 촉진할 것이라고 확신한다. 지금까지의 역사로 볼 때 운송수단 발전은 소비자의 삶을 향상시키는 것은 물론 많은 산업체에 큰 추동력이 되었기 때문이다. 구글의 핵심 두뇌들은 증기선과 철도, 특급 배송, 물류 네트워크가 불러온 변화를 눈여겨보았다. X프로젝트의 수장인 텔러는 드론을 과거에 서부에서 우편물과 소포 등을 공급한 속달 우편과 비교한다.

"이것은 상대적으로 안전하고 빠른 운송으로 사회를 바꾸어놓았습니다."

이후에는 우체국이나 야간 고속우편 같은 배달 방식이 세상을 변화시켰고 지금 우리는 모든 종류의 물품을 하루 만에 배달하는 서비스를 경험하고 있다. 텔러는 묻는다.

"그렇다면 몇 분 안에 배달물을 받아보도록 하는 우리의 10배 프로젝트가 미래의 세상을 바꿔놓지 않을까요?"

구글의 공학자들은 배달용 드론을 포괄적으로 적용할 수 있을 것이라고 기대한다. 가령 아픈 두 아이를 두고 약을 사러 집을 나설 수 없는 엄마나 농작물 씨앗을 급히 필요로 하는 오지의 농부에게 즉각 배달이 가능하다. 특히 도로 사정이 나쁜 개발도상국, 도서지역, 산간지역에 드론이 빠르고 값싼 배송 서비스를 제공함으로써 경제 성장을 촉진할 수 있다. 나아가 교통체증에 시달리는 주요 도시와 스모그로 가득 찬 아시아의 대도시에서도 공중 배송 시스템은 하나의 대안이다.

실제로 몇 년 내에 다양한 크기와 모양의 드론이 출현할 예정이다. 이를 위해 공학자들은 먼저 드론의 충돌을 막기 위한 운항 및 안전 시스템을 연구 중이다. 충돌을 피하려면 드론이 정확한 장소에 도달하는 것은 물론 소음 공해를 일으키지 않고 허가받은 지역 위로만 비상해야 한다. 슈퍼에 가기 싫어하는 이웃집이 주문한 우유를 나르느라 드론이 자기 집 앞마당으로 5분마다 왕래하는 걸 좋아하는 사람이 어디 있겠는가?

구글은 2007년부터 하늘 길을 염두에 두고 프로젝트를 가동해왔다. 당시 구글은 클린 에너지 창출을 시도하는 여러 신생기업에 투자하는 것부터 시작했다. 그중에는 비행풍력 터빈을 실험하는 소규모 회사 마카니 파워Makani Power도 있다. 탄소섬유로 만든 10미터 길이의 이 터빈에는 최대 여덟 개의 프로펠러를 장착하는데, 케이블로만 연결된 이것은 140~310미터 높이까지 올라가 회전한다. 이 터빈 발전기는 프로펠러의 회전 운동을 전력으로 전환한 다음 그것을 케이블을 통해 지상의 전력소로 내려 보낸다.

2013년 구글 X는 마카니 파워를 완전히 인수했다. 비행 터빈은 텔러가 가장 좋아하는 주제로 그 이유는 "그것이 아주 멋진 물리적 프로젝트"이기 때문이다. 이것은 바람이 강하게 불수록 땅에서 더 멀리 올라가는데, 예전에는 풍력발전소와 풍력 농장도 이러한 원리를 이용해 가동했다. 결정적인 것은 풍속이 배가 되면 풍력은 여덟 배가 더 커진다는 점이다. 결국 바람이 조금만 더 불어도 터빈이 생산하는 에너지는 훨씬 더 커진다. 문제는 몇 백 미터 높이의 풍력 터빈을 만드는 데 비용과 시간이 많이 들고 정치적으로도 시행이 힘들다는 점이다. 현재 많은 장소에서 프로펠러 타워가 넓은 공간을 차지하면서 경관을 해친다는 시민들의 항의를 받고 있다.

지금 구글과 마카니 파워는 함께 힘을 합쳐 터빈이 높으면 높을수록 비용이 많이 든다는 규칙을 깨기 위해 노력하고 있다. 텔러는 "풍력 터빈의 에너지 비용을 절반으로 낮춰 석탄이나 가스 수준으로 떨어뜨리면 세상이 완전히 바뀔 것"이라고 말한다. 그렇다면 그 아이디어를 실현해 하늘을 수만 개의 로봇 터빈으로 뒤덮을 가능성은 얼마나 될까? 텔러는 어깨를 으쓱하며 말했다.

"물론 일이 완전히 잘못될 가능성도 있지요. 그렇다고 시도하지도 않는 건 미친 짓이죠."

양자컴퓨터

구글은 새로운 제품 및 연구 프로젝트를 발표하면서 요란하게 팡파르를 울린 적이 거의 없다. 구글 측에서 기자들을 불러 발표회를 하는 일도 매우 드물다. 대신 대중이 볼 수 있는 구글의 회사 블로그에 갑작스럽게 발표하는 경우가 대부분이다. 2013년의 어느 봄날 연구부 블로그에 다음과 같은 공지가 올라왔다.

'오늘 우리는 양자 인공지능 연구소Quantum Artificial Intelligence Lab를 창설했습니다. 연구소는 NASA 안에 있으며 거기서 양자컴퓨터를 연구할 것입니다.'

마치 프록터 앤 갬블Procter & Gamble이 새로 출시한 치약을 소개하는 것처럼 대수롭지 않게 들리지만 사실 이것은 공상과학소설에나 등장하는 기술 개발을 시도하는 일이다. 양자역학의 특이한 아원자적 영역은 지금까지 대중의 관점에서 아인슈타인과 《스타 트렉》의 중간쯤에 위치해 있었다. 이는 뛰어난 과학자조차 이해하기 힘들 만큼 너무 복잡하고 베르너 하이젠베르크Werner Heisenberg와 닐스 보어Niels Bohr 그리고 후대의 리처드 파인먼Richard Feynman 같은 물리학 천재들이 이론을 체계화하는 데만 해도 수십 년이 걸렸다. 두 개의 반대 조건을 동시에 허용한다는 점에서 양자의 세계는 무척 부조리하게 여겨진다. 켜지는 동시에 꺼지고 '예'인 동시에 '아니요'이기 때문이다. 물리학자 에어빈 슈뢰딩거

Erwin Schrödinger가 유명한 고양이 사고 실험에서 보여준 것처럼 살아 있는 동시에 죽은 고양이의 세계다.

따라서 전문가들은 양자역학의 법칙을 이용한 컴퓨터가 등장하려면 수십 년이 더 걸릴 것으로 전망한다. 0과 1을 동시에 겹쳐 사용해야 하니 말이다. 아무튼 그 엄청난 결과로 컴퓨터의 산출 능력이 어마어마해지면서 두 번째 컴퓨터 혁명이 일어나리라. 우리가 오랫동안 양자컴퓨터를 상상하지 못한 이유가 여기에 있다.

그런데 구글은 그 시도를 상당히 건조하게 묘사하고 있다. 구글의 양자 인공지능 연구소를 이끄는 하르트무트 네벤Hartmut Neven의 얘기를 들어보자.

"우리는 양자컴퓨터가 컴퓨터공학 분야의 가장 큰 난제를 해결하는 데 도움을 줄 거라고 믿습니다."

네벤은 독일의 아헨Aachen 출신으로 1996년 보훔 루르 대학의 신경외과 컴퓨터공학 연구소에서 박사학위를 받았다. 구글의 뛰어난 과학자들 사이에서도 괴짜로 통하는 그는 구글 글래스를 개발했고 로봇학과 기계학습 분야의 전문가로 오랫동안 양자 세계에 깊숙이 들어가 살았다.

구글은 NASA와 제휴해 이 연구를 계속하고 있는데 미 국방성이나 그 산하의 회사 및 연구소들도 속속 합류하고 있다. 양자컴퓨터 연구에는 커다란 희망이 있기 때문이다. 그 희망은 양자컴퓨터에 접근해 지금까지 꿈도 꿀 수 없던 소프트웨어와 앱을 개발한 다음 인공지능 산업과 새로운 IT 산업에 박차를 가하겠다는 것이다.

양자의 세계가 제대로 작동하기만 하면 수만 배는 빠르게 계산할 수 있다. 이 경우 슈퍼컴퓨터도 해내지 못한 100년이 걸릴 계산조차 단숨

▶▶▶

에 해결이 가능하다. 네벤은 이 환상적인 가능성을 매우 침착하게 설명한다.

"이론적으로 양자컴퓨터는 현재의 보통 컴퓨터에 비해 말할 수 없이 뛰어납니다."

NASA는 뛰어난 컴퓨터의 산출 능력을 지구와 유사한 행성 발견이나 우주여행 같은 특수 프로젝트에 활용하고자 한다. 반면 구글의 공학자들은 양자컴퓨터가 기존 컴퓨터로는 불가능한 창의적인 문제를 해결하리라고 전망한다. 또한 기계학습 분야에서의 커다란 진전도 기대한다. 양자컴퓨터가 컴퓨터공학 분야의 모든 문제를 해결하도록 궁극적인 돌파구를 열어줄 것이기 때문이다. 즉, 컴퓨터 모델이 보다 나은 세상을 설계 및 예측하는 역할을 하는 것이다. 네벤은 블로그에 이런 글을 올렸다.

'질병을 고치려면 질병의 진행 과정을 더 잘 이해하는 모델이 필요하다. 효율적인 환경보호 지침을 세우려면 기후 변화에 보다 잘 적응하는 모델이 필요하다. 마찬가지로 더 유용한 검색엔진을 만들고 싶으면 검색어를 더 잘 이해하는 뛰어난 엔진을 개발해야 한다.'

구글은 이미 첫 번째 양자 알고리즘 모델을 만들어놓았다. 하지만 여전히 양자컴퓨터가 정확히 무엇을 하는지 이해하지 못하는 사람이 많다. 물론 그것이 '어떻게 작동할 것인가'를 묻는 질문은 '정말로 작동할 수 있는가'라는 질문에 비해 한결 진전된 것이다. 사실 구글은 양자컴퓨터를 직접 개발한 것이 아니라 캐나다 기업 디 웨이브D-wave에서 사들였다. 암 치료, 전투 제트기 조종, 주식가격 예측, 새로운 행성 발견에 사용할 기계의 핵심 부분은 겨우 손톱만 한 크기에 지나지 않는다. 정원 오두막 크기의 검은 상자 맨 아래쪽에 위치한 그것은 얽히고설킨 전선과 금속

판, 전도판 사이에 거의 보이지 않게 들어 있다. 0도에 가까운 온도 속에서 완벽한 침묵을 지키며 웅크리고 있는 것이다. 양자 기계라는 괴상한 실체는 이러한 조건 아래 작동하며 그 안에서는 완전히 다른 세계가 펼쳐진다.

2013년 밴쿠버의 외곽에 위치한 공장에는 이 같은 기계가 예닐곱 개있었다. 이곳은 세계 최초로 프로그램이 가능한 양자컴퓨터를 생산한 디웨이브의 본사다. 어떤 사람은 1999년 해괴한 공상가들이 이 회사를 창업했다고 하고 또 어떤 사람은 천재가 창업했다고 말한다. 지금으로서는 후자가 더 맞는 것 같다. 디 웨이브의 존재는 아주 오랫동안 극소수의 내부자에게만 알려져 있었다. 회사 연구소에서 뭔가 뚝딱거리긴 했지만 전문가들조차 가망이 없는 미친 시도라고 여겼다. 하지만 현재 디 웨이브에 대한 관심은 급속도로 커지고 있다. 처음에는 이 회사에 투자한 인물에 대한 궁금증이 컸다. 사실은 기술업계의 인물 중 가장 명석하다고 알려진 아마존의 CEO 제프 베조스가 자산을 털어 이들에게 초기자본을 제공했다. 이후 투자은행 골드만 삭스Goldman Sachs가 투자에 참여했고 CIA가 설립한 인큐텔In-Q-Tel도 투자자가 되었다. 얼마 지나지 않아 디웨이브는 처음으로 양자컴퓨터를 판매하기 시작했다. 구글과 NASA를 따라 세계 최대 무기 제작사인 록히드 마틴Lockheed Martin도 여기에 관여했다.

디 웨이브에 대한 사람들의 반응은 오래전부터 회의적이었다. 많은 물리학자가 디 웨이브를 그저 분위기만 달구는 사기업체라고 비판했다. 컴퓨터공학자들은 이들이 개발한 프로세서는 빠르긴 해도 양자역학이 아닌 수상쩍은 기술을 사용한 것뿐이라고 경고했다. 지금은 비판의 목소리가 많이 잦아들었지만 그렇다고 완전히 사라진 것은 아니다. 디 웨이브의 공동 창업자이자 수석 과학자인 에릭 라디진스키Eric Ladizinsky는 말한다.

"뭐든 처음에는 새로운 것을 거부하고 비판하는 것이 인간의 본성이죠."

겉모습만으로 군중 속에서 양자물리학자를 찾아보라고 하면 라디진스키는 분명 첫 번째로 선택되기 어려운 인물이다. 키 190센티미터에 그을린 모습의 라디진스키는 운동선수처럼 몸에 딱 달라붙는 티셔츠 밖으로 근육질의 팔뚝을 드러냈다. 그는 열한 살 때 양자역학에 관한 책을 처음 읽었다고 했다. 라디진스키는 쑥스러운 듯 말했다.

"물론 일반인을 위한 책이었습니다."

그 나이에 그게 어딘가. 그는 로스앤젤레스의 캘리포니아 대학에서 물리학을 공부하며 큰 꿈을 키웠다. 그는 이렇게 회상한다.

"나는 《스타 트렉》에 나오는 순간이동 장치와 타임머신을 발명하고 싶었습니다."

그는 첫 번째 직장인 인공위성 회사 TRW의 선진기술부에서 다시 양자역학과 마주했고 거기서 '초전도 양자 간섭 소자'Superconducting Quantum Interference Device를 연구했다. 그러나 라디진스키가 결정적으로 '이거야!'를 외친 순간은 물리학자 존 프레스킬John Preskill의 강연회에 찾아간 1997년이었다. 강연에서 프레스킬은 양자물리학과 당시의 초기 컴퓨터 산업이 결합할 경우 놀라운 가능성이 열릴 것이라고 말했다. 그때 라디진스키는 결심했다.

'지금껏 들어본 말 중에서 가장 근사하군. 내가 양자컴퓨터를 개발하겠어.'

라디진스키는 TRW의 상사를 설득해 일주일에 하루는 자신의 환상적인 프로젝트를 위해 일할 수 있도록 허가를 받았다. 이후 라디진스키는 2년에 걸쳐 전체 연구 상황을 개괄하는 작업을 했는데, 어느 날 그는 맨해튼 프로젝트와 관련된 책을 읽었다. 다양한 분야의 과학자 수십 명이 뉴멕시코의 사막에 지은 연구소에 갇혀 수년 동안 연구에 몰두한 결과 그야말로 아무것도 없는 상태에서 핵폭탄을 만들어낸 이야기였다. 그는 여기에서 커다란 의문에 대한 답을 얻었다. 프로젝트의 진전에 가속도가 붙게 하려면 어떻게 해야 하는가? 50년이 아니라 10년 안에 양자컴퓨터를 개발하려면 미니 맨해튼 프로젝트를 따라야 한다는 것이 그의 결론이었다.

라디진스키는 양자물리학 전문가들 사이에 네트워크를 구축하기 시작했고 곧 전국에 흩어져 있는 물리학자와 공학자를 불러 모았다. 당시 그는 폭탄 제조자들의 방식을 모방하면서 대중 연구와 국가의 재정적 지원 그리고 군사적 관심사 같은 요소를 결합시키는 데 주력했다. 2000년부터 미국 정부도 양자컴퓨터에 관심을 갖기 시작했고 방위 고등 연구 계획국Defense Advanced Research Projects Agency, 줄여서 다르파DARPA라는 정부 부처에서 이 프로젝트를 진행할 업체를 입찰했다. 다르파는 무엇보다 인터넷 발전에 상당히 기여한 부처이기도 하다. 라디진스키는 1,000만 달러의 투자액이 걸린 입찰에 참여해 승자가 되었지만 소액으로 나뉘어 전달된 투자액을 여러 연구소에 쪼개 배분해야 했다. 그다음 3년은 좌절의 연속이었고 프로젝트에는 거의 진전이 없었다.

결국 라디진스키는 다르파의 프로젝트를 포기하기로 했다. 어쩌면 이것은 행운이자 '운명'인지도 모른다. 다르파에서 벗어난 라디진스키는 민

▶▶▶

간 투자자를 찾았고 그 과정에서 조디 로즈Geordie Rose를 만났다. 로즈는 1990년대에 밴쿠버의 브리티시컬럼비아 대학에서 물리학을 공부할 때 처음 양자컴퓨터에 관심을 보였다. 당시 라디진스키보다 적어도 한 발 정도는 앞서 있던 그는 첫 번째 재정 후원자가 되었다. 그렇게 손을 잡은 두 물리학자는 2003년 디 웨이브를 창업했다. 그때 라디진스키는 양자물리학자와 공학자를 모으고 로즈는 특허권을 따내는 일을 맡았다. 오늘날 이들이 건립한 회사의 로비에는 정확히 100개의 특허권 증명서가 가지런히 진열되어 있다. 다른 분야에서 해결해야 할 기술적인 문제에는 신경 쓸 필요가 없었기에 디 웨이브는 빠르게 전진했다. 당시 양자 프로세서 생산 공장을 세우는 대신 틈틈이 칩 생산자를 찾아다닌 라디진스키는 이렇게 회상했다.

"내가 할 일은 반도체 전문가에게 초전도체를 어떻게 만드는지 가르치는 일뿐이었지요."

2011년 디 웨이브는 첫 번째 양자 프로세스 시스템을 완성했다. 이 프로세스는 간단히 말해 중간에 양자 비트quantum bit, 줄여서 큐비트Qubit가 놓여 있는 것이다. 전통적인 컴퓨터의 정보 단위는 1(켜짐)이 아니면 0(꺼짐)으로 구성되어 있다. 반면 큐비트는 1과 0의 중첩 지점 상태를 가리킨다. 여기서는 두 개의 비트를 동시에 사용할 수 있다. 즉, 여러 개의 큐비트가 한꺼번에 뒤엉키면 엄청나게 높은 수치를 빠른 속도로 동시에 계산한다. 이 원리에 따라 전통적인 컴퓨터에 비해 믿을 수 없을 만큼 빠른 속도로 계산이 이뤄진다.

양자컴퓨터의 다음 세대라고 할 수 있는 디 웨이브 투D-Wave Two는 첫 세대보다 4배 많은 512큐비트를 갖추고 있다. 구글의 초기 실험을 통해 이것은 그만큼 빠른 성능을 자랑한다는 것이 밝혀졌다. 500개의 다양한 변수를 사용해 계산할 때 디 웨이브 컴퓨터는 전통적인 컴퓨터보다 평균 1만 1,000배 빨랐고 가장 어려운 연산 임무는 5만 5,000배 더 빨랐다.

그러나 양자컴퓨터는 특정 임무에만 더 빠른 능력을 보인다. 디 웨이브와 구글은 둘 다 디 웨이브가 전통적인 컴퓨터를 대신하기보다 보완하는 역할로 쓰일 것이라고 말한다. 더구나 양자의 세계는 작은 장애에도 엄청나게 예민한 반응을 보이기 때문에 양자 프로세서가 골치 아픈 문제를 안겨줄 수도 있다. 그 어떤 종류의 자기장이나 방사선 혹은 충격도 멀리해야 한다. 또 거의 절대적인 영(0)도를 유지하기 위해 복잡한 '극저온 보호'를 해야 한다.

또 다른 어려움은 양자 분야에서의 실험 복제 가능성인데 이는 몇몇 과학자의 의심을 증폭시키고 있다. 여기에는 그 나름대로 이유가 있다. 과학의 역사를 돌아보면 소위 획기적인 줄기세포 연구 결과나 콜드 퓨전 Cold Fusion(간단하고 빠르며 고효율적인 복제 방식—옮긴이)에서 볼 수 있듯 가짜 실험 혹은 과장했거나 완전히 비상식적인 기술 발명 사례가 많이 있었다. 디 웨이브를 비판하는 일에서 선봉에 선 이가 MIT의 컴퓨터공학자 스콧 애론슨 Scott Aaronson이다. 애론슨은 인터뷰와 자신의 블로그를 통해 디 웨이브의 프로세서가 양자적으로 작동한다는 '직접적인 증거'가 없다고 거듭 주장했다. 그는 구글이 디 웨이브에 전념하는 것도 단지 그것이 '물리적 실험이 가능해 기계의 기능을 시험할 수 있다는 하나의 장점'만 있음을 증명해준다고 말한다.

그동안 하르트무트 네벤이 이끄는 구글 팀은 자체적인 실험을 통해 발전을 이루었고 그 연구 결과를 출판했다. 그중에서도 공학자들은 디

웨이브 기계가 극단적인 저온에서 더 나은 결과를 창출한다는 사실을 발견했다. 이는 실제로 양자적 효과가 있음을 암시한다. 그러나 디 웨이브에만 완전히 의존하는 것을 경계한 구글은 자체적으로 양자컴퓨터를 개발하기 위해 물리학자와 다른 전문가들을 영입하기 시작했다.

무모한 도박인가, 대담한 투자인가

끊임없이 변화하는 구글의 야심 찬 프로젝트에 의구심을 품는 경제학자가 꽤 많다. 월스트리트의 분석가들은 주가를 염려한다. 투자자들은 구글이 두 명의 괴짜 창업주가 진행하는 승마 경기 같은 프로젝트에 휘말려 쓸데없이 돈을 낭비하는 것은 아닌가 하고 두려워한다. 혹시 구글의 선견지명적 식견은 지나치게 과대평가되고 있는 것은 아닐까? 아니면 이것은 구글이 아이디어보다 돈이 많다는 증거일까? 페이지는 "우리는 돈을 사용할 때 면밀하게 주의를 기울인다."라고 말한다. 그렇지만 그의 입장에서는 프로젝트를 가동하고 실험하는 것 말고는 다른 선택의 여지가 없다.

"가끔은 나도 그냥 다른 사람들이 하는 것을 흉내나 내며 살고 싶은 때가 있습니다. 그런데 대부분의 다른 기술기업은 자신의 자본으로 그리 뛰어난 투자를 하지 못하더군요."

그러니 구글이 더 크게 성장하려면 끊임없이 새로운 것을 시도하는 수밖에 없다. 구글이 사업 발전과 관련해 분석가나 투자자에게 구체적으로 사업 전망을 제공하지 않는 이유는 자사의 전략을 공개적으로 옹호하는 것을 전통적으로 거부해왔기 때문이라는 설이 유력하다. 구글이 점점 더 크게 성장하고 부차적인 프로젝트의 수가 적으면 그것도 별로 문제될 것이 없다. 그런데 2013~2015년에 구글의 자본 지출이 크게 증가하면서 구글은 더 이상 폐쇄적인 태도를 유지하기가 어려워졌다. 최근에는 문샷 프로젝트들이 사업의 가장자리에서 중심부로 옮겨가면서 시간과 에너지, 무엇보다 엄청난 돈이 필요해졌다. 새로운 기업 구조 도입은 검색엔진의 사업 결과와 알파벳의 수익 구조를 별도로 보여주려는 목적에서 비롯된 것이다. 아무튼 개별적인 사업 단위는 아직 명백하게 드러나지 않았지만 구글 그룹의 핵심적인 사업을 어떻게 가동하고 있는지는 이전보다 더 잘 볼 수 있다.

구글이 주식시장의 압박에 반응하고 있다는 또 다른 증거는 최고재무 책임자 패트릭 피체트가 은퇴를 앞두고 마지막 분석가 회의에서 강조했듯 구글 글래스가 '잠시 휴식기에 들어가 전략을 재수정한다'는 결정을 내린 점이다. 동시에 피체트는 다른 문샷 프로젝트도 언제든 같은 운명을 맞이할 수 있음을 암시했다.

"우리는 지금까지 그랬던 것처럼 프로젝트를 중단하기로 결정하면 즉시 또 다른 여러 프로젝트를 시작합니다."

휴대전화 제조업체 모토로라는 눈 깜짝할 사이에 다시 매각했다. 마찬가지로 룬 프로젝트도 계획대로 진행되지 않거나 페이스북의 드론 프로젝트가 더 빠르고 성능이 뛰어난 것으로 밝혀지면 언제든 포기할 수 있다. 물론 꼭 그렇게 되지는 않을 것 같다. 황당해 보이는 아이디어나 공상과학물에 등장하는 프로젝트에 투자하는 기업이 더 이상 구글 하나만은 아니기 때문이다. 마이크로소프트는 2015년 초 홀로그램 안경을

▶▶▶

소개했고 아마존은 미래지향적 컴퓨터칩 개발에 열을 올리고 있으며 애플도 혁명적인 전기자동차 개발을 진행 중이다.

그렇다면 실리콘 밸리의 모두가 미쳐가고 있는 것일까? 전혀 아니다. 궁극적으로 모든 프로젝트는 한 가지 핵심적인 면에서 비슷하다. 이 모든 것은 기하급수적으로 성장하는 컴퓨터 성능에 기반을 둔 기계학습의 커다란 진전과 연관되어 있다. 이들은 소프트웨어와 센서, 보다 뛰어난 지능 기계로 세상을 연결하는 것이 점점 궤도에 오르고 있고 기술 진보에 가속도가 붙을 것이라고 믿고 있다. 이 관점에서 온 힘을 다해 미래를 전망하는 것은 유용할 뿐 아니라 기업가적 사명이기도 하다.

지난 20년 동안의 경험을 통해 사람들은 현재 불확실해 보이는 많은 것이 몇 년 안에 새로운 표준이 될 수 있음을 알게 되었다. 몇 년 전만 해도 환상이라고 여긴 자율 주행차가 이미 산업체 전반에 변화를 불러일으켰고 2015년 봄 독일의 다임러 그룹은 네바다 사막에서 최초로 자율 주행 트럭을 선보였다.

아무리 성공한 경영자도 계속해서 새로운 것에 도전하지 않으면 살아남을 수 없다. 지멘스는 전신에서 세탁기, 운송, 전력으로까지 사업 영역을 확대하고 있다. 전구와 기타 전기제품 생산업체로 시작한 제너럴 일렉트릭은 전자레인지와 선박기관 그리고 석유 굴착기에까지 손을 댔다. 하지만 중요한 것은 구글이 여전히 핵심적인 에너지와 자원, 야망을 최초의 문샷 프로젝트에 쏟고 있다는 사실이다. 검색엔진이 바로 그것이다.

제5장

검색:
과거의 성공을 미래로 연결하는 방법

WHAT GOOGLE
REALLY WANTS

벤 고메스Ben Gomes의 사무실을 지
나면서 구글에 가장 큰 영향을 미치는 두뇌가 그곳에서 일할 거라고 생
각하는 사람은 아무도 없을 것이다. 구글플렉스의 다른 많은 사무실과
마찬가지로 그 사무실에는 흐릿한 색상의 카펫과 사무 용도의 책상만 덜
렁 놓여 있다.

고메스는 구글 최초의 직원 중 한 명으로 초창기 세 개의 특허를 획득
하는 과정에서 두 개의 프로젝트에 관여했고 검색엔진의 공동 개발자다.
그는 브린과 페이지가 일궈놓은 초기 구글의 성취를 개정 및 향상시키는
일을 맡았고 웹 인덱스 크롤러web-index-crawler(조직화, 자동화한 방법으로
월드 와이드 웹을 탐색하는 컴퓨터 프로그램―옮긴이)를 개발했다. 별명이 '검
색의 차르 황제'인 고메스는 우리가 구글 검색으로 원하는 결과를 얻게
해주는 사람이다.

검색엔진은 구글의 진정한 문샷 프로젝트다. 웹이 등장한 초기 수익,

수천 가지 문서와 웹사이트를 1초도 지나지 않아 샅샅이 찾아내는 일이 가능할 것이라고 누가 상상이나 했겠는가. 그런데 구글은 그 목표를 완전히 성취하려면 아직 멀었다고 본다. 오늘날까지도 인터넷은 구글 연구에서 가장 중요한 영역이자 위대한 계획 대상이다. 고메스는 이것이 '3단계'로 진행된다고 말한다. 1단계에는 웹을 조직하고 그 안의 정보에 접근한다. 2단계에는 컴퓨터가 언어의 상호관계를 해독해 동의어 등을 파악하는 기능을 익힌다. 3단계에는 새로운 기계 지능 그리고 '인간과 로봇의 상호반응'을 통해 인간이 컴퓨터나 디지털 모델과 자연스럽게 대화를 나눈다.

검색엔진, 최초이자 최고의 문샷 프로젝트

우리는 구글을 매일 사용하면서도 고메스와 수천 명의 구글 직원이 비교적 짧은 시간 내에 이룬 어마어마한 도약을 알아채지 못한다. 고메스는 "1999년 처음 구글에 입사했을 때 기본적으로 문서에 있는 단어를 검색하는 데 집중했다."라고 말한다. 오늘날 구글은 한 달에 1,000억 개 이상의 검색어를 처리하는데 그 과정에서 동의어 파악, 검색 단어와 문장 및 질문 수정, 문법 정정, 뉴스와 사진 비디오 등의 결합 작업을 시행한다. 한때는 인터넷의 검색엔진으로 새로운 문서를 검색하는 데 6주가 걸렸다. 지금은 유명 웹사이트나 새로운 블로그에 올라온 최신 내용을 보는 데 1분이 채 걸리지 않는다.

흥미롭게도 우리는 검색엔진이 하는 이런 일을 대부분 당연시한다.

▶▶▶

철자가 틀린 단어를 찾아내 제자리에 갖다놓는 것이 얼마나 복잡한지 아는가? 자동검색을 시작하는 것이 얼마나 골치 아픈 일인지 아는가? 고메스는 그것이 "아주 복잡한 일"이라고 했다. 어떤 문제는 생각에 생각을 거듭하며 수년 동안 골몰한 끝에 진전을 이루고 또 어떤 알고리즘은 미미한 진전을 거듭하면서 앞으로 나아간다. 모든 것의 기본적인 전략이자 구글의 바탕은 이것이다. 커다란 도약의 순간까지 계속 밀어붙여라! 그러다 보니 매년 평균 1,000가지가 넘는 검색 기술이 새로 등장한다.

대부분의 프로젝트가 지향하는 궁극적인 목표는 인간적 소통의 뉘앙스를 기계 시스템에 가르치는 일이다. 초기에는 검색엔진이 여러 가지 중의어를 파악하고 분류하도록 만드는 것 때문에 공학자들이 애를 먹었다. 가령 '핫도그'는 뜨거운 개일 수도, 먹는 '핫도그'일 수도 있다. 또 사과는 먹는 과일이기도 하지만 다른 사람에게 고개 숙여 전하는 말이기도 하다. 배는 신체 부위인 동시에 과일이다. 당시 고메스와 그의 동료들은 '언어는 항상 그것의 배경에 영향을 받는다'는 오스트리아-영국의 철학자 루트비히 비트겐슈타인Ludwig Wittgenstein의 이론에서 힘을 얻었다.

밝은 색 셔츠를 즐겨 입는 고메스는 검은 곱슬머리에 키가 작고 에너지가 넘치는 사람으로 말을 시작하면 거의 멈추지 않는다. 사무실에서도 그냥 앉아 있는 것이 아니라 의자 등받이에 가슴을 대고 거꾸로 걸터앉아 팔을 자유자재로 휘두르며 얘기했다. 심지어 사무실의 칠판과 책상 사이를 펄쩍거리며 뛰어다녔다. 그는 현재의 검색엔진은 단순히 인터넷을 뒤지는 것뿐 아니라 스마트폰에 있는 앱의 내용에까지 접근할 수 있다고 설명했다.

탄자니아Tanzania에서 태어나 인도의 방갈로르Bangalore에서 성장한 고메스는 가족을 통틀어 처음 교육을 받은 인물이다. 어린 시절 그의 유일한 정보 창구는 영국 영사관 도서관에서 한 달에 두 권씩 빌린 책이었다. 졸업 후 고메스가 세상의 지식을 모으고 조직하는 것을 목표로 삼은 기업에 입사한 것은 우연이 아니었다. 고메스의 얘기를 들어보자.

"나는 제3세계 출신입니다. 내 궁극적인 목표는 읽고 쓸 줄도, 컴퓨터를 다룰 줄도 모르는 사람도 세상의 모든 지식에 접근할 수 있도록 시스템을 개발하는 것입니다. 한 세대 전만 해도 탄자니아의 어린이가 미국의 대통령과 똑같은 정보를 얻는 일은 상상조차 할 수 없었지요."

고메스의 목표는 인간이 기계와 더 직관적인 방식으로 교류하도록 디지털 용어로 '자연스러운 인터페이스'를 구축하는 데 있다. 이를 위해서는 겉보기엔 단순하지만 사실은 거대하고 복잡한 시스템인 구글 검색이 두 가지를 더 잘 이해해야 한다. 하나는 인간의 언어이고 다른 하나는 세상이 어떻게 연결되어 있는가 하는 점이다. 이것이 바로 고메스가 말하는 3단계로 그의 말을 들으면 들을수록 그것이 인터넷 정보를 더 많이 끌어들이는 효율적인 방식을 넘어 더 큰 무엇이라는 확신이 강해졌다. 페이지는 말한다.

"'검색'을 생각할 때 나는 아직 우리가 모든 질문에 답하는 수준에 한참 미치지 못하고, 다른 모든 영역이 어떻게 연결되는지 정확히 이해하지 못하고 있음을 깨닫습니다."

페이지는 카이트보딩kiteboarding(대형 연을 보드에 연결하고 바람을 이용해 스케이트보드나 스노보드를 타는 스포츠—옮긴이) 마니아로 이 윈드서핑 변종 스포츠는 알래스카의 차가운 물속에서도 즐길 수 있다.

"내가 카이트보딩을 할 수 있는 장소가 궁금해서 물었을 때 돌아오는 답

▶▶▶

변은 기후나 바람의 조건 그리고 물의 흐름 등을 모두 고려해야 합니다."

하지만 검색 알고리즘은 아직 하나의 질문에 답하기 위해 이 모든 요인을 종합하지 못한다. 페이지가 검색 영역에 더 '획기적인 충격'이 와야 한다고 확신하는 이유가 여기에 있다. 컴퓨터공학자들은 이 순간을 어느 때보다 흥분 속에서 기다리고 있는데 고메스는 그 이유를 "20년 동안 불가능하다고 생각한 문제가 한꺼번에 풀릴 것 같기 때문"이라고 했다.

무어의 법칙과 상관없이 다양한 분야에서 수십 년간의 연구 활동이 이제 결실을 맺고 있다. 구글의 공학자들 사이에 엄청난 환희를 불러일으키는 새로운 기회는 여러 다른 기술 발전의 종합적인 결과다. 이를테면 언어 분석과 대상 인식, 컴퓨터 연산 능력, 데이터 처리 기술이 합쳐져 '전혀 다른 어떤 것'이 창조된다. 점점 더 많은 제품 개발이 이러한 과학적 발명의 영향을 받고 있다.

세상의 모든 데이터를 연결하는 지식 그래프

지난 몇 년간 고메스는 구글 엔진의 알고리즘이 발견한 숱한 정보를 서로 연결해 상호반응 체계를 만드는 일에 열중해왔다. 그는 "세상을 이해하려면 세상에 관한 모델을 구축해야 한다."라고 말한다. 이에 따라 구글은 '세상의 모든 것이 어떻게 연결되어 있는지' 보여주는 거대한 데이터베이스를 구축하기 위해 작업 중이다. 고메스는 사무실에 걸린 칠판에 자신과 검색 팀이 엄청난 압박 속에서 진행하는 일을 그림으로 그려 보여주었다.

"우리는 이것을 지식 그래프라고 부릅니다."

이것은 모든 것이 서로 어떻게 연결되어 있는지 그 보이지 않는 연결선을 기록하는 것과 같다. 예를 들어 독일의 수도 베를린에는 정부 청사가 있고 그 안에는 앙겔라 메르켈Angela Merkel이 살며 그녀의 키는 165센티미터다. 인간은 이것을 논리적으로 이해하지만 기계가 이해하기에는 매우 복잡한 내용이다. 가게와 가게가 문을 여는 시간, 바이에른 축구팀과 그 축구팀의 현재 주장과의 관계도 마찬가지다. 구글은 2011년부터 2015년 여름까지 6억이 넘는 장소와 사람 및 사물 등에 관한 500억 개 이상의 관계망을 구축하는 프로젝트를 진행해왔다. 매일 끊임없는 알고리즘 작동을 통해 더 많은 정보를 추가했는데 이는 세상 모든 것이 다른 모든 것과 연결되기 때문이다. 정보는 알고리즘이 위키피디아에서 새로운 자료실까지 모든 정보를 읽고 분석하는 과정을 통해 서로 연결된다. 기술 전문가이자 언론인인 존 바텔John Battelle은 이미 2005년에 검색엔진이 미래에 수행해야 할 근본적인 작업을 내다보았다.

"수집해야 할 정보는 모두 수집했고 빠진 것은 아무것도 없습니다. 이제 수집한 정보를 서로 연결해 관련성 있게 정리해야 합니다."

구글이 데이터베이스에 수십억 개의 웹페이지, 사진, 파일을 모아둔 덕분에 우리는 세상의 지도와 길거리의 사진을 비롯해 책의 내용을 훑어볼 수 있다. 고메스는 이렇게 말한다.

"우리는 세상 지도를 가지고 있고 세상에 어떤 장소가 존재하는지도 알고 있습니다. 한 장소가 다른 장소에서 얼마나 멀리 떨어져 있는지 얘기할 수 있는 것도 그런 이유 때문이지요."

검색엔진은 샌프란시스코와 금문교의 연관성을 이해한다. 또한 함부르크에서 누군가가 휴대전화로 자전거 가게를 찾으면 사용자가 사는 곳 주변에 그 가게가 있을 것이라고 판단해 사용자의 위치와 관련된 검색 결과를 제공한다.

과거에 수집한 모든 정보와 위치, 엄청나게 방대한 검색 결과 분석은 단 하나의 목표를 따라간다. 압축된 지식을 제공하고 질문을 예측하며 정보 검색을 한 단계로 축약시키는 것 말이다. 질문의 상황을 이해하는 컴퓨터는 더 지혜로운 답변을 할 수 있기 때문이다. 고메스와 그의 팀이 원하는 것은 말하기 전에 생각하는 컴퓨터다.

얼마 전부터 구글 검색을 하면 하나의 주제어에 관해 모든 종류의 정보를 담은 일종의 백과사전 같은 작은 상자를 볼 수 있다. 예를 들어 특정 피자가게를 검색하는 사람은 거기에 딱 맞는 웹사이트뿐 아니라 그와 연관된 정보를 한꺼번에 얻을 수 있는 작은 상자를 만난다. 그 안에는 주소, 사진, 지도, 가게 영업시간과 리뷰 및 주요 메뉴 그리고 당신이 사는 곳에서 그곳까지의 거리까지 상세한 정보가 들어 있다. 만약 'DFB-포칼' DFB-Pokal(독일 축구협회에서 주관하는 축구 대회—옮긴이)을 검색하면 맨 위에 최근의 경기 결과와 앞으로의 경기 일정이 나타난다. 보리스 베커Boris Becker를 검색할 경우 사진과 비디오 동영상, 뉴스, 중요한 링크 등을 포함해 그의 일생을 담은 작은 상자가 뜬다. 고메스의 얘기를 들어보자.

"우리의 마음속에는 서로 연결된 세상의 그림이 담겨 있습니다. 우리는 그 지식을 재현하려는 것입니다."

이 컴퓨터공학자가 나아가려는 다음 단계는 질문에 더 빠르게 대답하는 것뿐 아니라 대화할 수 있는 컴퓨터다. 데이터를 서로 연결하다 보면 이를 통해 컴퓨터가 상호 소통을 위한 질문을 할 수 있다. 고메스는 "세상의 지식을 더 많이 구축하면 보다 많이 소통할 수 있다."라고 말한다. 그는 스마트폰을 손에 쥐고 구글 앱을 열더니 곧바로 로봇과 대화하기 시작했다.

고메스: 구글, 독일의 대통령이 누구인가요?
컴퓨터: 독일의 대통령은 요아힘 가우크Joachim Gauck 지요.
고메스: 그럼 그의 아내는 누구인가요?
컴퓨터: 2000년부터 다니엘라 샤트Daniela Schadt 입니다.

기계 지능은 고메스가 두 번째 질문에서도 가우크에 관한 얘기를 하고 있음을 자동적으로 눈치 챘다. 요아힘 가우크와 다니엘라 샤트는 결혼한 것이 아니므로 고메스가 '아내'라고 한 것은 실수였지만 컴퓨터는 데이터베이스를 통해 '파트너'라는 정보를 찾아 대답에 활용했다.

이 예를 통해 우리는 구글이 더 나은 검색 결과뿐 아니라 인간과 컴퓨터 사이에 새로운 형식의 소통을 원한다는 사실을 알 수 있다. 미래 세상에는 애플 워치나 미니 휴대전화 혹은 구글 글래스 같은 다양한 웨어러블 컴퓨터가 보편화하면서 화면이 작아지고 키보드가 사라지며 기계와의 상호반응이 보다 인간적이고 자연스럽게 이루어질 전망이다. 고메스는 "앞으로 인간이 상호 소통하는 방식과 유사하게 기계와 소통하게 될 것"이라고 말한다. 그를 비롯해 수천 명의 컴퓨터공학자와 엔지니어가 일하는 검색엔진 부서의 목표 및 임무는 그런 일이 가능하도록 '근본적인 기술'을 개발하는 일이다.

인간과 컴퓨터의 자연스러운 대화

이를 이루기 위한 두 번째 요소는 지식 그래프 외에 언어 인지 기능이다. 구글은 컴퓨터가 사람의 말을 더 잘 이해하도록 하는 일에 많은 시간과 에너지를 쏟았다. 오래전부터 자동차에 음성 입력 시스템을 도입하고 최근에는 애플의 아이폰에 시리siri 기능도 추가했지만 지금까지는 긍정적인 요소보다 부정적인 요소가 더 많았다. 하지만 이것 역시 빠르게 변화하는 추세인데 대부분의 기술 제품 사용 방식에 곧 근본적인 변화가 일어날 전망이다. 즉, 차량의 온보드 컴퓨터나 집 안의 TV를 비롯해 온갖 종류의 가전제품을 사용하는 방식이 더 이상 손가락으로 터치하거나 메뉴를 검색해서 누르는 방식이 아닐 것이다. 고메스는 한 단계 더 나아가 컴퓨터가 말로 작동하고 인간과 대화로 소통하도록 만들려고 한다. 이것은 기후 데이터를 읽어주는 디지털 온도조절 기구일 수도 있고 모든 질문에 대답하는 스마트폰일 수도 있다.

이런 일은 기계가 지식 그래프에 접근함으로써 가능해진다. 여기서 어려운 것은 컴퓨터가 추상화 능력을 기르고 복잡한 관계를 이해하는 일이다. 컴퓨터는 '다음 주유소가 어디인가' 같은 단순한 질문에는 쉽게 대답한다. 현재 컴퓨터 알고리즘은 그보다 훨씬 더 많은 일을 할 수 있다. 안드로이드 스마트폰에 하늘이 왜 푸른색인지 물으면 구글 소프트웨어는 즉시 파란색 파장이 붉은색 파장보다 더 많이 퍼져 있기 때문이라고 설명해준다. 누군가가 영화 《대부》의 줄거리를 물으면 기계는 그 고전 영화의 줄거리를 간략히 읊어준다. 고메스의 목표는 몇 년 안에 컴퓨터가 어떤 질문에든 대답할 수 있게 만드는 것이다.

소프트웨어는 저장된 지식으로 기계가 인간의 언어를 더 잘 이해하고 수용하도록 돕는다. 재미있게도 기계는 종종 강한 인도 억양이 섞인 영어를 구사하는 고메스의 말을 알아듣는 데 어려움을 겪는다. 예를 들어 그가 포$_{Po}$ 강에 대해 질문하면 기계는 응답하지 않는다. 포가 아니라 보$_{Bo}$ 강으로 들리기도 하고 베트남 쌀국수 포$_{Pho}$를 의미할 수도 있어서다. 이때 혼란을 느낀 시스템은 에러 메시지로 응답한다. 그러나 고메스가 '이탈리아에 있는 포 강'이라고 구체적으로 지칭하면 언어 인지 기능은 즉시 그의 말을 이해한다. 시스템 속의 지식 데이터베이스를 통해 이탈리아에서 즉각 비슷한 발음의 강을 찾아낸 뒤 나머지 불분명한 발음으로 인해 후보가 된 대상을 제외하기 때문이다. 고메스는 말한다.

"만약 세상의 모든 지식을 갖추면 기계가 자신에게 입력된 말을 더욱 영리하게 종합할 수 있을 것입니다."

음성 입력을 하면 처음에는 시스템이 즉각 이해한 텍스트만 화면에 나타나지만 몇 초 후 전체 데이터베이스를 개괄한 뒤 보다 정확한 검색 결과가 나타나는 것을 통해 이를 확인할 수 있다.

구글만 음성 입력을 연구하는 것은 아니다. 마이크로소프트와 애플도 한층 깊은 연구를 진행 중이다. 스마트폰의 디지털 개인 보조 장치 개발에서 영상 제어 장치도 중요한 대들보 중 하나이기 때문이다. 지능을 갖춘 소프트웨어 장치는 엄청난 디지털 정보를 추려낸다. 가령 애플의 시리나 마이크로소프트의 코타나$_{Cortana}$ 같은 디지털 보조 기능은 사용자의 이메일 등을 분석하고 사용자의 위치를 파악해 필요한 일과 일정을 조율하는 데 도움을 준다. 이를 위해 구글은 연관성 있는 정보를 모아 공책에 정리해두는 것처럼 개인적으로 '매핑'$_{mapping}$한 시스템을 개발했다. 예를 들면 그날의 날씨나 약속 장소를 향해 출발할 시간, 레스토랑 예약 상황, 예약한 비행기의 지연 여부, 주차 장소, 근처의 흥미로운 문화 행사 등을 알려준다. 이미 개인적인 용도의 디지털 공책은 수백 종류나 나와 있다.

구글 나우Now도 일종의 개인 비서로 사용자의 요청이 있을 경우 에어비엔비Airbnb나 우버 혹은 스포티파이Spotify 같은 앱에서 정보를 받아 분석해준다. 하지만 이메일이나 약속 일정 같은 개인적인 사용자 데이터는 자동 접근이 아니라 승인이 있어야 접근 가능하며 검색 히스토리 혹은 사용자 위치 역시 접근이 불허될 수 있다. 물론 접근이 쉬울수록 소프트웨어 데이터는 늘어나고 시스템은 더 잘 작동한다. 한마디로 구글 나우는 디지털 세상에서 대표적인 양날의 검이다. 한편으로는 사용자에게 커다란 이익을 주고 더 나은 디지털 삶을 영위하게 해주지만, 다른 한편으로는 이를 위해 사용자가 유리처럼 투명하게 자신의 행동과 위치를 노출해야 한다.

현재 나우의 책임자는 인도 출신의 컴퓨터공학자 아파르나 첸나프라가다Aparna Chennapragada로 그녀는 구글에서 오랫동안 '정보 처리'를 담당해왔다. 첸나프라가다의 얘기를 들어보자.

"우리는 사용자가 자발적으로 분명하게 '구글이 나를 도와주었으면 좋겠어요'라고 요청하도록 만들려고 합니다. 그러나 당신의 위치를 모르면 우리 시스템이 약속 장소까지의 교통상황이 어떤지 예측해줄 수 없지요."

결국 보조 기능 소프트웨어의 목적은 간단하다. 그것은 첸나프라가다의 말처럼 "세상의 정보를 작고 소화시키기 쉬운 조각으로 잘라 사용자에게 제공하는 것"이다. 이를 위해 구글은 수천 명의 사용자를 대상으로 대규모 연구를 진행 중인데 이들에게는 하루에도 몇 번씩 질문이 주어진다. 이 순간에 당신이 필요로 하는 것은 무엇이고 앱이 무엇을 제공해주었으면 좋겠는가? 그 결과물 중 하나가 주차장에 주차된 차의 위치를 정확히 알려주는 나우 카드다.

첸나프라가다는 기술적 관점에서 세 가지의 근본적인 변화 덕분에 세상이 매력적인 시대로 들어서고 있다고 확신한다. 우선 사용자가 수십억 명으로 늘어난 스마트폰이 끊임없이 정보를 생산하고 주고받는 '전송 기계' 역할을 한다. 둘째, 모든 정보에 접근하는 것이 점점 더 쉬워지고 있다. 셋째, 컴퓨터가 우리 삶의 동반자가 되면서 환경적, 맥락적으로 컴퓨터 과학 세계가 도래했다.

아직은 이러한 발전의 초기 단계지만 다음 몇 십 년 동안 엄청난 속도로 발전이 이뤄질 전망이다. 물론 컴퓨터와 인간의 '자연스러운 대화'라는 공학자들의 위대한 목표를 실현하기까지는 갈 길이 멀다. 고메스는 거기에 이르기까지 "우리에게는 아직 해결해야 할 과학적 문제가 제법 많다."라고 했다. 실리콘 밸리의 뛰어난 지성들이 믿는 것처럼 여기서 핵심적인 역할을 하는 것은 인간의 두뇌다.

인공지능의 첨병 딥마인드를 인수하다

2012년 여름 구글의 과학자들은 일주일 동안 1만 6,000대의 컴퓨터를 하나의 기계에 연결해 유튜브 비디오를 보여주었다. 슈퍼 기계가 혹시 신생아 두뇌 정도의 움직임을 보이지 않을까 하는 기대로 진행한 프로젝트였다. 즉, 충분한 정보를 주입하면 얼마 후 기계가 스스로 대상을 식별하고 자주 본 물체를 인식하지 않을까 추정한 것이다. 이 시도는 성공적이었다. 1,000만 개의 비디오 이미지를 보여주자 컴퓨터는 물체와 사람, 고양이를 인식했다. 이 프로젝트를 '구글 브레인'이라고 부르는데 이는 인간 두뇌의 신경 연결 구조를 모방한 것이기 때문이다. 구글 브레인은 이미 10억 가지의 연결을 구현했고 그 연결은 지금도 급격히 증가하고 있다.

인간의 두뇌를 컴퓨터의 본보기로 삼는 것은 새로운 아이디어가 아니다. 1980년 이후 과학자들은 줄곧 인공신경 네트워크에 대해 토론해왔다. 그렇지만 그것은 오랫동안 순수하게 이론적인 토론으로만 남아 있었다. 의지로 조종할 수 있는 인공신경은 현실에서 실현 가능성이 없는 것으로 여겼고 그것을 미친 아이디어로 보는 사람도 있었다.

현재 30년 이상 인공신경망 분야의 연구를 주도해온 이는 토론토 대학의 컴퓨터공학과 교수 제프리 힌튼Geoffrey Hinton이다. 회색 머리칼에 마른 편인 힌튼은 또렷하고 신중하게 말을 한다. 그와의 대화는 주로 서서 이뤄졌는데 힌튼은 등이 아파서 그렇다고 사과조로 양해를 구했지만, 사실 그는 복잡한 연구를 도표화해서 이해하느라 대부분의 시간을 칠판 앞에 서서 보낸다. 그는 유기체적 지능을 재현한 컴퓨터 시스템을 창조하겠다는 꿈을 안고 평생 연구해왔다. '더 인간처럼 행동하는' 컴퓨터를 만들고자 하는 것이다. 1970년대에 영국에서 공부할 때부터 그는 이미 정보를 저장한 뒤 신경망을 이용해 정보를 처리 및 배포하는 두뇌 기능에 푹 빠져 있었다. 그리고 케임브리지와 에딘버러Edinburgh 대학을 졸업한 직후부터 소프트웨어와 하드웨어가 두뇌 처리 방식을 활용함으로써 더 나은 기능을 발휘할 수 있다는 아이디어를 발표하기 시작했다. 아쉽게도 이런 생각은 오직 전문가 집단의 토론 대상으로만 남아 있었다.

컴퓨터공학에서 인공지능 창조는 언제나 위대한 목표였으나 수십 년 동안 답보 상태에 놓여 있었다. 다행히 힌튼이 오랫동안 이 이론 연구에 골몰해온 덕분에 지금은 빠른 진전이 이뤄지고 있다. 지난 수년 동안 실리콘 밸리에서는 이 아이디어를 깊이 연구하는 프로젝트를 진행해왔는데, 이것을 '딥 러닝'Deep Learning(컴퓨터가 사람처럼 생각하고 배우도록 하는 기술—옮긴이)이라는 포괄적인 개념으로 묶어서 다루고 있다. 딥 러닝은 컴퓨터와 신경과학을 합친 것으로 인간이 주변을 이해하는 기능을 기계에 도입해 기계를 보다 지능적으로 만들려는 시도다.

사실 딥 러닝은 데이터를 이해 및 평가함으로써 더 나은 지능 기계를 만들려는 기계학습 분야의 드넓은 발전 흐름에서 한 부분을 차지할 뿐이다. 동시에 가장 중요한 접근 방식이기도 하다. 최근 몇 년간 이루어진 발전의 많은 부분이 인공신경망 아이디어에 기반을 두고 있다. 컴퓨터는 인간의 언어를 보다 잘 이해해 수용하고 로봇은 주변을 더 잘 살피면서 움직인다. 그리고 의학 분야에서 볼 수 있듯 소프트웨어는 복잡한 데이터를 보다 잘 분석하고 있다. 물론 이 모든 것은 초기 단계에 불과하다. 아직 초기 단계지만 앞으로 인간의 두뇌를 재현할 기계로 무엇이 가능할까? 인공지능? 언젠가는 가능할 것이다. 한동안 딥 러닝에 특별한 관심을 기울인 페이지는 힌튼을 영입하는 데 매우 적극적이었다. 2013년부터 힌튼은 구글에서 일하고 있다.

페이지는 딥 러닝에 대해 '야심 찬 지성'이라는 표현을 사용한다. 그는 진정한 인공지능은 아직 멀었고 "사람들이 우리가 하는 일을 알고 또 우리가 신중하게 접근한다는 것을 알아채도록 프로젝트를 최대한 개방하려 한다."라고 말했다. 한때 많은 연구자가 인공지능 분야를 거의 방치하다시피 한 '인공지능의 기나긴 겨울'도 있었다. 기계학습 분야까지도 회의적인 시선을 받았다. 페이지는 자기 입장을 이렇게 피력했다.

"나는 그렇지 않았습니다. 나는 이 분야가 더욱 발전하도록 항상 독려했지요."

지난 몇 년 동안 이 분야가 갑작스레 야심 찬 분야로 떠오른 것은 놀라운 일이다. 구글이 딥 러닝을 이 분야에 활용한 이후 엄청난 발전이 이루어졌다. 그렇지만 이 또한 시작일 뿐이며 이제부터 더 많은 것이 '컴퓨터화'하면서 진정한 성장이 이루어질 것으로 보인다.

힌튼은 지난 수십 년 동안 막다른 길에 있던 인공지능 분야 연구가 이제야 제대로 된 출구를 찾은 것 같다고 말한다. 그 역시 자신의 길을 찾은 셈이다. 그는 IBM이나 마이크로소프트로 갈 수도 있었지만 구글을 선택했다. 그 이유는 그의 말대로 "구글에는 과학자와 엔지니어 사이에 차이가 없기 때문"이다. 뛰어난 이론을 갖춘 사람은 특정 제품 개발에 큰 도움을 주기도 한다. 힌튼은 구글의 작업 방식이 굉장히 수평적이고 프로젝트 팀과 부서가 직접적인 방식으로 서로 소통한다는 점에 특히 놀랐다고 말했다.

"구글은 서로 세균을 교환하면서 활동하는 박테리아와 흡사한 면이 있습니다. 한 팀의 전문가는 경영진에게 먼저 허락을 받지 않고도 다른 팀에 투입될 수 있지요."

구글은 힌튼의 최근 연구 결과를 1년도 채 되지 않아 제품으로 출시했다. 딥 러닝으로 무엇을 성취할 수 있을지 분명해지자 이 분야의 연구는 제자리를 찾았고 경쟁이 치열해지면서 짧은 시간 안에 성과를 내놓은 것이다. 컴퓨터가 사람과 사물, 언어를 더 잘 인식하면서 전혀 새로운 형태의 제품이 출현하고 있다. 애플의 아이폰 보조 기능인 시리, 구글의 자율주행차, 마이크로소프트의 컴퓨터 번역 서비스는 아직 완전히 무르익지 않았지만 곧 현실화할 가능성이 크다.

2014년 구글은 내부의 요청에 따라 영국의 소규모 인공지능 분야 연구소 딥마인드Deepmind를 4억 달러에 인수했다. 페이스북과 애플, 마이크로소프트를 비롯한 이 분야의 다른 주도적 기업들도 대규모로 투자하기 시작했다. 더불어 전문가를 영입하려는 경쟁이 치열해졌다. 기계학습 분야 컴퓨터공학자의 연봉은 20만 달러 이상이다. 현재 실리콘 밸리에서는 기계학습 분야의 온갖 새로운 가능성을 활용하기 위해 모든 연구 부서가 최선을 다하고 있다. 특히 페이스북은 최근 신경망에 기반을 둔 새로운 소프트웨어 접근 방식을 연구하는 데 상당한 금액을 투자하고 있다. 하지만 구글만큼 많은 전문가를 영입해 연구 결과에 엄청난 도약을 이룬 기업은 거의 없다.

힌튼과 딥 러닝 연구자들이 이해하는 신경망은 간단히 말해 인간 두뇌의 피질 구조처럼 상호 연결되어 있고 복제 가능한 여러 가지 형태의 소프트웨어 기계다. 더 복합적인 층으로 이루어질수록 신경망의 기능은 더욱 늘어난다. 구글 컴퓨터는 이미 수십 개의 층을 축적해두고 있다. 신경망을 활용할 수 있는 중요한 분야 중 하나가 스마트폰의 음성 인식 기능이다. 오랫동안 컴퓨터공학자들은 컴퓨터와 상호 소통할 수 있는 수단 혹은 대안으로 음성 입력 시스템을 개발하려 했다. 그러나 이 분야는 발전이 매우 더뎠고 얻은 것보다 오히려 잃은 것이 더 많을 정도였다. 가령

▶▶▶

가까운 피자가게를 찾으려 할 때 목적지를 음성 입력하는 차량의 온보드 컴퓨터 장치가 아이폰의 언어 보조 시스템인 시리보다 훨씬 더 기능이 좋다.

최근 기술기업들은 보다 나은 음성 입력 시스템을 만들기 위해 한층 더 노력하고 있다. 인간과 기계의 상호 교류를 위한 전통적인 수단은 점점 작아지는 복잡한 기기에 더 이상 맞지 않기 때문이다. 마우스나 키보드로는 스마트폰을 작동시킬 수 없다. 애플 워치처럼 손목에 차는 컴퓨터는 터치스크린으로 작동하는 것이 매우 어렵다. 따라서 소위 웨어러블 기기를 개발하는 주요 기업들은 스마트 시계나 착용형 컴퓨터의 대중화에 핵심적인 역할을 할 것은 음성 입력 시스템밖에 없다는 데 동의한다.

실제로 구글이 딥 러닝 연구 결과를 스마트폰 인식 기능에 접목한 이후 기기 에러는 급속도로 줄어들었다. 얼마 지나지 않아 소프트웨어는 인간의 목소리를 완벽히 이해할 것이다. 힌튼은 전통적인 음성 인식 시스템이 곧 "입력된 음파가 글자로 출력되는 내부 신경망 체계로 바뀔 것"이라고 전망한다.

인공신경망과 딥 러닝

힌튼은 증명하기가 어려워 오랫동안 '흑마술사' 취급을 받던 처지에서 벗어나 자신이 새로운 과학의 선구자이자 스타로 떠오른 현실이 아직도 믿어지지 않는다고 했다. 그는 이미 수십 년 전에 신경망 분야에서 거대한 도약이 이뤄질 것이라는 이론을 제시했다. 그런데 정작 그가 오랫동안 고민하던 문제를 실현해준 것은 최근 급속히 성장한 컴퓨터 연산 능력이다. 힌튼은 10년 전만 해도 컴퓨터공학에서 신경망이라는 잠재적 가능성을 응용하는 것이 기술적으로 불가능했다고 말한다.

"사람들은 우리를 미치광이 개척자로 여겼지요."

현재 이 딥 러닝 이론의 개척자는 누구나 따라잡고 싶어 하는 전위적 과학자가 되었다. 이들의 접근 방식은 급진적인 아이디어에 기반을 두고 있다. 그것은 인간의 지능을 소수의 알고리즘 혹은 단 하나의 알고리즘으로 치환할 수 있다는 생각이다. 사실 과학자들은 오랫동안 그 반대로 믿고 있었다. 인공지능을 창조하려면 언어, 논리, 시각 등과 관련된 수천 개의 출처를 이용해 수없이 복잡한 컴퓨터체계를 구축해야 한다는 믿음이 그것이다. 이 관점은 특히 초기의 인공지능 이론가인 마빈 민스키Marvin Minsky 같은 이들이 주창했다. 그가 쓴 《마음의 조직》society of mind에는 '인간의 지성은 단순한 수천 개의 요소들간의 합주를 통해 창조된다'는 이론적 설명이 있다.

단일 알고리즘 이론은 눈의 시각 처리를 맡은 두뇌 부분이 동시에 귀의 청각 자극을 처리할 수도 있다는 추정을 이끌어낸 실험에 기반을 두고 있다. 이것은 인간의 성인기가 아닌 초기 성장기에 해당하지만 연구자들은 인간의 두뇌가 궁극적으로 적응력이 뛰어난 보편적 기계라는 결론을 내린다. 힌튼의 얘기를 들어보자.

"우리는 두뇌가 똑같은 방식으로 끊임없이 학습한다는 사실, 그 때문에 대뇌피질의 모든 부분이 아주 비슷해 보인다는 사실에 놀랐습니다. 그것이 어떻게 작동하는지 알면 보는 것, 듣는 것, 느끼는 것, 어쩌면 논리적 사고까지 시스템이 똑같은 방식으로 작동하도록 가르칠 수 있습니다."

▶▶▶

힌튼은 기계의 신경망이 이미 '생각'이라는 것을 한다고 확신한다. 초기의 인공지능 연구자들은 인간 두뇌의 어딘가에 문장과 비슷한 무언가가 존재할 거라고 추정했다.

"그것은 우리가 세상을 픽셀로 본다고 우리 두뇌의 어딘가에 픽셀이 존재한다고 믿는 것만큼이나 어리석은 생각이지요."

두뇌 속 문장은 단어가 아니라 신경 패턴으로 이루어져 있다. 힌튼의 모델은 이것을 인공 소프트웨어 세상에 모방하고자 한다.

"우리가 한 문장을 입력하면 신경 활동이 일어나는데 결국 그것은 생각과 다를 바 없습니다."

힌튼의 연구에서는 이러한 '생각 보균인자'를 음성이나 텍스트, 사진, 영상 같은 다양한 방식으로 신경망에 주입한다.

딥 러닝의 연구자들이 두 번째로 집중하는 것은 자율 주행차 엔지니어들에게 매우 중요한 컴퓨터 영상 처리 기능이다. 지금까지 컴퓨터는 대상을 인지해 입력된 픽셀로 의미를 풀어내는 작업을 매우 어려워했다. 반면 인간의 두뇌는 입력된 작은 조각들을 통해 현실을 완벽한 그림으로 그려낼 수 있다. 설령 인간의 눈이 작은 부분에 집중하더라도 머릿속으로는 그것의 전체 이미지를 짜고 해석하는 것이 가능하다. 이에 따라 연구자들이 시도하는 것은 신경망의 도움을 받아 기계가 인공적으로 세상을 재구축하도록 만드는 일이다.

이를 위해 힌튼과 구글의 연구자들은 문장뿐 아니라 그림도 신경망에 입력했다. 힌튼은 재미있는 얘기를 들려주었다.

"우리는 기계에게 '이것은 개, 아이, 소파'라고 가르칩니다. 그러면 기계는 그것이 의미하는 바를 인식하지요. 이것은 매우 흥미로운 일입니다. 우리가 시스템에 조각들을 제공한 뒤 정확히 무엇을 보고 있는지 얘기해주는 것이지요."

이 기술을 '신경 캡셔닝'Neural Captioning이라고 하는데 이것은 이미지와 텍스트, 언어를 설명해준다. 힌튼은 이것이 "실제 지능과 유사하다."라고 말한다. 시각적 인지 기술이 많이 진전되었다는 사실은 모든 점에서 확실히 드러나고 있다. 소프트웨어는 사진에 보이는 것을 자동적으로 감지한다. 다음 단계는 일몰, 고양이, 축구 게임 등 전체 영상을 분석하거나 책의 줄거리를 요약하는 일이다. 하지만 이것은 컴퓨터의 능력만으로는 부족하다.

딥 러닝이 위대한 기술적 도약을 이루었다는 것은 이제 의심할 여지가 없다. 그렇다고 모든 전문가가 힌튼의 거대한 비전이 결국 현실화할 거라고 확신하는 것은 아니다. 인공지능에 전통적인 방식으로 접근하는 대표적인 연구자들은 신경망이 논리적인 사고나 언어를 확실하게 이해하지 못한다는 것을 보여주는 시험을 고안했다. 아직까지 힌튼의 신경 기계는 이 시험을 통과하지 못했지만 힌튼은 그것이 시간문제라고 믿고 있다. 그는 새로운 기계지능 시대가 임박했다고 확신하는데 이미 신경망은 인간이 조작하는 수동 프로그램을 이기고 있다. 힌튼은 말한다.

"증기엔진이 처음 등장했을 때 인간은 기계와 인간 중 누가 더 강한지 내기했지요. 물론 증기엔진이 승리하는 순간 게임은 끝났지요. 인간의 완벽한 패배였어요."

힌튼의 연구 결과는 궁극적으로 구글의 검색엔진에 완전히 새로운 가능성을 더해줄 것이다. 연구 방향은 모든 문장을 사고 벡터로 전환해 그것을 신경망에 입력하는 것에 집중되어 있다. 같은 방식으로 인터넷의 문서와 웹사이트도 벡터로 전환할 수 있다. 그런 다음 개별적인 벡터를 비교해 예전의 자료에서 새로운 아이디어를 도출한다. 힌튼은 이를 두고 신경망이 "논리의 작동 방식뿐 아니라 하나의 생각이 다른 생각과 어떻게 이어지는지 또 서로 어떻게 지원하는지 이해하기 시작하는 것"이라고 말한다.

그의 표현대로 만약 그의 '커다란 도박'이 성공한다면 인터넷상의 엄청난 정보가 지금까지와는 완전히 다른 방식으로 분석 및 정돈되고 걸러질 것이다.

"검색엔진에 '이러이러한 약품의 효능이 뛰어나다고 쓴 과학 사설이나 기사를 찾아보고 그중에서 제약회사로부터 돈을 받은 기사는 제외하라'고 명령할 수 있다면 정말 재미있지 않을까요? 아니면 기후 변화에 맞서 싸우는 투쟁을 겉으로는 지지하는 척하지만 실제로는 은밀히 그 문제를 폄하하는 기사를 구글링을 통해 찾아내는 건 어떨까요?"

기계 번역

힌튼의 연구 결과를 일상적으로 적용할 수 있는 영역은 점점 늘어나고 있다. 그 대표적인 것이 구글 포토다. 검색의 차르 황제 고메스는 스마트폰으로 새로운 사진 범주를 검색하길 좋아한다. 휴대전화에 대고 "카리브 해의 일몰 사진을 보여줘."라고 하거나 "정원에 핀 꽃들의 사진을 보여줘."라고 말하면 따로 표시하지 않아도 알고리즘이 사진 내용을 인식하고 1초도 되지 않아 카리브 해의 사진이나 꽃이 핀 사진을 보여준

다. 연구 과정에서 오랫동안 신경망 문제를 다뤄온 고메스는 최근까지만
해도 이것은 해결이 불가능했다고 말한다.

"현재 많은 움직임이 있지만 우리는 어떻게 적용할지 아직도 궁리 중
에 있습니다."

고메스가《스타 트렉》에 나오는 똑똑하고 어디서나 사용 가능한 미래
지향적인 컴퓨터를 꿈꾼다면, 구글은 새로운 분석 기능을 갖춘 똑똑한
소프트웨어를 광고 분야에 활용하고 싶어 한다. 소프트웨어가 데이터의
내용을 더 잘 감지하고 해석할수록 구글이 보다 나은 광고 영상 시스템
을 구축할 수 있기 때문이다. 구글의 연구자들이 아무리 많은 자유를 누
릴지라도 결국에는 디스플레이 기술에 도움을 주는 방향으로 성과를 내
야 한다. 수십억 인구에게 소프트웨어 기능을 무료로 제공하는 구글의
원칙도 이것이 있기에 가능하다. 마운틴 뷰의 공학자들이 수년 동안 공
상과학 소설가나 할 법한 생각을 좇는 것도 광고가 구글의 수익을 보장
해주는 덕분이다.

언어 장벽을 공기 속으로 사라지게 만들 작은 휴대용 번역기도 그 공
상 중 하나다. 구글은 꿈을 이루기 위해 10년 이상 투자했고 구글 번역부
라는 별도의 부서까지 있다. 이 소프트웨어는 현재 텍스트를 100여 개
언어로 번역하는데, 영어를 독일어로 번역하는 것부터 아이슬란드어를
일본어로 번역하는 서비스까지 제공한다.

《슈피겔》의 기사를 입력하면 1초도 지나지 않아 프랑스어로 번역한
텍스트가 등장한다. 이탈리아의 웹사이트도 클릭 한 번이면 독일어로 번
역해서 보여준다. 일본의 기차역 앞에 적힌 불가사의한 글씨를 스마트폰
사진으로 보여주면 자동 번역 애플리케이션이 그 이미지를 보고 번역해

준다. 물론 번역은 간혹 완벽하지 않고 완전히 틀릴 때도 있지만 그 기능은 계속 향상되고 있다.

오래전부터 구글 번역 팀의 수장을 맡아온 프란츠 요제프 오크Franz Josef Och는 독일 프랑코니아Franken의 작은 마을 출신인 컴퓨터공학자다. 1971년생인 그는 에를랑겐Erlangen에서 컴퓨터공학을 공부하고 아헨에서 기계지능으로 박사학위를 받았다. 미국의 국방성 연구소 다르파는 그를 캘리포니아로 불러들였는데, 그곳에서 기계 번역 연구로 성공적인 결과를 얻은 그의 소문은 저절로 퍼져 나갔다. 2004년 오크에게 연락한 래리 페이지는 단도직입적으로 물었다. 정말 제대로 큰일을 해보고 싶지 않으세요? 오크는 그러겠다고 했고 구글은 곧바로 그의 부서를 만들었다.

10년 이상 번역 프로젝트에 몰두한 그는 2014년 인간 게놈의 모든 염기서열 해독에 최초로 성공한 유전학자 크레이그 벤터Craig Venter에게 함께 일하자는 제안을 받았다. 현재 오크는 유전적 치료로 인간의 수명을 연장하고자 하는 벤터의 회사 휴먼 롱저비티Human Longevity의 데이터 부서 수장으로 있다.

오크는 오랫동안 단 하나의 목표에 매진했는데 그것은 완벽한 번역 컴퓨터 개발이다. 이것은 마치 귀에 대고 속삭이는 것처럼 부드럽고 빠르게 작동하는 기계로 모든 텍스트와 웹페이지, 대화까지도 즉시 다른 언어로 번역할 수 있어야 한다. 초기에 여행자에게는 편리함, 통역사에게는 암울한 미래를 안겨줄 것으로 여겨지던 번역기는 오크에게 더 거대한 의미가 있었다. 번역기는 사실 인공지능으로 연결되는 길이기 때문이다. 그는 10대 시절부터 인간의 특징을 깊이 반영한 기계를 만들겠다는 꿈을 꾸었다.

오크가 구글에서 성취한 것은 구글이 지금까지 구축해온 야심 찬 소프트웨어들의 바탕이 되었다. 번역은 '인류의 바빌론적 혼란을 끝낸다'는 명료한 목적을 안고 있다. 그러나 기술 진보에도 불구하고 그 목적을 달성하는 것은 매우 복잡하며 컴퓨터공학은 간혹 한계에 부딪힌다.

기계 번역의 주춧돌은 수십 년 전 IBM이 놓았지만 발전이 더디자 이들은 프로젝트를 방치했다. 그러다 보니 오크가 구글에 와서 처음 한 일은 몇몇 동료와 '순수하게 기본적인 연구'를 하는 것이었다. 최근 그 연구는 엄청나게 발전했는데 이는 오크의 표현대로 "양자적 비약"이라 할 수 있다. 아직은 번역의 질이 선택한 언어에 따라 다르고 간단한 문장일수록 번역 기능이 뛰어난 것도 사실이다. 그래도 베이징의 택시기사에게 약국으로 빨리 가달라고 말하고 싶으면 휴대전화에 대고 자기 나라 언어로 말하면 된다. 약간 서툴긴 해도 정확한 중국어가 흘러나오니 말이다.

지난 몇 년간 번역 팀은 놀라운 성공을 거두었다. 그중에는 여러 명의 독일 컴퓨터공학자도 있는데 놀랍게도 언어학자는 한 명도 없다. 오크 역시 언어적 재능은 없는 편이다. 그는 이렇게 고백했다.

"언어를 배우는 게 내겐 무척 힘들어요. 그래서 기계 번역이 좋은 거지요. 수학과 통계학에 능숙하고 프로그래밍을 할 줄 알면 되거든요."

예전에 인간 번역가가 정한 사전 구축이나 문법적 구조 규정 같은 규칙은 구글 팀에게 통용되지 않는다. 이전의 규칙은 지나치게 융통성이 없고 요구가 많았다. 영어와 독일어는 명사 앞에 형용사가 오지만 프랑스어는 보통 뒤에 붙는다. 그러다 보니 기계가 빈번하게 '번역 속에서 의미를 잃어버리고' 말았다. 대신 구글은 자신들이 가장 잘하는 방법, 즉

▶▶▶

엄청난 정보라는 풍부한 자원을 활용하기로 했다. 오크의 얘기를 들어보자.

"간단하게 말하자면 컴퓨터가 기존의 번역을 모아 서로 연결한 다음 수십억 개가 넘는 단어를 하나씩 체득해 가장 나은 번역을 하는 겁니다. 결국 번역의 개연성을 따지는 것이지요."

이때 자료가 많을수록 시스템의 기능은 더 좋아진다. 따라서 번역용 컴퓨터는 인터넷이 있어야 가능하다. 컴퓨터 알고리즘이 복잡하게 엉킨 자료 사이에서 수집해온 것을 기계가 학습하는 것이기 때문이다. 예를 들어 컴퓨터가 한 프랑스어 문장을 독일어로 번역하려면 기존의 번역 문장 중에서 그에 알맞은 문장을 찾아 어떻게 하면 최적화된 새로운 문장을 만들 수 있을지 계산한다. 이것은 가끔 멋진 결과를 내지만 완벽하려면 아직 멀었다. 소프트웨어의 입장에서는 문법과 억양, 모호한 의미가 가장 골치 아픈 문제다. 이런 탓에 이해할 수는 있지만 언어학자에게는 악몽 같은 번역 결과가 나오는 것이다. 기계는 언어의 미학이나 맥락을 모른다. 진정한 성공을 거두기 위해서는 구글이 기계에게 창의성을 가르쳐야 하는 것일까? 오크는 그렇지 않다고 말한다. 그는 이것을 "더 나은 학습 방식"의 문제일 뿐이라고 표현한다. 컴퓨터가 보다 정확하게 모방하면 해결할 수 있는 문제라는 얘기다.

기계의 관점에서는 언어의 문법이나 구조 같은 요소가 비슷할 때, 많은 데이터를 확보했을 때 번역 작업이 쉬워진다. 따라서 영어와 스페인어를 서로 번역하는 것은 쉽지만 영어와 일본어는 번역이 훨씬 어렵다. 오크는 흥미로운 조합을 들려주었다.

"불행히도 영어와 독일어는 어려운 언어 커플에 속합니다. 그 때문에 나도 무척 괴롭습니다."

상대적으로 사용 인구가 적은 언어는 종종 자료 부족에 시달린다. 아이슬란드어나 카자흐스탄어의 경우에는 번역기가 배울 수 있는 자료가 부족하다. 이에 따라 구글은 일반 사용자들이 직접 자료나 정확한 번역을 제공하도록 크라우드소싱crowdsourcing을 활용한다.

대체 구글은 번역을 통해 무엇을 하려는 걸까? 오크는 그 부분에 대해 모호한 자세를 취했다.

"일단 기계 번역으로 더 많은 사람에게 정보를 제공할 수 있습니다. 그리고 이것은 다른 많은 것도 가능하게 해줄 것입니다."

번역 서비스가 많은 사람을 구글로 향하게 할 것은 분명하다. 2015년 만 해도 매달 약 5억 명이 하루에 10억 건 이상의 번역 서비스를 이용했다. 그 숫자는 빠르게 늘어나고 있는데 이는 개발도상국이나 신흥국가에서 인터넷 보급률이 증가하고 있기 때문이다. 물론 아직도 50퍼센트 이상을 차지하는 언어는 영어다. 그러므로 새롭게 유입된 인터넷 인구를 위해 웹페이지나 문서를 번역하는 일은 매우 중요하다. 최근 번역 엔지니어들은 인터넷 연결 없이도 소프트웨어를 활용하는 방법을 집중적으로 연구하고 있다. 개발도상국에서는 여전히 인터넷 연결 상태가 좋지 않고 무엇보다 비싸기 때문이다.

구글 번역 팀은 휴대전화를 기계 통역가로 바꾸는 애플리케이션을 개발 중인데 이것은 인터넷에 연결되지 않아도 대화를 계속 번역할 수 있다. 구글 번역 팀은 러시아 출신의 바라크 투로브스키와 프랑스 출신의 줄리 카티유에게 애플리케이션을 사용해보도록 했다. 스마트폰을 사이에 두고 구글의 두 매니저는 대화를 시작했다. 카티유가 프랑스어로 휴

▶▶▶

대전화에 말을 하면 즉시 러시아어로 번역되어 나왔다. 또한 이 소프트웨어는 투로브스키의 러시아어를 듣고 프랑스어로 번역했다.

언어를 시각적으로 인지하는 기능도 마법처럼 등장했다. 번역 애플리케이션은 스마트폰 카메라를 통해 어떤 형태의 텍스트든 그것을 인식하고 번역한다. 스페인의 마드리드에 있는 식당 메뉴판에 카메라를 갖다 대면, 만약 당신이 돼지 귀를 좋아하지 않을 경우 오레하 데 세르도Oreja de Cerdo라는 음식을 피해야 한다는 것을 즉시 알 수 있다. 여기서 놀라운 것은 애플리케이션이 번역을 별도의 창에 보여주는 게 아니라 마치 원래부터 그랬던 것처럼 사진 속 메뉴의 글씨가 자동 번역되어 나타난다는 사실이다. 이 또한 딥 러닝 시스템을 활용한 것이다.

물론 기계 번역에는 여전히 결함이 많고 엔지니어들 역시 만족하지 않는다. 여기에다 갈수록 경쟁이 치열해지고 있다. 페이스북은 음성 입력을 통한 기계 번역 시스템 개발 회사를 인수해 소셜 네트워크에서 200개 이상 나라의 15억 사용자가 보다 쉽게 소통하도록 노력하고 있다. 스마트폰에도 현재 많은 번역 애플리케이션이 개발되어 있다. 유럽연합은 MT@EC라는 기계 번역 프로그램을 개발했는데 이것은 특히 행정 전문 용어에 특화되어 있다. 예산 감소로 EU에서는 앞으로 몇 년 동안 많은 자체 번역사를 해고할 계획이라고 한다. 그 외에도 여러 신생 자동기계 번역업체가 부분적으로 크라우드소싱을 기반으로 한 번역 프로그램을 개발 중이다.

마이크로소프트에도 번역 기계를 개발하려는 연구자들이 있다. 2012년 가을 마이크로소프트의 수석 과학자 릭 라시드Rick Rashid는 중국에서 열린 회의에서 그 결과를 시범으로 보여주었다. 라시드가 영어로 말하면 마이크로소프트 컴퓨터가 중국어로 동시통역을 하는 방식이었다. 이때 통역된 목소리는 서툰 기계음이 아니라 라시드의 목소리로 그가 이전에 녹음한 목소리 샘플을 참고로 해서 만들어진 것이었다.

현재 구글은 신경망을 이용해 번역 시스템을 완벽하게 만들려고 노력 중이다. 이를 위해 딥 러닝 이론가 힌튼은 많은 시간 동안 연구에 몰두하고 있다. 아직도 구글 연구원들은 기계가 언어 번역을 제대로 학습하도록 '훈련'시키는 데 전념한다. 힌튼은 내게 시스템이 어떻게 작동하는지 보다 쉽게 설명하려 했다. 그는 펜을 가져와 보드에 신경이 어떻게 네트워크로 흘러들어가 서로 결합하고 영향을 미치는지 간략히 그림으로 보여주었다.

"이곳은 신경이 서로 연결된 신경망으로 한편으로는 입력된 자료를 통해 또 한편으로는 그 이전에 연결된 자료를 통합해 매 단계마다 신경이 결정을 내립니다."

나아가 힌튼은 네트워크 암호 해독, 수학적 개연 계산, 오차역전파 알고리즘Backpropagation Algorithm(오류역전파 알고리즘이라고도 하며 다층 퍼셉트론 학습에 사용하는 통계적 기법이다.—옮긴이) 같은 개념에 깊이 빠져들어 설명했다. 각 단계의 기술적 세부사항보다 내겐 다음과 같은 힌튼의 확신이 더 귀에 들어왔다.

"2020년 무렵이면 기계 번역은 내가 설명한 것과 같은 방식으로 가능해질 것입니다."

이 말만 놓고 보면 완벽한 번역 기계를 완성하는 길은 아직 멀었고 기술적 장애와 비용이 엄청나며 성공 가능성이 여전히 불확실한 것처럼 보인다. 그러나 수많은 구글의 프로젝트가 이렇게 출발했다. 그 사실을 뤼

▶▶▶

크 빈센트Luc Vincent만큼 잘 아는 사람도 드물 것이다. 이 프랑스 출신의 컴퓨터공학자는 구글 스트리트 뷰의 수장이다.

디지털 지도

2004년 래리 페이지는 어떤 아이디어를 가지고 빈센트를 찾아왔다. 인터넷 사용자들이 세상 전체를 인터넷으로 여행할 수 있도록 소프트웨어를 개발하기 위해 거대한 사진 프로젝트를 시작하는 것은 어떨까요? 페이지 자신도 자료를 모으기 위해 비디오카메라를 들고 마운틴 뷰를 돌아다녔다. 빈센트는 "그것은 미친 아이디어였다."라고 말한다. 그의 말대로 그것은 "정신없이 비싸고" 상상하기 힘들 만큼 기술적으로 어려운 작업이었다. 세상 모든 곳을 구석구석 찍다니 가능하겠는가!

빈센트는 수십 명의 인턴과 카메라로 가득한 폭스바겐 미니버스로 이 프로젝트를 시작했다. 지금 세상 곳곳에서는 수백 대의 스트리트 뷰 차량이 몇 백 미터 간격으로 주변을 찍고 있다. 이들이 만든 영상은 '세상'이라는 거대하고 정연한 그림을 연속적으로 보여준다. 이를 위해 거의 1,000만 킬로미터의 거리가 스트리트 뷰 영상에 잡혔고 이는 전 지구상 길의 약 10분의 1에 해당한다.

구글 카메라는 현재 아마존 강의 배 위에도 떠 있고 북극의 눈 자동차에도 설치되어 있으며 사막의 낙타 등에 실려 가기도 한다. 또한 햇살 좋은 캘리포니아의 봄날 아침 작은 고무 범선에 실려 샌프란시스코 항을 지나 금문교 쪽 해변으로 향하기도 한다. 이 범선은 무인 보트다. 아무도

타지 않은 배 위의 금속 프레임에 얹힌 축구공만 한 카메라에는 열다섯 개의 렌즈가 달려 있고 거기에 구글의 로고가 붙어 있다. 이 카메라는 작은 범선에 탄 구글 엔지니어와 샌프란시스코 해안경비대의 수질보호 팀이 약 100미터 거리를 유지하며 리모컨으로 조종한다. 축구공 모양의 카메라는 정확히 몇 초마다 목표를 조준하며 끊임없이 파노라마 사진을 찍는다. 수백 킬로미터에 달하는 해안선은 몇 주간에 걸쳐 영상으로 찍는데, 이때 환경학자들이 캘리포니아 지역의 해안 시스템을 확인하고 수위 조절을 하도록 도와준다.

스트리트 뷰와 구글 지도를 만드는 부서는 모두 구글의 검색 부서에 속한다. 디지털 지도는 현재 빠르게 성장하는 검색 범주인 위치 검색, 즉 '어디'라는 검색 질문 범주에서 독보적인 자리를 차지하기 위한 기본 바탕이다. 가장 가까운 피자가게, 다음 버스가 출발한 정류장, 새롭게 문을 연 헬스클럽은 '어디'인가? 현재 데스크톱 컴퓨터 검색에서 5분의 1 정도를 차지하는 질문이 위치와 관련된 것이다.

특히 디지털 지도는 스마트폰의 성장과 함께 온라인 세상에서 가장 중요한 소프트웨어로 떠올랐다. 모바일 기기가 지속적으로 위치 정보를 제공하기 때문이다. 교통 서비스 제공회사 우버와 숙박중개업체 에어비앤비는 디지털 지도를 이용한 위치 정보를 서비스의 기본으로 삼는다. 아마존이나 페덱스FedEx 같은 글로벌 물류회사도 지도 데이터를 활용해 사업을 한다. 앞으로 몇 년 동안 이러한 경향이 가속화될 전망이다. 이처럼 디지털 지도 정보를 처리하는 방식인 매핑은 위치 정보에 기반을 둔 사업체들의 중요한 작동체계로 자리매김하고 있다. 나아가 이것은 윈도우나 iOS, 안드로이드 같은 작동 시스템을 갖춘 기업들이 디지털 세계에

▶▶▶

서 우위를 차지하는 데 가장 큰 요소로 작용할 것이다.

애플과 마이크로소프트가 엄청난 노력을 기울여 지도 애플리케이션을 개발한 이유가 여기에 있다. 오픈스트리트맵OpenStreetMap도 위키피디아와 더불어 독립적인 비수익 프로젝트 중 하나다. 하지만 구글 지도는 그보다 훨씬 더 주도적인 역할을 하고 있다. 2015년 가을 구글 지도 사용자는 이미 10억 명이 넘었고 60여 개국에서 200만 개 이상의 대중교통 지점과 교통상황 정보를 제공하고 있다. 2015년 봄에는 구글 맵과 기술 경쟁을 벌이는 몇 안 되는 기업 중 하나를 놓고 입찰 경쟁이 벌어졌다. 그 기업은 핀란드 노키아 그룹의 자회사 히어Here로 지금까지 차량에 설치된 내비게이션 시스템의 80퍼센트에 가까운 점유율을 차지하고 있다. 또한 연간 매출액이 10억 유로에 이르고 6,000여 명의 직원이 있는 이 기업은 세계 196여 개국에 디지털 지도를 공급한다. 지금까지 구글 맵에 의존하던 우버도 관심을 보였다. BMW와 아우디, 다임러 그룹도 자동차업계 컨소시엄에 합류했고 결국 25억 달러에 히어 맵스를 인수했다. 이들 자동차업체는 내비게이션 시스템뿐 아니라 자율 주행차 개발을 위해서라도 지도 데이터가 필요한 상황이었다.

구글이 무인자동차 경쟁에서 주도적인 위치를 차지한 것은 자체적인 지도 제작 기술 때문만은 아니다. 구글은 지난 몇 년 동안 지도 개발에 엄청난 돈을 투자했다. 초기의 디지털 지도는 온라인 지도보다 조금 더 나은 수준의 초보적인 형태에 불과했다. 오늘날 디지털 지도는 구글이 오랫동안 수집해온 어마어마한 데이터베이스에 접근할 수 있는 복잡한 소프트웨어다. 길모퉁이의 은행 지점을 찾는 사람은 지도에서 은행의 주소뿐 아니라 개점 시간, 소비자들의 리뷰, 사진, 현재 있는 곳에서 얼마나 떨어져 있는지까지 상세한 정보를 얻을 수 있다.

구글은 다시 지도 기술에 투자를 집중하고 있다. 거의 100만 소프트웨어 개발자와 기업이 자신들의 앱을 개발할 때 구글 지도를 사용한다. 소규모 신생업체나 취미로 사용하는 사람은 응용프로그램 인터페이스Application Programmer Interface, API에 무료로 접근할 수 있다. 구글 지도 팀의 팀장 마니크 굽타Manik Gupta는 이렇게 말한다.

"그러나 일정한 한계를 넘어서면 우리는 돈을 받습니다."

몇 년 전 구글 지도 프로젝트에 합류한 굽타는 처음에는 인도의 방갈로르에 있는 구글 지부에서 일했다. 당시 지도 프로젝트에 참여한 프로그래머는 수십 명에 불과했지만 지금은 마운틴 뷰의 본사에서 1,000명이 넘는 직원이 구글 지도 프로젝트에 전념하고 있다. 최근 몇 년 동안 구글은 수천 바이트가 넘는 지도 데이터를 수집했는데 산림청 같은 정부기관에서는 부분적으로 정보를 무료로 제공받고 개인 공급자에게는 정보를 사들였다. 구글 엔지니어는 도로 지도, 위성사진, 스트리트 뷰 사진 등 모든 종류의 자료를 모아 자체 지도를 제작한다. 지금도 새로운 도로를 끊임없이 추가하고 있지만 일부 나라의 시골지역은 지도 자체가 존재하지 않아 프로젝트의 앞날이 녹록치 않다.

구글은 특히 아프리카나 아시아의 사용자들이 스스로 도로 및 교통정보를 입력하고 오류를 보고할 수 있도록 앱을 만들었다. 제3세계의 경우 구글 지도가 그 나라의 유일한 지도인 경우도 있다.

"그래서 우리는 지속적으로 세상의 지도를 업데이트하려고 합니다."

데이터 처리에서 전문성 확보는 매우 중요한 문제인데 사실은 이 분야에서 구글을 따라잡으려고 시도하는 기업조차 극소수에 불과하다. 애

▶▶▶

플은 2012년 자체 앱을 개발해 적어도 아이폰과 아이팟에서는 구글의 앱을 대체하고자 노력했다. 그러나 애플이 개발한 대안적 앱은 오랫동안 수많은 오류와 씨름해야 했고 결국 사용자들의 호감을 사는 데 실패했다. 마이크로소프트의 자체 지도 앱도 거의 제 역할을 하지 못했다. 노키아의 히어도 오로지 차량 내비게이션 시스템에만 쓰일 뿐이다. 구글이 2012년 자주 사용하는 사용자들을 대상으로 서비스 유료화를 시행했지만 포스퀘어Foursquare 같은 몇몇 온라인 서비스업체만 오픈스트리트맵OpenStreetMap으로 눈을 돌렸다.

구글의 우위 선점에는 스트리트 뷰의 공이 크다. 굽타는 카메라를 장착한 차량이 "세상을 찍으면 우리는 거기서 정보를 걸러낸다."라고 얘기한다.

"이미지 알고리즘에서 우리가 뽑아낼 수 있는 정보량은 어마어마하지요."

예를 들어 구글 소프트웨어는 교차로에서 좌측 주행이 금지된 교통 표지판의 이미지를 인식하고 이에 맞춰 구글 지도의 주행 시스템을 조정한다. 같은 방식으로 알고리즘은 맥도날드나 H&M 같은 프랜차이즈 식당 혹은 가게를 인식하고 그것을 메뉴에 반영한다.

스트리트 뷰는 현재 자전거 도로뿐 아니라 레스토랑, 박물관, 나아가 가게의 내부까지 보여주는 것으로 확대되고 있다. 이것은 사용자의 희망사항을 정확히 반영한다. 스트리트 뷰는 80퍼센트 이상을 그 지역 사람들이 이용하기 때문이다. 만약 조깅코스를 미리 확인하고 싶거나 예약하기 전에 레스토랑의 내부를 보고 싶은 사람은 이 서비스를 이용하면 된다. 가게나 식당 주인이 가게 내부를 공개하겠다고 구글에 요청하면

스트리트 뷰 팀이 공 모양의 카메라를 실은 작은 손수레를 가지고 방문한다.

이제 스트리트 뷰는 전 세계 거의 모든 곳에서 점점 더 정교해지고 있다. 스트리트 뷰의 수장인 빈센트를 커다란 난관에 빠뜨린 나라는 극소수에 불과하다. 예를 들어 러시아에서는 권력자들이 모든 것을 일일이 확인하려 한다. 독일에서는 자기 집이 웹사이트에 등장하는 것을 보고 사생활 침해 위협을 느끼는 사람이 많다. 사람이나 차량 번호판 같은 개인적인 상세 정보는 구글이 자동적으로 제거한 뒤 서비스를 제공하지만, 독일에서는 집주인의 요청에 따라 영상이나 사진에 찍힌 집 중 3퍼센트를 화소 보정 작업을 했다. 빈센트는 확고하게 말한다.

"우리는 사람들의 사생활을 보호하기 위해 최선을 다합니다. 어떤 상황에서도 그들의 신뢰를 저버리고 싶지 않으니까요."

물론 이것이 항상 말대로 지켜지는 것은 아니다. 몇 년 전 독일에서는 한 직원의 실수로 허용되지 않은 데이터까지 수집한 적이 있다. 이 데이터는 대중에게 공개하지 않고 즉시 폐기했지만 프로젝트에 대한 신뢰는 흔들릴 수밖에 없었다.

빈센트와 굽타는 구글이 특히 유럽에서 사용자들의 희망사항에 맞춰 전략을 조정하고자 많이 노력한다고 전한다. 무엇보다 대중교통을 지도 앱에 반영할 예정인데 굽타는 "유럽인이 자동차보다 버스를 많이 이용하기 때문"이라고 설명한다. 이에 따라 구글은 버스 운수업체와의 협력을 통해 수백만 개의 버스 정류장과 기차역 그리고 그에 맞는 시간표를 지도에 첨가할 계획이다.

구글 엔지니어들은 이미 다음 세대 지도 앱 개발에 착수했다. 가령 지

▶▶▶

도와 위치 데이터는 디지털 보조 장치에서 중요한 역할을 하고, 구글 나우는 개별적 필요에 맞게 온라인과 전화 서비스를 제공한다. 앞으로는 인터넷 성장과 함께 더 많은 기기가 위치와 정보를 전달할 것이다. 구글 지도에서 잃어버린 집 열쇠를 찾을 수 있는 날이 오지 않을까? 애플 워치 같은 스마트 시계와 새로운 웨어러블 기기 혹은 더욱더 소형화된 음성 내비게이션 앱이 개발되지 않을까? 굽타는 신중하게 말한다.

"그 문제에 대해 확실히 대답할 수는 없습니다. 한 가지 분명한 것은 다음 세대의 진화는 스마트폰을 훨씬 넘어설 것이라는 점입니다."

제6장

마스터마인드:

구글은 어떻게 일하는가

WHAT GOOGLE
REALLY WANTS

구글은 늘 접두사와 접미사를 붙여 독특한 신조어를 만들어왔는데 이는 새로운 시대의 상징이자 기술업체에서 쓰는 유행어가 되었다. 예를 들어 구글의 신입사원은 '누글러'Noogler이고 라즐로 복Laszlo Bock은 단순히 인사 부서HR의 수장이 아니라 '사람 운영 팀 부사장'Vice President of People Operations으로 불린다. 아마추어 마라톤 선수로 근사한 체격에 에너지가 넘치는 복은 지난 10여 년간 구글에서 아주 복잡하고 효율적인 HR 시스템을 구축해왔다. 이것은 어쩔 수 없는 선택이었다. 구글에 지원하는 사람이 너무 많은 탓이다. 1년에 약 300만 명의 입사 지원자가 몰려들고 그 수는 매년 증가하는 추세다. 그러나 사람들이 흔히 생각하는 것처럼 알고리즘으로 선택받는 직원은 아무도 없다. 구글의 수십 명 직원은 하루 종일 이력서를 읽는 것 말고는 아무 일도 하지 못한다. HR의 수장 복은 그것이 "매우 힘든 일"이라고 말한다.

복은 헝가리 출신의 이민자로 오스트리아를 거쳐 미국으로 왔다. 그는 독일어를 어느 정도 이해하는데 구글의 철학을 말하면서 '엉덩이에 키스하기'를 독일어로 어떻게 번역하는지 내게 물었다. 구글이 직원들에게 원치 않는 것이 있다면 바로 그런 일이라는 의미다. 승진하기 위해 제품 향상보다 상사를 즐겁게 하는 일에 열중하는 것 말이다.

사람과 혁신 연구소, 피랩

구글에서 흔히 볼 수 있듯 청바지에 티셔츠, 스니커즈 차림의 복은 어떻게 하면 직원들을 행복하게 만들어 이들이 좀 더 효율적이고 창조적으로 일하게 할지 항상 고민한다. 사실은 대기업조차 놀라울 정도로 직관에 의존해 인사 부서를 운영하는 경우가 많다. 채용하는 사람을 보면 보통 능력 있는 관리자에 적합한 유형이다. 면접에서는 대개 면접관의 개인적인 감정이 결정적 요인으로 작용한다. 기업 구조는 늘 그래왔던 것처럼 엄격한 수직 구조에 정기적으로 승진이 이뤄지고 부서에는 평사원만큼이나 많은 관리자가 있다. 물론 지금은 많은 기업이 좀 더 과학적인 방법으로 최적화된 작업 환경을 개발하기 위해 노력하고 있다. 그러나 구글만큼 엄격하게 분석적인 방식을 적극 추구하는 기업은 드물다. 복은 그 이유를 "경험적으로 검증할 수 있는 원칙을 세우기 위해서"라고 말한다. 경영 전문가들이 오랫동안 품어온 의문에 대해 과학적인 답을 주는 원칙 말이다. 리더의 자질은 자연스럽게 생겨나는 것일까, 아니면 학습으로 얻을 수 있는 것일까? 그저 괜찮은 직원과 뛰어난 직원을 어떻게

▶▶▶

구별할 수 있을까? 부서의 이상적인 구조는 무엇일까?

구글은 이러한 접근 방식을 '인재 분석'이라 부른다. 데이터에 기반을 둔 이 관리 방식의 기본적인 개념은 단순하다. 직원들이 자기 능력을 최대한 발휘할 수 있는 기업 구조에다 직원 관리가 적절히 이뤄지면 그 기업은 장기적으로 세계 최고가 될 가능성이 크다! 진부하게 들릴 수도 있지만 실제로 많은 기업이 이와 정반대의 선택을 한다. 가령 인사 정책은 간혹 파벌이 좌우한다. 기업 내의 정치적 이해에 따라 중요한 결정을 내리기도 한다. 또한 부서끼리 서로 싸우느라 바쁘고 직원들의 능력은 격려받기보다 내부의 적 때문에 평가절하되기 일쑤다. 경영 관리자들은 자신의 지위에 덜 위협적인 부하직원을 선호한다.

복은 구글에 내부 연구소를 설립했는데 그것은 '사람과 혁신 연구소' People & Innovation Lab로 줄여서 피랩PiLab이라 부른다. 수십 명의 사회학자와 심리학자를 비롯해 여러 분야의 과학자로 이루어진 이 연구소에서는 인간 행동과 관련된 모든 분야의 연구 결과를 분석하고 인력 관리 계획을 수립한다. 어떻게 결정에 대한 피로감을 예방할 수 있을까? 어떻게 하면 부서끼리의 마찰을 잘 막을 수 있을까?

연구소 직원들은 6개월마다 구글의 전 직원을 대상으로 '심리도식적 프로파일'Psychographics Profile을 작성하는데, 이를 통해 각 직원의 가치관·취미·취향 등을 파악하고 생활 방식과 이들에게 적합한 작업 환경 등에 관한 정보를 제공한다. 또한 생산적인 작업 환경을 제공하는 가장 효율적인 접근 방식을 알아내기 위해 기업 내부를 대상으로 끊임없이 실험을 한다. 가령 직원들이 저축하고자 할 때 구글이 어떤 도움을 줄 수 있을까? 장기적으로 직원들이 가장 만족해할 만한 재정적 보상 시스템은 무엇일까? 이런 노력에 따라 구글은 언뜻 이상해 보이는 직원 관리 수단을 구축했다. 구글의 직원들은 특별히 협력을 잘했거나 프로젝트에 큰 도움을 준 동료에게 175달러의 상여금을 회사 돈으로 제공할 수 있다. 이 상여금은 굳이 상부 관리자의 허락을 받지 않아도 즉시 지불이 가능하다. 연구에 따르면 이 시스템은 동료들 간의 협력관계를 공고하게 만드는 것으로 나타났다.

복은 5만 5,000여 명의 직원 관리를 급여를 제때 지급하는 데 치중하는 관료적 행위로 보는 게 아니라 인간 행동에 대한 일종의 대규모 연구 프로젝트로 이해한다. 이 인사 부서 수장은 구글의 경영 철학을 얘기할 때 연구 결과와 데이터를 자주 인용한다. 이를테면 구글은 직원들이 회사 일을 결정하는 데 가능한 한 적극 참여할 뿐 아니라 작업 방식도 스스로 자유롭게 결정하도록 허용한다. 복은 현재 이것을 많이 연구하고 있다며 특히 다양한 회사의 경영 원칙을 평가하는 셰필트Sheffield 대학의 메타 연구를 거론했다. 이 연구에 따르면 1980년대에 모토로라가 개발하고 제너럴 일렉트릭의 전 CEO 잭 웰치Jack Welch를 통해 대중에게 알려진 6시그마Six Sigma(기업이 완벽에 가까운 제품과 서비스를 개발 및 제공하려는 목적으로 전략적으로 정립한 품질경영 기법 또는 철학—옮긴이) 같은 접근법은 특정 상황에서만 효율적이다. 복의 얘기를 들어보자.

"언제 어디서든 통하는 유일한 방법은 직원에게 자유를 보장하는 것입니다. 이를 현실에 적용하자면 독자적으로 팀을 꾸리고 목표나 생산량을 스스로 설정하게 하는 것이죠."

구글은 상관의 일방적인 편애를 가능한 한 배제하고 직원들의 자율적 동기를 키우려 노력한다. 복은 멕시코에 있는 두 개의 나이키 공장을 예로 들어 그것을 설명했다. 한 공장은 자율적인 관리 체제 아래 하루 140장의 티셔츠를 생산하는 데 반해 엄격한 규칙을 적용하는 다른 공장은 하루에 70장의 티셔츠를 생산한다.

"자율적인 체계에서 일하는 직원들은 더 높은 임금을 받지만 티셔츠 한 장을 만드는 데 드는 비용이 더 적습니다. 높은 생산성에 따른 이익이 인력에 대한 비용보다 높기 때문이지요."

이 인사 부서 수장이 거듭해서 강조하는 두 번째로 중요한 요소는 분명하게 설정한 목표, 즉 거대한 목표다. 연구 결과는 직원들이 자신이 하는 일의 의미를 깊이 깨달을수록 더 많은 성취를 거두고 그 회사에 오래 머문다는 것을 보여준다. 페이지와 그의 경영 팀이 새로운 야망과 더 큰 계획을 준비하고 발표하는 데 많은 시간을 보내는 이유가 여기에 있다. 비즈니스 잡지 《포천》은 해마다 최고의 고용기업 순위를 발표하는데 그 기준은 급여, 사회적 기여, 공정함, 직장에서의 승진 기회, 사업 환경 등이다. 이 순위에서 구글은 자주 맨 윗자리를 차지한다. 또 학생들 사이에 가장 일하고 싶은 직장의 순위에서도 구글은 가끔 1등에 오른다. 특히 젊은 IT 직원들은 마운틴 뷰의 '양복을 입지 않고도 진지한 일을 할 수 있다'와 '일은 도전적으로 하되 즐겁게 도전하라' 같은 기업 철학에 열광한다. 구글의 높은 급여는 여러 이유 중 하나에 불과하거나 심지어 부차적인 요소이며 인재들은 자유로운 재능 경쟁 기회에 몰두한다. 실제로 구글에서는 최고의 지성과 능력을 갖춘 프로그래머, 과학자, 엔지니어 들이 어떤 분야에서든 엄청난 연봉을 받으며 자신의 기준에 맞는 일을 선택할 수 있다.

구글이 구직자들에게 인기가 높은 이유는 복이 세운 '행복 기계'Happiness machine라는 목표와 밀접하게 관련되어 있다. 즉, 직원들이 그저 시간을 때우는 곳이 아니라 만족감과 행복감을 느끼는 일자리 말이다. 행복하면 다른 회사로 옮겨가지도 않고 늘 열심히 일한다. 복은 다음과 같이 말한다.

"많은 돈을 버는 데는 두 가지 방법이 있습니다. 하나는 인류가 수천 년 동안 경험을 통해 축적해온 전통적인 방식으로 직원들을 형편없이 대하고 굴복시키며 언제라도 대체 가능한 노예처럼 부리는 것입니다."

다른 하나는 직원들을 가능한 한 최고로 대하고 이들이 편안하게 일할 수 있는 환경을 만들어주는 것이다. 복은 장기적으로 볼 때 적어도 주요 글로벌 기업이라면 이런 모델을 선택해야 할 것이라고 말한다.

"세상의 뛰어난 인재들이 일자리를 찾아 이동하는 경우가 점점 늘어나고 있고 이들은 미래의 일자리에 대해 꼼꼼하게 따져 봅니다."

그는 여전히 전통적인 모델이 지배적이라며 자신이 글로벌 언론 기업에서 겪은 일을 얘기해주었다. 복은 자기 회사의 직원을 올바르게 대하는 가장 중요한 태도는 기본적으로 인간의 '선함과 정직함'을 믿는 것이라고 본다. 하지만 유명한 언론 황제는 자신이 그와 정반대로 생각한다는 것을 강조했다고 한다. 인간은 기본적으로 거짓말쟁이에다 믿을 수 없는 존재이므로 항상 감시해야 한다는 것이다. 복은 "이런 태도는 그 회사에서 직원들이 어떤 대접을 받을지 충분히 설명해준다."라고 말했다.

최고의 두뇌를 얻기 위한 노력

사람과 혁신 연구소 직원들의 야심은 구글 내 다른 부서의 과학자나 공학자의 그것과 그리 다르지 않다. 10배 원칙은 컴퓨터공학 분야뿐 아니라 인력자원 담당 부서에도 마찬가지로 적용된다. 이를 보여주듯 복은 유명한 프레이밍햄 심장 연구Framingham Heart Study에 기반을 둔 프로그램을 개발했다. 프레이밍햄 연구는 의사들이 1950년부터 매사추세츠 주의 한 지역 주민 5,000여 명을 꾸준히 관찰하면서 그들의 일상적인 습관이 건강에 미치는 영향을 확인하려는 시도였다. 마찬가지로 피랩의 연구원들은 2013년 구글의 작업 환경을 놓고 장기적인 연구에 돌입했다. 구글 DNA, 줄여서 지디엔에이gDNA라고 부르는 이 프로젝트는 생산성 극대화와 직원들의 만족도 증가 그리고 팀을 효율적으로 꾸리는 방법을 찾는 연구였다. 처음에는 4,000여 명의 구글 직원을 대상으로 1년에 두 번 인생 전반과 직장생활에 대해 광범위하게 조사했다. 복은 이 연구가 전체적으로 한 세기 이상 진행되기를 희망한다.

지디엔에이 프로젝트는 벌써부터 초기 성과를 내고 있다. 구글은 무엇보다 직원을 장기적으로 만족시키는 것은 매우 어렵다는 결론을 얻었다. HR 관리자들의 연구와 데이터 분석 결과에 따르면 새로운 직원들은 대부분 초기에는 높은 만족감을 보이지만 시간이 흐를수록 만족도가 감소하는 경향을 보였다. 그런데 어떤 직원들의 만족도는 전혀 감소하지 않았는데 그 이유를 알아보니 그들은 회사에 감사하는 마음이 컸다. 이에 따라 구글의 인사 관리자들은 어떻게 하면 직원들이 회사에 감사하는 마음을 유지할 수 있을지 더 깊이 고심하고 있다. 이를 위한 정책 중 하나가 직원이 사망하면 그 배우자에게 10년 동안 연봉의 절반을 계속 지급하는 것이다.

구글이 이런 프로그램을 진행하는 이유는 순수하게 도덕적인 생각에서라기보다 그것이 '분명한 사업적 이익'을 안겨주기 때문이다. 연구 결과 두뇌가 뛰어난 인재는 작업 환경에 만족하고 자신이 하는 일이 의미 없이 쳇바퀴를 돌리는 것이 아니라고 확신할 때 훨씬 더 높은 생산성을 보인다. 노동 시장에서 최고의 두뇌를 찾으려는 경쟁은 실리콘 밸리뿐 아니라 전 세계 대기업들 사이에 치열하게 벌어지고 있다. 구글은 애플은 물론 지멘스, 보쉬, 다임러로도 눈을 돌리고 있다. 반대로 떠오르는 신생기업들은 회사 주식이나 수백만 달러의 스톡옵션을 미끼로 구글의 직원들을 가로채고 있다. 내부자의 추정에 따르면 우버 직원의 3분의 1은 구글 출신이다. 클라우드 공급업체 드롭박스Dropbox는 두 명의 이사와 인력 부서 책임자, 법무 자문위원이 모두 구글의 전직 부서 책임자다.

실리콘 밸리의 최고 두뇌를 회사에 계속 붙들어두려면 보다 창조적인 일자리와 점점 더 많은 급여를 제공해야 한다. 회사 내에 설치한 볼링장이나 미각을 충족시키는 요리를 제공하는 개방형 부엌을 갖춘 카페도 무시할 수 없는 중요한 부분이다. 하지만 일반적으로 만족도를 좌우하는 것은 바로 고용 원칙이다. 예를 들면 공정한 승진 기회가 있다. 이에 따라 구글은 무엇보다 직원이 스스로 승진을 제안하도록 허용하며 그 결정은 직속 관리자뿐 아니라 이사회에서도 하고 있다.

뭐니 뭐니 해도 직원들의 만족감과 부서의 생산성을 핵심적으로 좌우하는 중요한 질문은 이것이다. 어떤 리더가 훌륭한 리더인가? 지금껏 수많은 사람이 이 질문에 대한 답을 찾기 위해 노력해왔다. 그 최종적인 답

▶▶▶

을 얻기 위해 구글은 산소Oxygen 프로젝트라는 이름으로 대규모 실험을 시작했다. 우선 구글의 연구원들은 직원만족도 설문조사, 업무 리뷰, 경영관리 부문의 상 등을 토대로 경영진에 대해 1만여 개에 이르는 자료를 수집했다. 그리고 통계학자들은 수집한 데이터를 바탕으로 기업 구조와 유행어, 칭찬과 비판의 상호 연관성을 분석했다. 그 결과 구글 연구원들은 훌륭한 리더를 만드는 여덟 가지 원칙을 도출했다.

연구원들은 여러 가지 원칙 중에서도 핵심은 일반적으로 가장 중요하다고 생각하는 요소, 즉 팀을 이끌어가는 최고의 엔지니어나 경험이 많은 전문가일 거라고 짐작했다. 그런데 기술 전문가는 모든 원칙 중에서 가장 아래쪽을 차지했다. 훨씬 더 중요한 원칙으로 밝혀진 것은 겉보기에 아주 평범한 것이었다. 직원들이 발전하도록 도움을 주어라! 자기 팀에 대해 분명한 비전과 전략을 세워라! 생산성과 결과에 집착하라!

연구 결과는 의외로 많은 관리자가 이 단순한 원칙을 무시한다는 것을 보여준다. 구글은 이러한 원칙을 경영에 반영하기 위해 많이 노력하고 있다. 또한 회사의 방향에 회의를 품는 리더들을 위해 개별적으로 상담해주는 코치들도 영입했다. 복은 경험으로 증명된 다른 유사한 원칙도 적용할 생각이다.

"한 부서를 훌륭하게 만드는 데는 다양한 의견이 있게 마련이고 '맞아, 이 문제와 임무를 해결하려면 이런 방법을 써야 해!'라고 콕 집어 말할 수 있는 방법은 없습니다."

구글은 그동안 복잡한 데이터 분석과 직원들에 대한 연구 결과를 통해 관습적인 고용과 채용 방식을 완전히 바꿔놓았다. 채용 전문가들은 학교 성적이나 지능 테스트, 출신 대학 같은 기존의 전통적인 채용 기준을 내던졌다. 복은 이렇게 강조한다.

"이 모든 것이 일을 얼마나 잘하고 못할지에 대한 기준이 될 수 없음을 우리는 확실히 증명할 수 있습니다."

이것은 난해한 문제를 풀게 하거나 가장 큰 약점이 무엇인지 같은 질문을 던지는 전통적인 면접에도 똑같이 적용된다. 복은 "이 같은 인터뷰는 대부분 시간 낭비에 불과하다."라고 말한다. 과학적 연구 결과 인사 담당 전문가와 관리자는 대개 입사 지원자의 인상을 처음 10분 안에 파악하는 것으로 밝혀졌고, 위의 질문은 단지 이들의 느낌을 확인시켜주는 도구에 불과하다. 그러므로 채용 과정에서 개인적이고 내밀한 선입견을 배제하는 것이 무엇보다 중요하다. 복은 지원자가 얼마나 일을 잘할지 예측하는 가장 좋은 방법은 미래에 할 일을 미리 주고 샘플 테스트를 하는 것이라고 말한다. 즉, 미래에 할 일을 미리 해보라고 지원자에게 요청하는 것이다. 또 해석할 필요 없이 분명한 답이 정해진 문항으로 일반적인 인지 능력 테스트를 하는 방법도 있다. 마지막으로 일반적인 질문을 하며 구조적인 대화를 나눠본다. 가령 '당신이 부서에 크게 기여했을 때 동료들이 어떤 반응을 보일지 얘기해보시오' 같은 질문을 던진다. 복은 "이것은 지루한 질문 같지만 그 대화 내용은 일관성 있는 데이터베이스가 된다."라고 말했다. 또 그 대답을 통해 지원자가 평범한지 비범한지 확실히 파악할 수 있다. 비범한 지원자는 어떤 상황 및 행동에 대해 훨씬 더 뛰어난 설명과 해석을 하기 때문이다.

구글의 채용 담당자들은 입사 지원자의 의무감과 양심을 매우 중요하게 생각한다. 복은 양심적인 직원은 '대충 끝났어' 하는 식의 태도가 아니라 임무를 제대로 해낼 때까지 일에 매진하기 때문에 두 가지는 아주 중

▶▶▶

요한 지표라고 말한다. 또한 구글은 책임자 채용 인터뷰에 감독관뿐 아니라 지원자가 이끌 팀이나 부서의 직원을 한두 명 참석시킨다. 이는 부서 내의 조화와 평등한 관계를 강조하기 위한 조치라고 볼 수 있다.

특히 구글은 수많은 연구 평가 자료를 토대로 여성 지원자들을 정확히 파악하려 애쓴다. 지원자들의 성별 성향을 보면 남성 지원자는 대체로 면접에서 자신의 능력을 떠벌리는 반면 여성 지원자는 오히려 자신을 낮추는 경향이 있기 때문이다.

그렇지만 아무리 과학적으로 체계화된 채용 과정을 갖춰도 구글이 진정 원하는 지원자만 뽑을 수 있는 것은 아니다. 사실 300만 명의 지원자 중에서 구글의 요건에 완벽히 부합하는 지원자는 얼마 되지 않는다. 복의 얘기를 들어보자.

"아쉽게도 진짜 최고의 고수는 지원하지 않습니다. 이미 훌륭한 일자리에서 멋진 직원들과 함께 일하며 최고의 연봉을 받고 있으니까요."

더구나 모든 지원자가 기술 분야에 관심이 높아서 구글에 지원하는 것은 아니다. 복은 인터넷을 기반으로 하는 구글이 "근사하고 풍족한 인생을 누리기에 딱 맞는 직장이라는 인식이 늘고 있다."라고 말한다. 이들은 세상을 바꾸기보다 단지 돈을 많이 벌고 싶어 할 뿐이다. 복은 이런 지원자들을 걸러내는 것은 무척 어려운 일이라고 했다.

구글은 오래전부터 '자기복제형 인재 등용'이라는 원칙에 바탕을 둔 인재 탐색을 중요시해왔다. 이는 뛰어난 인재를 한 명 영입하면 그가 뛰어난 전 직장동료나 대학친구를 데려오는 방식이다. 그러나 장기적으로 볼 때 이 방식은 스탠퍼드 대학의 컴퓨터공학과 출신 직원으로만 가득 채워지는 결과를 낳을 수 있다.

이제 구글 내부의 인재 사냥꾼들은 지원자 데이터베이스를 중심으로 전 세계의 인재들을 모으려 노력하고 있다. 또한 소프트웨어를 통해 인터넷에서 최고의 인재들을 찾아 영입 목록에 올리는 작업도 하고 있다. 어떤 인재는 인력 부서 책임자가 몇 년 동안 자료를 모으기도 한다. 최적의 조건을 제공하기 위해 최고의 인재와 함께 그가 속한 부서의 전체 부서원을 함께 영입하는 경우도 있다. 때로는 새로운 도시에 구글의 전초기지를 마련한 뒤 거기서 뛰어난 인재를 영입하기도 한다. 그러다 보니 비용이 많이 들긴 하지만 구글은 다른 방면에서 비용을 절약한다. 정말로 뛰어난 인재는 업무에 적응하기 위해 따로 훈련이나 적응기간을 거칠 필요가 없으며, 일단 자리를 잡으면 보조비용도 들어가지 않는다.

그렇다면 구글이 찾는 인재는 정확히 어떤 사람일까? 세상을 바꾸겠다는 야심으로 가득 찬 사람? 자신이 하는 일이 결국 어떻게 완성될지 혹은 세상에 어떤 흔적을 남길지 묻지 않고 오로지 자기 일만 하는 천재형 프로그래머? 현재 구글의 직원들은 대체로 젊고 국적이 다양하며 점점 여성이 늘어나고 있다.

무엇보다 구글은 야망이 큰 사람을 선호한다. 실제로 많은 구글 직원이 전 세계적인 제품을 만드는 일에 참여한다는 점에서 커다란 자부심을 보인다. 그리고 거의 모든 직원이 평균보다 훨씬 뛰어난 지성을 갖추고 있다. 그 결과 지난 수년 동안 구글에는 일종의 제도적 오만함이 자리를 잡았다. 뛰어난 지성을 갖춘 한 줌의 무리가 세상 누구보다 많은 것을 안다고 자부한다는 얘기다. 실리콘 밸리의 보편적인 스타일로 볼 때 그 태도 자체가 굳이 나쁜 것은 아니다. 세상을 바꾸려고 하는 자가 일단 그것을 시도하려면 어느 정도 오만함이 필요하기 때문이다. 이것은 맨해튼의 투자 은행가들이 보이는 오만함과는 다른 오만함이다. 물론 월스트리트에도 뛰어난 인재들이 많이 모여 있다. 남성 호르몬이 흘러넘치는 주식거래소를 중심으로 활동하는 헤지펀드매니저와 주식중개인은 마치 자신들이 세상의 중심인 양 생각하는 것을 굳이 비밀로 하지도 않는다. 이곳에서는 100만 달러나 되는 보너스를 집으로 가져가지 못하는 나머지 99퍼센트는 자신의 무능력을 탓해야 한다는 분위기가 팽배하다. 여기에 세상을 더 나은 곳으로 만들려고 하는 사람은 없다.

구글의 구조, 작은 세포의 집결과 해체

기본적으로 구글은 전문가보다는 다방면에 뛰어난 사람을 고용하는 편이다. 복은 이렇게 말한다.

"지금까지 직장생활에서 같은 일만 해온 사람은 문제가 생겨도 새로운 방식으로 접근하기보다 늘 해온 방식대로만 하려고 합니다."

위대한 성공을 기대하는 사람은 커다란 실패를 두려워하지 않아야 한다. 이런 관점에서 구글은 '실패라는 낙인'을 없애기 위해 체계적으로 노력하고 있다.

"해결할 수 없는 문제를 던져주면 최고로 똑똑한 사람들은 땀 흘리며 미친 듯이 일하지만 결국 실패하고는 화를 내지요. 그렇지만 그제야 실패했다고 세상이 끝장나는 것은 아니라는 사실을 깨닫습니다."

이런 시도는 직원 교육의 일환으로 여러 분야에서 이뤄지고 있는데 이것은 식습관도 예외가 아니다. 가령 콜라 혹은 탄산음료는 반투명창

뒤의 미니 부엌이나 눈에 띄지 않는 곳에 배치해 직원들이 대신 물이나 과일주스를 마시게 한다. 건강은 '행복한 직원'의 바탕이기 때문이다. 과일 같은 건강한 먹거리는 눈에 잘 띄는 곳에 두고 캔디나 칩스 같은 과자는 아래쪽에 숨겨둠으로써 몸에 해로운 스낵 섭취도 3분의 1로 줄어들었다. 그러나 구글이 고심 끝에 '고기 없는 월요일'을 도입하고 모든 캠퍼스의 식당에 채식만 공급하자 직원들이 크게 거부반응을 보이기도 했다.

시간이 흐르면서 인사 부서는 직원들에게 이로운 일을 하도록 설득하는 데는 세심한 방식이 훨씬 더 효과가 크다는 것을 깨달았다. 이에 따라 직원들에게 지속적으로 배우고 자신의 전문 분야 외에 새로운 재능을 계발하라며 잔소리하는 대신 '구글러 투 구글러'Googlers-to-Googler라는 프로그램을 도입했다. 이것은 직원들이 근무시간 동안 동료를 위해 킥복싱부터 마음을 다스리는 명상, 수사학 세미나에 이르기까지 온갖 영역에 관한 재능을 자발적으로 제공하는 것이다. 이 프로그램을 통해 수천 명의 직원이 교육자로서의 능력을 발휘했고 그 과정에 많은 사람이 참여했다.

복의 부서가 시도한 모든 노력은 이제 상당한 결실을 얻고 있다. 실제로 구글 직원들의 직장 만족도는 놀라울 정도로 높다. 무능력한 상관에 대한 불평, 형편없는 직원 방침, 불공정한 대접, 지루함, 짜증나는 동료에 대한 험담은 닫힌 문 안에서조차 누구에게도 들을 수 없다. 새로운 직원, 특히 기업 내의 정치 다툼에 지친 대기업 출신 신입사원은 구글의 개방적인 분위기와 훌륭한 직원 처우에 크게 놀란다. 그렇다고 모든 것이 매끄럽게 잘 돌아가는 것도 아니고 복이 구글의 모든 부서를 천국으로 바꿔놓은 것도 아니다. 인사 부서의 수장 복은 겸손하게 말한다.

▶▶▶

"구글에는 아직도 모자란 부분이 있습니다. 하지만 예전보다 훨씬 나아졌다고 자신합니다."

구글은 경제학자나 장사꾼의 기업이 아니라 공학자와 엔지니어가 이끌어가는 기업이라는 특징이 강하다. 그러다 보니 단순히 관리하는 역할을 맡은 책임자에 대한 거부감이 강하다. 컴퓨터공학자나 전자공학자, 기계공학자 들은 누군가가 자신의 일에 끼어드는 것을 좋아하지 않는다. 이들은 자신이 모든 것을 스스로 고칠 수 있다고 믿는다. 기존의 수직적 관계나 명령체계는 상대적으로 약하고 직원들이 '우두머리 냄새를 풍기는' 사람을 기피하는 분위기라 그런 사람은 경력이 금세 끝장나기 십상이다. 안드로이드 자동차의 생산 책임자 다니엘 홀레Daniel Holle는 "구글에서 두 달간 일했지만 아직도 동료의 직함을 정확히 모른다."라고 말했다.

"누구도 자신의 직함을 말하지 않고 처음 만났을 때도 '내가 여기서 중요한 사람'이라고 나서는 사람이 아무도 없었어요."

구글에서는 어떤 사람이 스무 명이나 쉰 명 혹은 백 명을 거느린 부서의 수장이라는 것을 알아채기까지 꽤 많은 시간이 걸린다. 홀레는 "여기엔 자신을 중요한 사람이라고 여겨 원칙에 어긋나는 일을 하려고 설치는 오만한 사람이 아무도 없다."라고 했다. 그에게는 상부의 책임자조차 사소한 일을 직접 처리하고 '자기 일을 자동적으로 사다리 아래로 내려 보내지' 않는 것이 매우 인상적이었던 모양이다.

이런 분위기에서는 일반적인 기업 세계에서의 신분적 상징이 별다른 의미가 없다. 가령 비서가 앉아 있는 대기실과 마호가니 책상, 화려한 중역실, 벽에 자리를 차지한 값비싼 예술작품 등은 필요 없다. 구글의 사업적 측면을 관리하는 일종의 최고영업담당자 필리프 쉰들러Philipp Schindler는 약 60개국의 8,000여 명을 담당한다. 그런데 그의 사무실은 더 이상 평범할 수 없을 정도로 단출하다. 복도 중간에 자리 잡은 사무실은 사방 15제곱미터(약 4.5평) 정도의 크기에 구석에 입식 책상이 놓여 있다. 회의 테이블에는 네 개의 의자가 있는데 언뜻 이케아에서 파는 부엌 테이블처럼 보인다. 벽에는 2014년 월드컵에서 독일 팀이 승리한 기사를 다룬 일간지 《빌트》Bild의 낡은 1면이 붙어 있다. 키가 크고 야윈 얼굴에 어두운 곱슬머리를 한 쉰들러는 경영학 전공자로 구글에 입사하기 전 베르텔스만Bertelsmann과 AOL에서 일했다. 처음에 그는 구글의 총책임자였다가 나중에 유럽 총책임자로 임명되었고 2012년 마운틴 뷰로 건너왔다. 그의 공식 직함은 '글로벌 판매 및 영업 부사장'이지만 그 외에도 부분적으로 서로 관련이 없는 업무도 많이 책임지고 있다. 즉, 한편으로는 광고 사업과 유통을 지휘하지만 다른 한편으로는 글로벌 기술과 소비제품 운영도 책임진다. 가령 구글 플레이에서 받은 앱으로 사진을 올리고 내리는 데 문제가 생기면 쉰들러 팀이 나선다.

구글의 엔진 시스템이 일상적으로 어떻게 가동하는지 쉰들러만큼 정확히 아는 사람은 없다. 또한 조직 구조와 관리체계를 그만큼 많이 고민하는 사람도 드물다. 쉰들러는 말한다.

"그것이 내 역할의 많은 부분을 차지하고 나를 하루 내내 바쁘게 만들지요."

구글이 가장 주목하는 쉰들러의 아이디어는 역동적이고 끊임없이 변화하는 환경에서 기술업체는 대규모 팀보다 소규모 팀이 더 낫다는 것이다. 쉰들러는 이것이 끊임없이 재구성되어 주위에 적응하고 여기저기로 계속 움직이는 '작은 세포'와도 같다고 얘기한다. 기업 구조가 수평적이고 유연한 구글은 새로운 제품 개발 필요성에 신속히 대응하고 거의 즉각적으로 새로운 부서를 만들며 또 같은 방식으로 해체한다.

구글 카드보드Cardboard 프로젝트는 독일 프라이부르크 출신의 로봇학 전문가 크리스티안 플라게만Christian Plagemann이 몇 명의 직원과 시작한 일이다. 초기의 성공이 확실해지자 수십 일 내에 연구원과 엔지니어, 프로젝트 관리자 들이 한자리에 모였다. 1년도 채 지나지 않아 가상현실 프로젝트는 구글 내에서 새로운 주력 상품으로 떠올랐고 수십 가지의 신청서를 작성할 필요 없이 이에 걸맞은 예산과 직원을 확보했다.

결국 구글이 채용하고 싶어 하는 인력은 유연하고 다방면으로 재능이 있으며 뛰어난 사업적 감각을 지닌 사람이다. 쉰들러의 얘기를 들어보자.

"몇 년 안에 한 직원이 처음에 채용된 부서와 전혀 상관없는 다섯 가지 역할을 하는 경우도 있습니다."

엔지니어 중심 문화

구글의 CEO가 된 페이지는 기업 구조를 '드라마틱하게' 바꿔놓았고 이것은 특히 핵심 분야와 상관없는 새로운 사업에 시선을 집중함으로써 이뤄졌다. 그리고 그 새로운 영역에는 지금까지보다 더 많은 유연성이 필요했다. 페이지는 지나치게 지위가 높고 전문성을 갖춘 인재를 중역으로 채용할 때는 여러 번 숙고한다.

"내가 그분에게 요구할 다음 과제가 무엇인지 누가 알겠어요?"

그는 경영 철학에서도 공학자다운 면모를 드러낸다. 구글은 최근 몇 년간 엄격한 사업 목표를 세웠는데 사업 과제는 엄중하게 숫자 중심으로 설정한다. 즉, 개별 부서의 팀마다 분명하게 가이드라인을 설정하고 목표 완수를 위해 적합한 인재를 찾아내 착수한다. 일단 부서에서 자체적으로 목표를 설정하지만 쉰들러는 보통 그보다 높은 기준을 제시한다.

"여러분의 야망은 아직 그리 높지 않군요. 스스로 성취할 수 있는 것을 과소평가하지 마세요."

쉰들러는 책임자로서 직원 수에 비례한 관리자의 비율을 주의 깊게 지속적으로 점검한다. 그 주된 목적은 가능한 한 관리자 수를 최소한으로 유지해 평등하고 넓은 조직 구조를 만드는 데 있다.

"나는 마이크로소프트처럼 서열이 52단계로 나뉜 조직을 만들고 싶지 않습니다."

구글 내부에서는 늘 적절한 통제 범위와 관리 수준에 대해 철학적 토론이 벌어진다. 쉰들러는 현실을 들려준다.

"모든 사람이 알고 있지요. 문제를 해결하기 위해서는 너무 많은 사람을 한 방에 몰아넣으면 안 된다는 것을 말입니다."

중요한 결정을 내려야 할 때 스무 명이 회의실에 모이면 분명 '행렬' matrix의 문제가 발생한다. 이를 두고 쉰들러는 "모임에 참여해 무언가를 해야 한다고 생각하는 사람이 너무 많은 것"이라고 말한다. 그럴 때는 모임의 구조를 바꾸는 것이 더 낫다.

그런데 이러한 조직 철학은 회사의 규모가 커질수록 점점 더 유지하기가 어려워진다. 직원이 5만 5,000명인 구글은 지멘스(약 35만 명)나 보잉(약 16만 명) 같은 글로벌 기업에 비해 아직은 상대적으로 적은 규모다.

▶▶▶

그러나 구글은 이미 관리자 층이 두꺼워질 수밖에 없는 규모에 도달했다. 직원들의 경력을 조절하고 승진 기회를 창출하기 위해 이는 어쩔 수 없는 선택이다. 쉰들러는 가급적 이 같은 발전 방향을 피하기 위해 기존의 관리 기반을 거듭해서 허무는 방식을 택한다. 쉰들러의 얘기를 들어보자.

"현재의 유동적인 구조를 유지하지 못하면 곧바로 부작용이 생깁니다. 사업가적 재능을 갖춘 직원을 잃게 되니까요. 인재들이 빠져나가는 상황에서 아무런 조치도 취하지 않으면 5년이나 10년 후 '위험을 기피하는 샌님'만 남을 것입니다."

그런데 위험을 싫어하는 샌님뿐 아니라 지나치게 과도한 실험 정신도 쉰들러에게 부담을 준다. 구글 내부적으로 엔지니어 문화가 지나치게 지배적이다 보니 사업적 측면이 위협을 받기도 한다. 새로운 프로젝트를 시작할 무렵 공학자들은 보통 '돈에 대한 개념'이 거의 없다. 그러니 특정 아이디어로 미래에 얼마만큼의 돈을 벌 수 있을지 묻지 않을 수 없다. 쉰들러는 약간 불안한 표정으로 웃으며 말했다.

"이건 좀 이상한 현상이지요. 내가 아무리 얘기를 해도 그들은 콧방귀도 뀌지 않거든요."

경제학자에 비해 공학자를 우위에 놓는 방식은 구글의 정치적 역동성을 결정하고 그 구조와 방향을 제시하는 데 큰 영향을 미친다. 쉰들러 또한 제품 개발자들에게 돈 이야기를 하려면 '알맞은 때를 기다려' 조심스럽게 접근해야 한다. X프로젝트만 해도 쉰들러는 한참 후에야 개입했는데 이는 그의 말대로 그가 "혈액 속의 나노 입자로 어떻게 돈을 벌 수 있을지 파악하기 어려웠기 때문"이다.

"몇 년 동안은 모두가 프로젝트에 전념할 수 있지만 어느 시점에는 모두에게 같은 규칙을 적용합니다."

즉, 비용이 너무 커지면 제품에 적용할 비즈니스 모델을 찾아 전 세계로 길을 확장해야 한다.

"그때가 되면 나는 그들에게 슬쩍 다가가 말을 건네지요. 여러분, 이제 이걸로 돈을 좀 벌어 보는 게 어떨까요?"

당연한 얘기지만 그의 환금성 전략은 구글의 핵심 영역인 인터넷 검색과 안드로이드, 유튜브, 네트워크에 집중되어 있다. 그러나 핵심 사업에서도 그는 종종 사업 영역과 엔지니어들 사이에 만리장성이 놓여 있다는 느낌을 받는다. 쉰들러는 이렇게 말한다.

"검색엔진 팀은 나와 거의 대화하지 않아요. 이들이 하는 말이라곤 '꺼지시지! 우리도 어떻게든 돈이 되는 일을 하고 있으니 잔소리하지 말라고!' 정도지요."

구글의 많은 투자자는 구글이 좀 더 수익성 있는 프로젝트에 집중하기를 바란다. 하지만 창업주들은 늘 자신들이 단기적인 수익에 관심이 없음을 공언해왔고 이는 페이지가 다시 CEO에 오른 뒤에도 바뀌지 않았다. 창업주들에게 가장 중요한 문제는 '20년 후 구글이 세상에 어떤 영향을 미칠 것인가' 하는 점이다. 다른 거대 기술기업 역시 장기적인 전망을 세우고 수십 년 이후의 기업의 영향력과 지배에 관한 탐색을 게을리하지 않는다. 이는 애플과 페이스북도 마찬가지이며 더러는 이것이 이들의 정책 중 중심 주제이기도 하다. 그래도 결국에는 같은 질문으로 돌아온다. 어떻게 해야 우리가 '발명가'의 딜레마에서 벗어날 수 있을까?

▶▶▶

발명가의 딜레마

혁신기업의 딜레마라는 슬로건은 이미 1990년대 후반부터 실리콘 밸리에 팽배한 기류였다. 이 용어를 처음 쓴 사람은 하버드 대학의 경제학자 클레이튼 크리스텐슨Clayton Christensen으로 그는 어째서 경제적으로 장기적인 성공을 거두기가 어려운지 탐색해왔다. 몇 년 전만 해도 난공불락 같던 거대하고 영향력 있는 기업들이 왜 갑자기 추락하는 것일까? 크리스텐슨은 "커다란 성공은 역설적인 결과를 불러온다."라고 말한다. 성공이 장기적으로는 기업을 약화시킨다는 얘기다. 최고의 기술력을 갖춘 기업은 당연히 더 나은 제품을 만들고 시장을 확장하기 위해 노력한다. 그런데 그 과정에서 대개는 새로운 아이디어를 발굴하고 육성하는 일을 무시한다. 현재 잘나가는 제품으로 수익 극대화를 위해 노력하는 동안 새로운 사업은 도외시하는 것이다. 또한 기업의 내부 관료 조직이 알게 모르게 혁신을 위해 기업의 자원을 사용하는 일에 저항한다. 마이크로소프트가 'PC라는 엄청난 사업 영역을 놔두고 굳이 막대한 돈과 에너지를 들여 휴대용 컴퓨터를 개발할 필요가 있는가'라고 판단한 것이 대표적인 예다.

1997년 크리스텐슨은 자신의 연구 결과를 《혁신기업의 딜레마》The Innovator's Dilemma라는 책으로 펴냈다. 이 책은 기반이 탄탄한 기업들이 획기적인 혁신이라는 경쟁에서 뒤지는 이유를 다루고 있다. 또한 그는 미래의 트렌드를 내다보고 그에 맞는 기술을 개발해 시장을 새롭게 창출하는 것을 '파괴적 기술'Disruptive Technology이라고 정의했다. 크리스텐슨은 대기업의 내부 구조로는 이처럼 우발적인 주요 기술 변화를 따라잡을 수 없다고 말한다. 기업의 방식 및 구조는 늘 발생하는 문제를 해결하는 데 초점이 맞춰져 있다. 예를 들어 코닥은 사진 관련 제품을 위한 구조에는 정통했지만 디지털 카메라의 위협에 적절히 대응하는 데는 실패했다.

크리스텐슨의 분석이 하나의 기준이 되는 데는 오랜 시간이 걸리지 않았고 모든 사람이 특히 기술 관련 부분을 탐독했다. 스티브 잡스도 크리스텐슨의 저서가 자신에게 커다란 영향을 미쳤다고 얘기했다. 빌 게이츠는 크리스텐슨을 자기 집으로 초대하기까지 했다. 마이클 블룸버그Michael Bloomberg도 크리스텐슨이 쓴 책을 자신의 친구들에게 수십 권이나 선물로 나눠주었다. 예전의 인텔 수장이던 앤디 그로브Andy Grove 역시 그의 책이 지난 10년간 자신이 읽은 책 중에서 가장 영향력이 큰 책이라고 고백했다.

인터넷과 디지털화 현상에서는 아직 '혁신기업의 딜레마'가 나타나지 않았다. 그렇지만 실리콘 밸리의 리더들은 계속해서 크리스텐슨의 이론에 집착하고 있다. 그가 변변찮고 아직 무른 산업체가 아니라 '소비자의 기호를 잘 파악해 새로운 기술에 공격적으로 투자하는 잘나가는 기업이지만 점점 시장 장악력을 잃어가는 기업'을 분석한 것이기 때문이다. 특히 크리스텐슨은 커다란 본체 컴퓨터에서 휴대용 저장 장치로 분화하며 세대 발전을 거친 하드 디스크를 통해 자신의 논점을 설명한다. 10년이라는 발전 과정 중 기술 발전의 한 단계에서 다음 단계까지 살아남아 시장을 주도한 기업은 단 두 곳뿐이다. 그리고 한 단계의 붕괴는 거의 언제나 자동적으로 새로운 기업 등장이라는 결과를 낳는다. 새로운 제품과 기술을 출시한 초기에는 아무리 설익고 미미해 보일지라도 말이다. 예를 들어 잉크젯 프린터는 오랫동안 레이저 프린터보다 품질이 나쁘고 속도도 느렸지만 결국 가격과 유통 면에서 시장을 장악했다.

또 다른 예는 크리스텐슨이 어린 시절을 보낸 1950년대로 돌아간다. 당시에는 RCA 같은 소수의 기업이 훌륭한 장치와 음질로 라디오 시장을 장악하고 있었다. 그러다가 소니가 휴대용 트랜지스터라디오를 들고 나왔다. 비록 음질은 나빴지만 엄청나게 많은 새로운 청취자 층이 생겨났다. 비싼 거실용 음향기기를 살 수 없는 10대들이 열광한 것이다. 이후 트랜지스터라디오의 품질이 몇 년에 걸쳐 점점 나아지자 과거에 시장을 주도하던 기업들은 맥없이 무너졌다.

크리스텐슨은 기술 산업의 역사에 등장하는 다양한 예를 통해 최고의 기업도 기존의 소비자에게 집착하고 현재 필요로 하는 것만 충족시키려 한다고 지적한다. 5년 혹은 10년 후의 미래에 필요한 것을 내다보지 못한다는 얘기다. 이것이 바로 혁신기업의 딜레마다. 새로운 기술 발전은 현재의 소비자에게 도움이 되지 않아 초기에는 거의 주목받지 못한다.

파괴적인 발전 방향은 어떻게 해야 감지할 수 있을까? 거대한 기술기업도 간혹 혁명적인 성공과 처절한 실패를 구분하지 못하지 않는가? 아직 존재하지도 않는 시장을 우리가 어떻게 분석할 수 있단 말인가? 구글에게는 앞으로 이것이 가장 중요한 이슈가 될 전망이다. 어떤 문샷 프로젝트, 어떤 새로운 사업 영역을 계속 추구하고 또 어떤 부서를 해체할 것인가? 데이터 글래스 기술은 파괴적인 것인가, 아니면 단순히 시기상조일 뿐인가?

기본적으로 구글은 크리스텐슨이 《혁신기업의 딜레마》에서 가장 확실한 방법이라고 제안한 접근 방식을 정확히 따라가고 있다. 기업의 다른 구조와 상관없이 독립적이고 완전히 새로운 아이디어에 기반을 둔 사업 영역, 독단적이지 않은 부서 조직을 통해 기존의 핵심 제품을 고려하지 않고 실수로부터 신속하게 교훈을 얻는 운영 방식이 그것이다. X프로젝트는 궁극적으로 이러한 측면을 종합적으로 반영한 프로젝트다.

페이지는 구글의 장기적 안정성을 고려할 때 사업적인 부분과 조직 구조뿐 아니라 전체를 함께 생각한다. 또한 기업 문화를 통해 혁신기업의 딜레마를 보다 근본적으로 해결하고자 한다. 구글의 전 직원이 늘 혁신적으로 사고하고 창의성을 유지하며 위험에 도전하도록 돕는 프로그램을 도입한 이유가 여기에 있다. 이 프로그램의 총책임자는 독일 라벤스부르크 출신의 직업 훈련 전문가 프레데리크 페르트Frederik Pferdt다. 언제나 유머가 넘치고 활기에 찬 그는 어떻게 하면 사람들의 혁신성과 창의성을 끌어낼 수 있을지 오랫동안 과학적으로 연구해왔다. 페르트는 2010년까지 스탠퍼드 대학의 교수로 있다가 구글의 '혁신과 창의성 프로그램'Innovation and Creativity Programs의 책임자로 자리를 옮겼다.

페르트는 혁신이란 위로부터의 명령으로 이뤄지는 것이 아니며 직원들이 보다 혁신적이고 창의적이려면 그에 알맞은 기업 문화와 구조를 안착시켜야 한다고 말한다. 이를 위해 가장 중요한 요건은 바로 자유다. 그는 이렇게 강조한다.

"직원들이 무엇보다 창의적인 자신감을 갖도록 보장해야 합니다. 그러려면 자유가 필요하지요. 기업이 직원들에게 자유를 최대한 보장하면 이들은 놀라운 성취를 보여줍니다."

그런데 대다수 기업이 그것을 원치 않거나 하지 못한다. 페르트의 말이 의미하는 것은 독립적인 결정과 수평적인 기업 구조, 판단의 자유, 실험의 즐거움인데 이것을 진정으로 추구하는 기업은 극소수다. 오히려 대부분의 직원이 선택할 수 있는 행동은 매우 제한적이다. 지나친 서열화와 결정에 대한 혼란, 관료주의, 명령체계 때문이다. 특히 투명성 결여가 큰 부분을 차지한다.

혁신 개념이 지배하는 구글의 세계에서 투명성은 핵심적인 요소로, 구글은 이것을 내부적으로 '미치광이 같은 공동작업'을 통해 실현한다. 시작 단계의 긴 대기시간과 관료주의에 들어가는 비용, 내부의 다툼 없이 처음부터 신속하게 팀을 꾸리고 아이디어를 교환하며 부서끼리 협업하는 방식이다. 이를 위해서는 각종 정보도 신속하고 공개적으로 교환해야 한다. 페르트의 얘기를 들어보자.

"우리는 언제 어디서든 동료의 일정과 프로젝트를 알 수 있지요. 모든 것을 온라인으로 공유하면 지식은 결코 권력이 될 수 없습니다. 새로운 아이디어나 프로젝트에 대해 훨씬 더 자유로운 토론이 가능하지요."

그들은 어떻게 창의를 이끌어내는가

각 부서도 서로 경쟁하고 폐쇄적으로 행동하기보다 서로 협조해야 한다. 물론 이것은 자발적으로 이뤄져야 한다. 이를 위해 페르트는 수천 명의 직원이 적어도 매년 한 번 참여하는 워크숍 시스템을 고안했다. 모든 신입사원은 가능한 한 일을 시작한 첫 주에 CSI 연구소에서 운영하는 '혁신을 위한 창조적 재능'Creative Skills for Innovation 훈련 캠프에 참가해야 한다. 여기에서는 매주 7~8개의 워크숍을 여는데 간혹 전체 팀과 부서가 참여하기도 한다. 이것은 창의성에 관한 학술적 이론보다 훨씬 더 실질적이고 구체적인 실천을 기반으로 한 것으로 여러 가지 과제를 통한 시험을 거치는 방식이다.

개별 참가팀은 구체적인 문제를 해결하고 훈련기간 동안 80~100가지의 아이디어를 개발하며 이를 통해 10~20개의 제품 모델을 만들라는 과제를 받는다. 처음에는 제대로 된 목표를 설정하고 엉뚱한 상상력을 발휘하며 여러 가지 생각을 다양하게 연결하도록 몇 가지 준비 운동을 한다. 페르트의 철학은 모든 사람이 어렸을 때는 창의적이었으므로 어른이 되었어도 당연히 창의성을 발휘할 수 있다는 것이다.

"나는 참가자들이 어린 시절로 돌아가도록 도움을 줍니다. 어린이는 발명가와 비슷한 특징을 보이지요. 닥치는 대로 온갖 것을 해보고 싶어 하는 호기심과 끊임없는 상상력 그리고 상상과 꿈을 현실화하려는 시도를 합니다."

가끔 1966년산 붉은색 포드 머스탱을 끌고 구글 캠퍼스를 덜컹거리며 지나가는 페르트는 자신의 철학을 실현하기 위해 '차고'Garage라는 커다란 어른 놀이터를 만들었다. 구글 캠퍼스의 여기저기에는 워크숍과 아트 스튜디오, 산업체 연구소가 뒤섞인 놀이터가 있는데 여기서 직원들은 시간이 날 때마다 고유한 아이디어를 실험해볼 수 있다. 여기에는 3D 프린터와 레이저 절단기, 발진기뿐 아니라 고무찰흙과 색연필도 비치되어 있다. 페르트는 이것이 "아이디어와 최초 모델 사이의 거리를 최대한 줄이기 위한 방법"이라고 말한다. 그는 강력하고 신속한 기업이 되려면 무엇보다 신뢰를 우선시해야 한다고 확신한다.

"새롭고 거대한 목표는 혼자 성취할 수 없으며 다른 사람의 도움이 필요합니다."

라즐로 복이 주도하는 피랩의 내부 연구를 보면 직원들이 실수할 때 상관이나 동료들이 그것을 공격의 빌미로 여기지 않고 오히려 주춧돌로 삼도록 격려하는 것이 얼마나 중요한지 알 수 있다. 물론 직원들 간의 신뢰는 한마디 지시로 생기는 것이 아니고 기업 내의 파워 게임이나 내부 다툼을 장기적으로 쉽게 예방할 수 있는 것도 아니다.

페르트는 "신뢰는 일단 위로부터 직원들에게로 내려와야 하는 것"이라고 말한다. 그는 '금요일 밤의 열기'Thank God It's Friday, 줄여서 TGIF 이벤트를 예로 든다. 이것은 매주 마지막 날 래리 페이지와 세르게이 브린이 구글 캠퍼스의 전 직원을 대상으로 개최하는 공개적인 질문시간을 말한다. 기업의 해외 지점은 비디오 회의 형식으로 연결한다(시차로 인해 현재 유럽과 아시아 지점에서는 이 이벤트를 이름과 달리 목요일에 개최한다). 전 직원은 무대에 선 두 창업자에게 아무것이나 질문할 수 있다.

주제는 전 세계적인 온라인 투표로 결정하는데 선택한 주제는 대개 재미있는 방식으로 소개한다. 가령 우스꽝스럽고 역설적인 의미를 담은 사진 합성이나 몇 초간 상영하는 애니메이션 형식이다. 페르트는 "서로 간의 신뢰가 워낙 커서 행사에서 나온 얘기가 외부로 빠져나가는 일이 결코 없다."라고 말한다.

페르트의 커다란 목표는 아이디어를 창조하고 발전을 앞당기기 위한 구글만의 보편적이고 창의적인 언어를 만들어내는 일이다. 다시 말해 구글 그룹의 모두가 이해할 수 있는 방법론을 수립하는 것이다.

"구글의 언어를 사용하는 이들은 누구나 새로운 사고와 프로젝트는 늘 사용자와 소비자를 우선적으로 고려해야 한다는 것을 알고 있지요.

그래서 결론이 날 때까지 몇 주 동안 토론하는 것이 아니라 만지고 실행할 수 있는 모델을 즉시 개발하는 것이지요."

페르트는 이러한 방식을 실리콘 밸리 디지털 문화 혁명의 커다란 키워드인 '디자인적 사고'Design Thinking라는 말로 정의한다. 디자인적 사고는 제품 개발 과정뿐 아니라 경영 철학까지 아우른다. 이것은 하나의 작업 방식으로 사용자의 요청에 따라 제품을 빠르게 개발할 때 필요한 여러 개의 특정 단계와 체계적인 과정을 묘사하는 데 사용한다. 즉, 즉각적인 이윤 극대화라는 목적을 위해 도판에 디자인해 오랫동안 반복해온 통념적 방식과는 반대다.

일단 모델을 만들고 그것을 동력으로 삼는 이 같은 소비자 중심주의적 태도는 기업마다 그 방식이 다를 수도 있지만 대개 비슷한 단계를 거친다. 무엇보다 이것은 사용자와 공감대를 형성하기 위한 단계이자 잠재적 소비자의 시각을 통해 제품을 보려는 시도다. 이런 태도로 의문점과 목적을 결정하고 브레인스토밍으로 한계가 없는 창조적 해결 절차를 구축하는 것이다. 이어 가끔은 재빠르게 조립하거나 프로그램화 혹은 용접에 들어가지만 최고의 아이디어를 실현하기 위해 모델을 만들고 즉시 그것을 시험한다. 시험 결과는 다시 새로운 프로젝트 진행 과정에 반영한다.

'네, 하지만'이 아니라 '네, 그리고'

디자인적 사고의 출발은 1970년대 초로 거슬러 올라간다. 1980년대에 산업디자이너이자 스탠퍼드 대학의 기계공학과 교수이던 롤프 페이스트Rolf Faste는 창의적인 과정을 위한 방식으로 디자인적 사고를 가르치기 시작했다. 이후 그의 스탠퍼드 대학 동료인 데이비드 켈리David Kelley는 디자인적 사고라는 개념을 재정립하고 디자인 혁신 컨설팅 기업 아이데오IDEO를 설립했다. 아이데오 덕분에 디자인적 사고 개념은 2000년대 들어 유럽에서도 서서히 자리 잡기 시작했다. 특히 실리콘 밸리에서 이 용어는 누구도 간과할 수 없는 중요한 유행어가 되었다. 여기에는 스탠퍼드 대학이 결정적인 역할을 했다. 2007년 스탠퍼드 대학은 D.스쿨D.School이라는 디자인 학교를 세워 디자인적 사고에 대한 자체 프로그램을 정착시켰다. 이 프로젝트는 주로 SAP의 공동 창업자 하소 플래트너Hasso Plattner가 주도하고 재정을 지원했다. 플래트너는 오래전부터 특히 기술 부서에 디자인적 사고를 도입했고 이에 관한 책을 쓰기도 했다

실리콘 밸리의 많은 사업가가 이 방법을 통해 소비자의 잠재적 욕구를 감지하고 비즈니스 모델이나 제품으로 발전시키며 사용자 편의성에 따른 대량 유통 방식을 찾아내고 있다. 현재 200여 개국에서 수십만 개의 숙소를 제공하는 여행자 온라인 플랫폼 에어비앤비의 세계적인 성공에도 디자인적 사고의 역할이 적지 않다. 이것은 샌프란시스코에 있는 에어비앤비 본사에서 내가 공동 창업자이자 최고제품책임자CPO인 조 게비아Joe Gebbia에게 직접 들은 말이다. 게비아는 젊은 시절부터 실리콘 밸리에 '엉뚱하고 말도 안 되는 모든 아이디어를 지원하는 환경'이 자리 잡는 꿈을 꾸었다고 한다. 그런데 그는 컴퓨터공학자가 되거나 프로그래밍을 하고 싶어 하지 않았다. 대신 그는 로드아일랜드 디자인 스쿨 Rhode Island School of Design에서 디자인적 사고를 배웠다.

게비아는 "디자인적 사고의 핵심은 아이디어를 사용자의 입장에서 생각하는 것"이라고 말한다. 이것은 수많은 회의나 수개월 동안의 계획을 지양하고 즉각 디자인 및 모델 제작으로 들어가 소비자가 사용하게 한 뒤 거기서 발전을 꾀하는 방식이다. 현실적으로 제품 하나를 출시하는 데는 보통 6개월에서 1년이 걸린다. 그 사이에 소비자 기호가 변할 수도 있으므로 즉각적인 제작은 엄청난 이점이라 할 수 있다. 에어비앤비 서비스를 시작한 뒤 세 명의 공동책임자는 초기 몇 개월 동안 소비자의 질문을 지속적으로 확인하고 웹사이트의 동향을 살피며 숙박 플랫폼이 필요로 하는 요소가 무엇인지 끊임없이 시험했다. 게비아가 말했다.

"우리는 가능한 한 소비자들에게 가까이 다가가려 노력하고 이들의 머릿속을 들여다보려고 했습니다."

디지털 경제의 핵심 요소는 모든 것 시도 및 시험하기, 제품 향상과 재구축, 최대한 신속하게 출시하기다. 너무 느리거나 과정을 축약하지 못하는 사람은 거의 기회를 잡지 못한다. 중요한 것은 새로운 모델을 시험하고 그 버전의 오류를 끊임없이 탐지해 가급적 빨리 출시한 다음 오류를 수정하는 일이다. 구글의 혁신 부서 수장인 페르트는 말한다.

"누구도 실패를 좋아하지 않습니다. 하지만 실수를 빨리 할수록 거기서 재빨리 배워 성공할 수 있지요."

또한 그는 디자인적 사고의 개념과 어린이들의 쉬운 적응력 사이의 연관성을 구글 직원들에게 전달하고자 한다.

"부모라면 누구나 아이들이 실수를 통해 배우고 나무에서 한 번 떨어졌다고 좌절하지 않는다는 것을 알 것입니다. 어린이들이 우리에게 주는 가장 큰 교훈은 우리가 성공적인 혁신 문화를 위해 실패를 두려워하지 않아야 한다는 점입니다."

페르트는 구글의 언어를 가르치고 효율성을 위한 기적의 무기를 찾는 이들에게 도움을 주고자 정기적으로 전 세계의 다른 기업들을 찾아다니며 강연을 한다. 기업 혁신 측면에서 기업이 저지를 수 있는 가장 큰 실수는 무엇일까?

"이 질문에 답하려면 무엇을 피해야 할지보다 무엇을 할 것인가를 먼저 생각해야 합니다."

특히 기업에 방해가 되는 요소, 할 수 없는 부분을 문제 삼지 않아야 한다. '다른 것은 다 잊고 지금부터 새로 시작해 어떻게 되는지 한번 봅시다'라고 말하는 태도가 중요하다. 페르트는 자신들이 어째서 창의적인 일을 할 수 없는지, 어째서 신속하고 독창적인 신생기업을 따라잡지 못하는지에 대해 대여섯 종류의 변명을 늘어놓는 기업 총수들을 자주 만난다. 페르트가 가장 많이 듣는 말은 이것이다. 우리는 전통적인 기업이라 그 방식을 따라야 한다! 우리는 언제나 그렇게 해왔다!

어떤 면에서는 전통에도 장점이 있다. 페르트도 새롭다고 모든 게 좋은 것은 아니라는 데 동의한다.

"내 말은 기업들이 완전히 새로 태어나야 한다는 것이 아니라, 실행할 수 있는 더 단순한 전략을 찾으라는 것입니다."

무엇보다 좋은 것은 이 원칙을 지키는 데는 전혀 비용이 들지 않는다는 점이다.

"야심적이고 거대한 목표를 수립하고 직원에게 자신의 아이디어를 실현할 자유를 부여하며, 일터에서 '네, 하지만'이 아니라 '네, 그리고'라고 답하는 작업 환경을 창조하는 것이 중요합니다."

페르트의 말은 직장 내에 예스맨 문화를 창조하라는 것이 아니라 일단 '예스'라고 한 다음에 비판을 가하는 태도를 기르라는 얘기다. 그래야 하나의 아이디어를 통해 팀원들이 다 같이 발전하는 동시에 성취감을 얻는다. 연구 결과에 따르면 사람들은 긍정적이고 최적화된 작업 환경에서 많은 것을 시도하고 그것이 결국 다양한 아이디어로 수렴된다고 한다.

물론 혁신이라고 해서 다 훌륭한 것은 아니다. 핵폭탄은 기술적 진보를 불러왔지만 오늘날 온 인류를 위협하고 있다. 또한 디지털 혁명과 구글이 만들어낸 여러 제품 중에는 논란의 대상이 되는 것도 적지 않다. 그렇다면 혁신 훈련가가 해야 할 일은 직원들이 이러한 아이디어의 이면을 생각해보도록 하는 게 아닐까? 페르트는 "새로 급진적인 접근 방식을 창조하면 자동적으로 그에 따른 윤리적인 문제를 고려하지 않을 수 없다."라고 말한다. 그 대표적인 사례가 자율 주행차로 여기에는 새로운 법이 필요할 뿐 아니라 사람들도 새로운 이동 모델에 적응해야 한다. 페르트는 말한다.

"새로운 아이디어가 현재 어떤 의미를 갖는지 질문하는 것이 결국 더 나은 제품을 만들고 진정으로 의미 있는 혁신을 이루는 데 도움을 줍니다."

아무튼 우리는 처음부터 잘못된 방향으로 가는 것을 피해야 한다. 사업 목적이나 이미지 측면에서 의미가 없거나 기업에 해를 끼칠 수 있는 아이디어는 좇거나 개발하지 않는 게 더 낫지 않을까? 페르트는 이런 문제를 예방하려면 일단 분명하고 커다란 목표를 설정해야 한다고 말한다.

"가능한 한 많은 사람을 돕겠다는 의무감이 있으면 넓게 사고하는 데 좋습니다. 동시에 그것은 옳은 일을 하도록 확신을 줍니다. 물론 구글이 항상 성공만 한 것은 아닙니다. 늘 방향을 점검하고 끊임없이 개발하

▶▶▶

는 제품을 가급적 빨리 소비자에게 넘겨 그들의 반응을 지켜보아야 합니다."

이런 방법만으로도 긍정적인 무언가를 창조할 수 있다. 글로벌 인터넷기업이 세상을 움직이겠다는 비전을 품고 제품을 개발하는 것은 다른 나라의 소규모 나사 제조업체가 같은 일을 하는 것보다는 훨씬 쉬울지도 모른다. 하지만 페르트는 창의성과 혁신성에 관한 한 그렇게 생각하지 않는다.

"내가 볼 때 모든 기업이 스스로 질문해야 한다고 생각합니다. 우리가 정말로 타당한 것을 만들고 있는가? 우리가 더 향상시킬 수 있는가?"

페르트는 구글의 철학에 누구나 배울 점이 있다고 믿는다.

"틈새시장을 공략하는 제조업체도 사람들에게 진정 이익을 줄 제품을 만들고 성공하려 노력할 수 있습니다."

제7장

스마트폰, 로봇과 자동차:

시스템으로 세상을 움직이다

WHAT GOOGLE
REALLY WANTS

구글은 매년 초여름 샌프란시스코의
회의장에서 프로그래머와 소프트웨어 개발자, 제휴 파트너 들을 위해 이
틀간 회의를 개최한다. 여기서는 많은 워크숍과 세미나에서 기술과 관련
된 대화가 오간다. 구글은 이 자리를 새로운 프로젝트, 특히 기업에 중요
하고 미래 전략에 맞는 프로젝트를 소개하는 데 활용한다. 2014년 6월
에 열린 회의의 정점은 한 엔지니어가 오픈카를 몰고 나와 대강당에 모
인 수천 명의 개발자가 차량의 내부를 들여다보도록 한 이벤트였다. 그
때 구글의 운영체계인 안드로이드 휴대전화를 USB로 차 안의 전기 기기
와 연결하자 차량 계기판이 커다란 휴대전화 화면처럼 변하는 것을 보여
주었다. 구글 지도가 내비게이션 기능을 대신하고 스포티파이 같은 온라
인 서비스를 통해 음악을 들으며, 음성 명령으로 이메일을 읽어주는 서
비스도 받는다. 이러한 안드로이드 자동차는 스마트폰을 차와 연결해 자
동차체계의 보조 기능을 하게 만든 표준 기술이다. 장기적으로 이것은

기존의 차량 기술을 대체할 가능성이 매우 크다.

안드로이드는 이미 세상에서 가장 널리 쓰이는 스마트폰 운영체계다. 10억만 대 이상의 휴대전화가 구글의 소프트웨어로 작동하며 그 수는 끊임없이 증가하고 있다. 2016년만 해도 중국이나 브라질을 비롯한 6개 신흥국에서 거의 12억 명이 새로 휴대전화 사용자로 유입될 예정이고, 그 대부분은 안드로이드 운영체계를 채택한 휴대전화를 사용할 전망이다. 몇 년 내에 안드로이드는 스마트폰 시장의 80퍼센트를 점유할 것으로 보이는데 이는 안드로이드가 애플의 운영체계인 iOS처럼 아이폰에만 배타적으로 제공하는 소프트웨어가 아니기 때문이다. 삼성부터 LG에 이르기까지 40개 이상의 휴대전화 제조업체가 구글의 기술을 사용한다. 특히 안드로이드는 매우 유연하고 적응력이 강하며 수억 명의 사용자뿐 아니라 많은 프로그래머와 개발자에게도 무척 친숙한 체계다.

구글은 처음부터 안드로이드가 휴대전화에만 제한적으로 사용하는 체계가 아니라는 것을 분명히 했다. 이들은 안드로이드를 스마트폰 기반의 플랫폼에서 모든 기기를 위한 플랫폼으로 향상시키고자 한다. 즉, 온 세상을 작동시키는 시스템을 만들겠다는 얘기다. 안드로이드의 책임 엔지니어 히로시 로크하이머Hiroshi Lockheimer는 "안드로이드를 다른 여러 스크린으로 옮길 계획"이라고 말했다. 기기를 지배하는 것은 스크린이기 때문이다. TV와 온도조절장치, 공장의 로봇을 비롯한 모든 종류의 기계는 스크린에 의존한다.

"우리의 일상을 돌아보면 세상의 많은 것이 점점 스크린으로 구성되고 있음을 알 수 있습니다."

물론 여전히 많은 기기가 다른 소프트웨어와 소통할 수 없는 소프트

▶▶▶

웨어로 운영되고 있고 이는 소비자에게 기술적 어려움을 안겨준다. 구글은 스크린 세계를 통일해 같은 사용자 인터페이스를 기반으로 다른 기계에 상호 적용하려 한다. 예를 들어 TV에 안드로이드 소프트웨어를 결합하거나 디지털 시계를 안드로이드 웨어러블 기기에 접합하는 방식이다.

구글, 안드로이드를 품다

안드로이드를 공동 개발한 로크하이머는 구글에서 매우 영향력이 큰 엔지니어 중 한 명으로 지금은 플랫폼 전략을 수립하는 데 전념하고 있다. 로크하이머는 일본에서 자랐지만 그의 성은 독일 선조에게 물려받은 것이다. 1990년대에 운영체계 팀에서 일하기 위해 '기술 산업체의 할리우드'인 실리콘 밸리로 온 그는 안드로이드를 발명한 앤디 루빈을 만났다. 루빈은 2003년 휴대전화를 위한 새로운 운영체계를 만들기 시작했는데 생산업체와 휴대전화 서비스 제공업체를 파트너로 삼아 자체 애플리케이션 생태계를 구축할 계획이었다. 그런데 2005년 루빈은 재정적 어려움에 봉착했고 새로운 지원자를 찾던 중 스스로 구글을 찾아갔다. 단박에 루빈의 계획을 확신한 페이지는 별다른 법석을 떨지 않고 안드로이드와 그의 직원 여덟 명을 모두 사들였다. 루빈의 팀은 완벽한 자율성을 보장받았고 2년 반 동안 조용히 자신들의 일에 몰두했다. 로크하이머는 이렇게 말한다.

"사실 어떤 면에서는 그 모든 것이 미친 생각이었고 그것으로 미래에 무슨 대단한 일을 할 수 있을지 도무지 종잡을 수 없었지요."

2005년 구글이 루빈의 소규모 신생업체를 인수할 때만 해도 대단한 기대를 품은 사람은 아무도 없었다. 당시의 CEO 에릭 슈미트는 인수한 사실조차 잘 몰랐다고 나중에 농담을 할 정도였다. 당시 구글은 몇 개의 소규모 소프트웨어 기업만 사들였는데 모두 검색엔진에 필요해서였다. 로크하이머는 그때를 회상한다.

"루빈이 전화를 걸어 구글에서 일한다는 소식을 전했을 때 나는 완전히 뒤통수를 맞은 듯한 느낌이었습니다. 난 검색엔진에는 관심이 없다고 루빈에게 말했지요. 루빈은 여기 일이 분명 재미있을 거라고 응수했고요."

무엇보다 루빈의 곁에는 내부의 모든 회의적인 시선을 잠재워준 페이지가 버티고 있었다. 로크하이머는 지금도 당시 전자 분야에 대해 아무런 기반도 없었는데 페이지에게 어떻게 휴대전화를 위한 운영체계라는 대규모 연구에 투자할 혜안이 있었는지 신기함을 금치 못한다.

"래리에게는 10년 후의 일을 정확히 예측할 줄 아는 능력이 있는지도 모릅니다. 아무튼 그 부분에 대해 많이 생각하는 것만은 확실합니다."

페이지는 자신이 충동적으로 안드로이드를 인수한 것이 아님을 구글 내부에 신속히 밝혔다. 오히려 페이지는 소규모 신생업체야말로 새롭고 거대한 아이디어의 중심축이 될 수 있다고 믿었다. 이미 그때부터 그는 놀라울 정도로 혁신에 적대적인 몇몇 공급자가 지배하던 휴대전화 사업을 완전히 전복시키려는 계획을 세우고 있었다.

같은 시기에 몇 킬로미터 떨어진 곳에서 스티브 잡스도 비슷한 생각을 하고 있었다. 구글의 엔지니어들이 안드로이드를 만지작거리는 동안 애플도 iOS라는 새로운 휴대전화 운영체계를 개발하고 있었다. 그러나

▶▶▶

애플은 처음부터 스마트폰을 판매하려는 목적으로 이를 개발했고 새로운 운영체계는 오로지 애플 기기만을 위한 것이었다. 반면 구글은 정확히 그 반대로 일을 진행했다. 구글은 직접 휴대전화를 생산할 마음이 없었고 그것은 자신들이 소프트웨어를 제공하는 제휴회사에 맡겼다. 안드로이드는 개방적인 공급원, 즉 누구나 사용 가능한 자유로운 소프트웨어로 개발한 것이다. 자신들의 입맛에 맞게 디자인하고 자체 사용자 인터페이스를 개발하는 것은 생산자의 몫이었다.

이것이 오늘날 iOS보다 안드로이드가 더 널리 확산된 이유다. 다른 한편으로 애플은 배타적인 생태 시스템을 구축해 커다란 이윤을 남겼다. 2014년 전 세계에서 1억 69만 대의 아이폰이 팔려 나갔는데 이는 2014년 회계연도에 애플 수입의 절반을 차지했을 뿐 아니라 애플을 전 세계에서 가장 값비싼 기업으로 만드는 데 일조했다. 그러는 동안 구글도 이 비즈니스 모델을 따라 모토로라를 인수했으나 결과적으로 실패했다. 구글은 '넥서스'라는 상표로 다른 생산업체와의 제휴 아래 휴대전화와 태블릿 기기를 선보이고 있다. 그렇지만 이것은 아이폰이나 아이패드와 완전히 다른 경기장에 속해 있다고 볼 수 있다. 이처럼 구글이 미적지근하게 하드웨어 시장에 뛰어들지 않았다면 더 좋지 않았을까? 로크하이머의 얘기를 들어보자.

"우리는 구글이 휴대전화를 개발하지 않으리라는 것을 알고 있었습니다. 우리의 사업 모델은 처음부터 앱 스토어에 기반을 두고 있었으니까요."

목표는 항상 플랫폼 구축에 있었다. HTC가 첫 번째 안드로이드폰을 출시한 것은 아이폰 출시 이후 거의 1년 만인 2008년의 일이다. 그때부터 구글의 운영체계는 숨 가쁠 정도의 속도로 발전을 거듭해왔다. 디자인이나 디테일을 고집한 애플과 상관없이 안드로이드는 6개월 혹은 그보다 짧은 시간 안에 새로운 버전의 운영체계를 지속적으로 출시했고 제품에 '키켓'Kikat, '아이스크림 샌드위치', '롤리팝' 같은 과자의 이름을 붙였다. 지속적이고 빠른 업데이트는 구글 특유의 리듬으로 온라인 소프트웨어 세상에 널리 알려져 있다. 이는 대규모 변화를 이루는 대신 1, 2년에 한 번씩 소규모의 제품 향상을 꾀하는 방식이다. 이 재빠른 방식은 전체 소프트웨어 시장을 새롭게 구축했는데 애플이나 마이크로소프트, SAP도 예외는 아니다. 몇 년 동안 변화를 꾀하지 않고도 살아남을 수 있는 기업은 없었고 어느덧 사용자들도 자신의 앱이 끊임없이 뒤바뀌는 것에 익숙해졌다. 시간을 끄는 기업은 더 빠른 경쟁상대에게 즉각 추월당했다.

현재 운영 시스템에서의 근본적인 변화는 많이 줄어들었다. 로크하이머는 "이제는 모두가 앱이나 서비스 쪽에 더 많이 치중한다."라고 말한다. 지금 개발자들은 모든 사람이 주머니에 넣고 다닐 수 있고 항상 거대한 데이터 센터에 연결되는 미니컴퓨터의 새로운 기능을 창조하는 데 골몰하고 있다. 건강 정보를 저장하는 피트니스 앱을 개발하는 것도 같은 맥락에서다. 오히려 카풀 서비스 우버풀Uberpool 같은 앱은 '상대적으로 간단한 아이디어'에 속한다. 늘어나는 컴퓨터의 연산 능력과 더 지성적인 알고리즘 등장으로 매년 보다 복잡한 아이디어가 현실화하고 있는데 그중 하나가 지문을 활용한 계산이다. 로크하이머는 강조한다.

"우리는 다른 여러 기기가 서로를 인식하고 상응하도록 하는 기술에 집중 투자하려 합니다."

▶▶▶

어떤 기기가 무엇을 할 수 있는가는 부차적인 문제다. 로크하이머는 "기기들이 서로 소통하고 정보를 주고받는 것이 중요하다."라고 말한다. 특히 그는 우리의 일상에서 '사용자들의 삶을 좀 더 편안하게' 만드는 기술을 고민하고 있다. 아직까지 새로 생긴 레스토랑에 가려면 일단 집에서 노트북으로 위치를 확인한 다음 다시 차 안에서 휴대전화로 위치를 검색하거나 내비게이션에 주소를 입력하는 방식에 의존한다. 로크하이머는 이것이 너무 번잡하다고 말한다.

"집에서 확인한 여러 정보와 차에서 곧바로 연결될 수 있다면 더 좋지 않을까요?"

안드로이드가 자동차를 만났을 때

구글의 안드로이드 전략에서 차량은 매우 핵심적인 역할을 한다. 차량 계기판의 멀티미디어 시스템이 거의 스마트폰 기기와 같거나 더 나은 역할을 하기 때문이다. 사용자 입장에서는 휴대전화를 차량에 연결하기만 하면 되므로 무척 편리하다. 또한 운전을 하는 동안 내비게이션이나 음악 혹은 소통 기능을 지속적으로 사용할 수 있다. 자동차업체들도 이러한 발전 방향에서 벗어날 수 없음을 잘 알고 있다. 하지만 디지털 세상을 자동차 안으로 매끄럽게 연결하고자 하는 소비자의 욕구는 아주 큰데 반해 차량 시스템은 여전히 소프트웨어 발전에 비해 훨씬 뒤처진 상태다. 새로운 차량 모델을 출시하는 데는 보통 6년 이상이 걸리지만 스마트폰 운영체계는 거의 6개월마다 신제품이 나오기 때문이다. 이에 따라 차량 시스템은 금세 흐름에 뒤처지고 디지털 소프트웨어와 혁신을 따라잡지 못하며 스마트폰처럼 쉽게 업데이트하기도 어렵다. 결국 차량의 디지털화를 촉진하기 위해 32개에 달하는 전 세계의 자동차 제조업체가 구글, 반도체업체 엔비디아 그리고 전자 대기업 LG와 손잡고 자동차 연합개발Open Automotive Alliance, OAA에 참여하기로 했다.

구글 내에서 이 제휴관계를 관리 및 확장하는 임무를 맡은 이는 독일 바이에른 출신의 다니엘 홀레다. 제품 관리에 관한 논문으로 로젠베르크 대학에서 박사학위를 받은 홀레는 여러 기업에서 '서로 다른 세상을 융합하는' 일을 해왔다. 구글은 워싱턴의 신생기업에서 일하던 그를 스카우트했고 현재 그는 차량 애플리케이션 개발을 위해 더 많은 소프트웨어 개발자를 영입하는 역할을 맡고 있다. 지금 안드로이드 차량은 가장 중요한 애플리케이션 개발에 집중하고 있는데 홀레는 은빛 현대차를 타고 마운틴 뷰를 돌며 실험 주행을 한다.

넥서스 스마트폰을 차량에 연결하면 곧바로 안드로이드 사용자 인터페이스 화면이 중앙 계기판에 나타난다. 그러면 음성으로 내비게이션을 실행하고 일기예보 정보를 요청하는 것은 물론 스포티파이에서 음악 스트리밍 서비스를 받거나 왓츠앱 메시지를 보낼 수 있다. 현대차는 안드로이드 차량을 제공한 최초의 자동차업체다. 앞으로 몇 년 동안 홀레가 말한 것처럼 자동차 연합개발에 참여한 다른 파트너들은 '거대한 충격'에 직면할 것이다. 새로운 차량 모델의 온보드 컴퓨터와 운전대는 대부분 안드로이드 운영체계와 연결하도록 설계했다. 기존의 차량을 위해서는 보조 장치를 이용해 안드로이드 운영체계를 가동할 계획이다.

처음에 구글은 좀 더 빨리 안드로이드 모델을 출시할 예정이었으나 현실은 그리 녹록치 않았다. 성공에 도취한 구글의 엔지니어들은 자동차는 스마트폰이 아니라는 사실을 뼈저리게 깨달았고 의기양양하던 모습은 사라졌다. 여기에다 구글은 각각 다른 차량 모델마다 독자적으로 제어 기능을 입력하는 방법을 배워야 했다. 다시 말해 터치스크린 혹은 다른 제어 장치를 설치해야 할지 결정하고 이들 장치가 다른 전자장치와 어떻게 연동할지 고려해 모든 것을 새롭게 설계해야 했다. 이를 위해 일단 차량 모델을 모두 분해했고 디자이너와 엔지니어들은 안드로이드를 차량에 어떻게 부착할지 고민했다.

구글이 자동차 세상을 정복하는 것은 애초에 생각하던 것보다 더 어려울 수도 있다. 이 분야에서 애플과 계속 경쟁해야 하는 것도 그렇지만 특히 애플이 차량 운영체계를 약간 조정했기 때문이다. 카플레이CarPlay라는 애플의 시스템은 구글 시스템과 다르게 보이긴 해도 같은 기능을 수행한다. 시장 연구자들의 추정에 따르면 2020년에는 8,000만 대의 차량이 안드로이드나 카플레이를 탑재할 전망이다. 두 회사 모두 자신들의 시스템을 안전에 중점을 두고 제작했다고 강조한다. 운전자들이 운전하는 동안 휴대전화로 문자를 보내거나 스마트폰의 여러 가지 앱을 이용하는 일이 많기 때문이다. 미국의 거대 통신회사 AT&T가 2015년 봄에 내놓은 연구 결과에 따르면 운전하는 동안 이메일이나 문자 혹은 웹 서핑을 위해 휴대전화를 사용하는 운전자가 약 70퍼센트에 이르는 것으로 밝혀졌다. 홀레는 휴대전화 앱이 차량으로 곧바로 연결되면 "사람들이 운전하는 동안 휴대전화를 만지작거리지 않아도 된다."라고 말한다.

구글은 운전자의 주의를 최대한 분산시키지 않기 위한 차량용 안드로이드 사용자 인터페이스를 새로 개발하기 위해 특별히 디자인한 시험용 연구소를 세우고 도로 안전 전문가들을 고용했다. 차량용 안드로이드는 디자인 형태가 스마트폰과 완전히 다르다. 무엇보다 스마트폰에 비해 메뉴가 대폭 줄었고 터치스크린 위의 아이콘이 크며 작동하기가 쉽다. 애플도 단순히 계기판에 아이폰 제어 장치만 설치하는 것이 아니라 운전자 편의성에 맞춰 차량 시스템을 조정했다. 안드로이드 차량은 핸들 스위치로 앱을 사용할 수 있는데 더 중요한 것은 음성 명령 시스템이다. 여기서 구글의 벤 고메스가 이끄는 검색엔진의 연구 성과와 힌튼의 딥 러닝 방식이 중요한 역할을 맡았다. 아직은 음성 명령 기능이 완벽하지 않지만 왓츠앱 메시지를 말로 전달한 뒤 소프트웨어가 읽어주는 상대방의 메시지를 받을 정도로 좋아졌다.

그러면 점점 더 강력해지는 스마트폰이 저렴한 비용에 같은 기능을 수행하는 마당에 자동차업체들은 언제 독자적인 멀티미디어 시스템을 개발할 수 있을까? 아직까지 차량 생산업체들은 차량 내부에 설치해 고정시킨 시스템이 더 안정적이고 적용하기도 쉽다고 강조한다. 도로 안전이나 운전 집중도 등의 문제를 고려할 때 운전자는 운전석에 앉아 곧바로 조종 가능한 시각적 기능을 선호하게 마련이다. 이를 위해서는 소프트웨어가 점점 더 복잡해질 수밖에 없다. 차량 생산업체가 수십 년 동안의 경험을 통해 산업체를 이끌어왔다면 소프트웨어회사들은 수많은 프로그래머와 그들의 사용자 인터페이스에 익숙해진 수억 명의 소비자를 확보하고 있다.

궁극적으로는 구글과 애플도 차량업체들과 협력을 도모할 수밖에 없을 것이다. 카플레이나 안드로이드 모두 차량 안에 적용할 기술적 조건이 갖춰져야 완벽한 잠재력을 발휘할 수 있기 때문이다. 홀레는 공동 전

▶▶▶

략 아래 스마트폰과 자동차를 최대한 통합하기 위한 양쪽의 "깊은 제휴 관계"가 필요하다고 말한다. 자동차업체들도 구글이나 애플과 협력하는 것 외에는 별다른 선택지가 없다. 운전대 앞에서 스마트폰 앱을 사용하고 싶어 하는 소비자의 욕구를 언제까지나 외면할 수는 없지 않은가. 실제로 몇몇 자동차업체는 이미 거대 기술업체들과 함께 일하고 있다. 가령 아우디는 수년 전부터 차량 안에서 구글 어스 앱을 사용하게 했고 구글 맵을 설치한 차량도 아주 많다. 홀레는 말한다.

"많은 사람이 처음에는 회의적이었지만 지금은 거의 모두가 우리와 협력하고 있습니다."

이 모든 협력관계에도 불구하고 거대 자동차기업들은 구글이나 애플과 협력하는 범위에 대해 신중한 태도를 보이고 있다. 자동차 계기판 전쟁은 궁극적으로 사용자 데이터 전쟁이다. 소프트웨어업체가 자동차 산업으로까지 진출한 것은 일생일대의 기회다. 이들은 운영 시스템을 통해 운전자가 어디로 가고 어떻게 운전하며 운전하는 동안 어떤 서비스를 사용하는지 직접적으로 알 수 있다. 이에 따라 자동차 생산업체들은 소프트웨어업체가 이를 기회로 삼아 결국 가치사슬의 중요한 고리를 당기려고 하지 않을까 염려한다. 따라서 점점 중요해지는 디지털 측면이 소비자에게 어떤 역할을 할지 의심스러운 눈초리로 지켜보고 있다. 포드의 경영진 중 한 명인 라즈 나이르Raj Nair는 기술 포털 '레코드'Recode와의 인터뷰에서 다음과 같이 말했다.

"우리는 4만 달러짜리 차량 구매 결정이 200달러짜리 스마트 기능에 좌우되지 않도록 최선을 다하고 있습니다."

아직까지는 안드로이드와 카플레이가 차량의 온보드 컴퓨터에서 보조적 역할을 하는 시스템에 머물러 있다. 자동차업체들이 스마트폰에 장착할 앱을 독자적으로 개발할 가능성도 있다. 홀레는 "우리는 자동차업체들이 안드로이드를 핵심 플랫폼으로 사용하도록 2차 제품을 개발하려 한다."라고 말했다.

"그러면 자동차업체는 구글 소프트웨어를 '보이지 않는 운영체계', 즉 겉으로 눈에 띄지 않게 사용할 수 있습니다. 작동이나 디자인은 자동차업체가 완전히 장악하는 방식입니다."

그렇긴 해도 자동차업체가 단독으로 애플리케이션을 통제하지는 못하므로 그들은 당연히 디지털 세계 제품들을 통합하려는 노력을 기울일 것이다. 페이스북, 트위터, 음악 스트리밍 서비스, 팟캐스트를 모두 독자적으로 재구축할 수는 없는 노릇이다. 더구나 홀레는 차량에 부착한 안드로이드는 "단순한 제품이 아니라 앱 개발자를 위한 플랫폼"이라고 말한다. 이 프로젝트 매니저는 미래에는 운전하는 동안 운전 경로를 바탕으로 여행안내 서비스를 음성으로 제공하는 앱도 등장할 것이라고 이야기한다. 내비게이션 데이터나 디지털 달력의 약속 같은 데이터를 종합해 미리 주차 공간을 자동으로 확보해주는 주차 앱이 등장할 수도 있다.

지금 엔지니어들은 차량 센서의 데이터와 앱의 데이터를 합치면 어떤 가능성이 열릴지를 놓고 기대에 가득 찬 심리 게임을 진행 중이다. 가령 구글은 2013년 교통정보 앱 웨이즈Waze를 인수했는데 이 앱은 특히 교통 상황과 사고에 대한 정보에 능통하다. 미래에는 차에 휘발유가 떨어질 경우 가장 값싸고 가까운 주유소의 위치 정보도 웨이즈를 통해 얻을 전망이다.

가장 기본적인 기술 플랫폼

안드로이드가 정복할 두 번째 신세계는 최근의 디지털화로 인해 권좌가 송두리째 흔들리고 있는 TV 산업 영역이다. 이 바보상자는 오래전에 단순한 데이터 수신 장치에서 스마트TV로 바뀌었다. 용감한 신세계의 TV에는 더 많은 앱이 설치되고 소프트웨어가 TV 작동 방식을 결정한다. TV업체들은 자체 운영체계를 개발했는데 어떤 제품은 뛰어나다는 평가를 받지만 또 어떤 제품은 그 반대의 평가를 받는다. 문제는 그것이 상호 호환이 이뤄지지 않는 분열된 세상이라는 데 있다. 이는 넷플릭스Netflix나 페이스북, 맥스돔Maxdome 등 누가 주체이든 앱 개발자들이 가장 싫어하는 상황이다. 거실 속 TV에 자신들의 앱을 넣으려면 제각기 다른 시스템에 맞춰 개별적으로 디자인해야 하기 때문이다.

구글은 TV에 통일된 안드로이드 플랫폼을 구축하고자 한다. 2015년 봄부터 소니에서 출시한 모든 스마트TV는 구글의 안드로이드 운영체계를 채택하고 있는데 덕분에 소니는 새로운 소프트웨어를 독립적으로 개발하는 비용을 줄였을 뿐 아니라 스마트폰을 통해 안드로이드 사용자들을 새로운 제품으로 유인할 수 있지 않을까 기대하고 있다.

안드로이드업체가 새롭게 눈을 돌리고 있는 세 번째 신세계는 아직 성장 단계에 있다. 컴퓨터는 점점 강력해지는 한편 갈수록 소형화하고 있다. 이러한 유행은 앞으로 기기의 세계를 완전히 바꿔놓을 전망이다. 스마트폰은 단지 그 시작에 불과하며 다음 단계는 스마트 시계인데 여기서 소위 웨어러블이라는 휴대용 컴퓨터의 다양한 변형이 가능할 것으로 보인다. 이들 새로운 기기의 범주는 그에 걸맞은 사용자 인터페이스를 필요로 하는데 그것은 작은 화면일 수도 있고 지금까지와 완전히 다른 인터페이스일 수도 있다.

현재 애플과 구글은 손목에 차고 다니는 휴대용 컴퓨터 세계를 개척하는 데 주력하고 있다. 구글 안드로이드 웨어Android Wear의 프로젝트 매니저 데이비드 싱글턴David Singleton은 그 이유에 대해 "현재의 소비자들이 가장 크게 관심을 보이는 분야이기 때문"이라고 말한다. 삼성, LG, 모토로라 등 여러 전자업체가 안드로이드 워치를 개발하긴 했지만 아직은 많은 품질 향상이 필요하다. 그에 비해 애플 워치는 디자인과 기능 면에서 훨씬 더 매력적이다. 이 스마트 워치는 손목의 맥박을 측정하고 문자를 전송하거나 약속을 확인해주는 등 주머니에서 스마트폰을 꺼낼 필요가 없도록 자잘한 일들을 처리해준다. 이런 기능을 위해 애플은 작은 화면에서 더 잘 읽을 수 있도록 새로운 글자체를 디자인했다. 그리고 구글은 앱에서 정보를 받아 요약해주는 일종의 지도체계를 개발했다.

그렇지만 대부분의 1세대 기기가 그렇듯 웨어러블 기기 기술은 아직 충분히 무르익지 않았다. 웨어러블 워치는 스마트폰이 하지 못하는 일을 조금 하지만 아직까지 그리 뛰어나지 않다. 물론 아이팟도 처음에는 비슷한 혹평을 받았고 그것은 지난 10년간 출시된 애플의 다른 모든 제품도 마찬가지다. 처음에는 회의적인 태도가 지배적이었으나 결국 압도적인 판매 실적을 거두었다.

최초의 스마트폰과 마찬가지로 스마트 워치도 미래 전망이 밝은 편인데, 이것은 몸에 휴대하는 미니컴퓨터로 앱이 디지털 세계와 현실의 직접적인 통역자 역할을 할 전망이다. 손목을 한 번 툭 치면 호텔의 방문이 열리고 밀린 계산을 할 수 있으며 건강 관련 정보를 전송할 수 있다. 안드로이드 웨어의 수장인 싱글턴은 웨어러블이 단시간 내에 새로운 기준이 될 것이라고 확신한다. 이 컴퓨터공학자는 여러 해 동안 휴대전화 운영체계를 연구했는데 그가 개발한 기술 중에는 모든 노키아 휴대전화를 작동시키는 소프트웨어 심비안Symbian도 있다.

"2001년부터 내가 개발에 착수한 휴대전화는 아마 5만 대 정도 판매되었을 겁니다."

그에 비해 스마트 워치의 발전은 가히 '로켓 발사'에 비교할 만하다.

애플 워치는 안드로이드 운영체계를 채택한 시계보다 기술적 불완전함을 크게 문제 삼지 않는다. 아마도 애플의 제품은 다른 제품들보다 디자인에 더 기반을 둔 상품이기 때문일 것이다. 이들은 세심한 공정을 거쳐 고급 시계에서나 볼 수 있는 우아한 디자인의 제품을 만들었다. 가죽과 금속을 활용하고 다양한 모델을 조합한 애플 워치는 18캐럿 금으로 만든 제품이 1만 8,000유로(약 2,400만 원)에 이른다. 시계는 하나의 패션 아이템으로 애플 워치는 애플을 단순한 기술 브랜드가 아닌 고급 디자이너 브랜드로 거듭나게 하는 데 일조하리라고 본다. 이를 위해 애플은 패션계의 두 명사, 즉 버버리Burberry의 CEO 안젤라 아렌츠Angela Ahrendts와 이브 생 로랑의 전 CEO 폴 드네브Paul Deneve를 영입해 각각 애플 스토어와 특별 프로젝트를 맡겼다.

이제 구글도 유행을 인정하고 새로운 컴퓨터 사업에서 유행에 따른 전략을 따르려 하고 있다. 이를 위해 구글은 고급 시계 생산업체 TAG 호이어Heuer와 협업하기로 합의했다. 시계 생산기업은 시계의 외관을 디자인하고 구글은 거기에 디지털 기술을 더하는 방식이다. 싱글턴은 "스마트 워치는 앞으로 새롭게 개발할 전체 제품군 중 하나에 불과하다."

라고 말한다. 구글 엔지니어들은 휴대용 컴퓨터를 위한 '기본적인 기술 플랫폼'을 구축하고 있는 것이다. 중기적으로 구글은 온갖 모양과 사이즈의 웨어러블 제품 출시에 기여해 컴퓨터 '생태계'를 구축함으로써 그것이 다양한 방식으로 우리 삶에 스며들게 할 계획이다. 싱글턴은 스마트 헤드폰이나 센서를 부착한 벨트 혹은 장신구 등이 그 범주에 속한다고 말한다. 싱글턴이 생각하는 미래의 디지털 세상은 노트북이나 스마트폰 같은 한두 개의 기기만으로 이뤄지지 않으며 소비자들은 수많은 인공지능 기기에 둘러싸일 전망이다.

새롭게 연결된 기계 세상

아름답고 사용하기 쉬운 일상 기기를 개발하는 것은 토니 파델의 평생 숙제다. 그는 오랫동안 네덜란드 기업 필립스에서 일하며 미니컴퓨터를 디자인했다. 2001년 그는 애플로 옮겨 아이팟의 기본 개념과 디자인을 수립했고 스티브 잡스와 가까운 친구가 되었지만 2010년 애플을 떠나 네스트를 설립했다. 세련된 온도조절 장치와 화재경보기, 웹 카메라를 개발한 네스트는 2014년 초 구글에 약 32억 달러에 매각되었다. 구글이 이처럼 엄청난 액수에 네스트를 인수한 것은 이 신생업체의 제품이 우아하고 아름다운 것은 물론 이들 제품이 일상적인 인공지능 기기의 새로운 세대를 대표하기 때문이다. 기기들은 학습을 통해 조정되고 인터넷으로 통제를 받는데 점점 더 많은 가정용 제품이 이런 형태로 출시될 것이다. 투자은행 골드만 삭스는 2020년이면 약 280억 개의 기기가 서로

▶▶▶

연결될 것이라고 예측한다.

기기들끼리 혹은 컴퓨터를 통해 인간과 직접 소통하는 센서와 기계 세상이 전혀 새로운 아이디어는 아니다. 마이크로소프트나 제너럴 일렉트릭 같은 가정용 제품 제조사들은 수십 년 동안 간단하게 음성 명령만으로 세탁기를 켜거나 문을 여는 식의 컴퓨터화한 가정의 모습을 소개해왔다. 디즈니랜드도 1950년대에 단추만 누르면 음식이 저절로 나타나거나 인공지능 기계가 집안일을 대부분 해주는 미래의 나라를 설계했다. 그중 가장 유명한 모델은 아마 우유가 떨어진 것을 즉시 알아차리고 로봇에게 슈퍼에 가서 우유를 사오라고 지시하는 생각하는 냉장고일 것이다.

점점 더 작아지는 디지털 기기, 확장일로에 있는 네트워크, 더 빠르고 안정된 무선인터넷 그리고 클라우드와 수많은 센서 덕분에 각종 기기가 서로 정보를 주고받는 날이 그리 머지않았다. 이처럼 새롭게 연결된 기계 세상을 '사물인터넷'Internet of Things(약어로 IoT. 각종 사물에 센서와 통신 기능을 내장해 인터넷에 연결하는 기술—옮긴이)이라고 부른다.

파델이 개발한 온도조절 장치는 집에 아무도 없는 것을 감지하고 난방 장치를 끈다. 우리는 스마트폰과 앱으로 집 안의 여러 기능을 쉽게 조종할 수 있으며 그 가능성은 점점 더 커지고 있다. 창문이 열려 있으면 센서가 경고하는 기능 혹은 집 안에 아무도 없을 때 기기를 모두 끄는 기능 등이 여기에 속한다.

하지만 사물인터넷은 학습이 가능한 가정용 난방기의 역할 이상을 해낸다. 그것은 '스마트 도시'의 한 부분으로 교통신호가 상호 연결되고 거리 신호등도 자동 조절되는 지능적인 도시의 하부 구조를 차지한다. 공장에서 수리가 필요한 기계를 탐지해 보고하거나 들판의 야채들을 살펴

해충 혹은 물 부족 현상을 보고하는 기계도 여기에 속한다. 사물인터넷 시장의 규모에 대해서는 추정이 엇갈리지만 시장조사 전문업체 가트너 Gartner 는 2020년 말까지 약 3,000억 달러에 달하는 시장이 형성될 것으로 예측한다. 기술기업과 통신사를 비롯해 지멘스나 제너럴 일렉트릭 같은 대기업까지 모두가 거대한 수익을 안겨줄 이 시장에 참여하고 싶어 한다.

페이지는 '사물인터넷'이라는 용어가 딱 들어맞는 표현은 아니라고 생각한다.

"그냥 인터넷이라고만 해도 충분합니다. 스마트폰만 해도 이미 수십억 대나 출시된 사물입니다. 나는 사물에 인터넷을 집어넣어 서로 소통하게 하는 것은 당연한 일이라고 생각합니다."

인터넷과 사물을 연결하는 일은 오랫동안 '말할 수 없이 어려운 일'이었지만 곧 상황이 바뀔 것이다. 페이지는 "네스트는 지금까지 그리고 앞으로도 몇 년 동안 네트워크로 연결된 기기의 유일한 '초기 버전'으로 남을 것"이라고 전망한다.

특히 통일된 기준이 마련되지 않아 사물인터넷은 아직까지 불완전한 상태다. 가정 내에서 난방이나 조명을 스마트폰으로 조종하고 있긴 해도 더러는 다른 앱이 필요하다. 생산업체에서는 소프트웨어로 공장의 기계를 조종하는데 공장이 달라지면 센서가 그 체계를 인식하지 못한다. 다른 디지털 영역에서와 마찬가지로 다양한 생태계가 발전하긴 했으나 아직 서로 호환되지 않는다.

중기적으로 결국 시장은 이런 상황을 바꿀 것이고 모든 사물이 같은 표준을 사용하면 업체와 소비자 모두 사물인터넷을 최대한 활용할 수 있을 것이다. 물론 최종적으로 누가 승자가 될지는 아무도 모른다. 가령 삼성은 공격적으로 사물인터넷 프로젝트를 시작했고 애플도 거대한 계획 아래 홈키트Homekit라는 소프트웨어 플랫폼을 내놓았다. 네트워크로 연결된 기기가 보고 말하며 공장 로봇이 통일된 시스템 속에서 서로 소통해 우아한 제품을 만들어내는 것은 멋진 일이 아닌가? 마치 디지털 세상의 만병통치약이라도 되는 것처럼 느껴진다.

구글이 네스트를 인수하면서 지불한 32억 달러 중 회사 자체가 차지하는 비중은 부분적이다. 구글은 최근 파델도 영입했다. 네스트 인수는 소위 '인수고용'Acquihire이라 불리는 구글 전략의 일부다. 인수고용은 인수Acquisition와 고용Hire을 합친 것으로 최고경영자와 중요 엔지니어를 기업과 함께 사들이는 것을 의미한다. 네스트에서 일하던 직원 중 100여 명은 애플의 전 직원이기도 했다. 인수 직후 래리 페이지는 네스트의 직원들 앞에서 "가능하면 하던 대로 계속 일해 줄 것"을 부탁했다.

하드웨어 영역에서 구글은 애플의 도움을 절실히 필요로 한다. 구글의 수많은 아이디어가 처참히 패배한 데는 아이디어가 잘못되었거나 시장이 없어서가 아니라 실행 방식이 엉성했거나 꼼꼼하게 따져보지 않고 출시했기 때문이다. 미디어 플레이어 넥서스Q는 대중에게 소개되기는 했으나 이미 출시 전에 포기했다. 넥서스 태플릿과 크롬북은 실질적으로 제3업체가 생산했다. 구글 글래스도 수백만 달러를 삼켰지만 아직 시장에 내놓기에는 한참 시기상조다. 인터페이스는 결함투성이고 디자인은 흉측하다. 애플이라면 그처럼 완성도가 떨어지는 실험적인 제품을 절대 내놓지 않았을 것이다.

2015년 초부터 구글 글래스 프로젝트는 파델이 맡았고 그는 재출시를 준비 중이다. 애플의 전직 엔지니어인 파델은 애플에서 소프트웨어와 기기가 전체적으로 조화를 이루는 제품을 선보였듯 아마 비슷한 제품을 내놓기 위해 구글의 하드웨어 부서 쪽으로 자신의 영향력을 더 넓혀갈 것이다. 파델이 그저 스마트한 냉장고만 만든 게 아닌 것은 확실하다. 그가 사물인터넷과 관련해 구글에서 리더의 위치에 오르려면 과거의 직장인 애플을 궁지에 몰아넣지 않을 수 없다. 이를 위해 그는 네트워크로 연결된 미래를 보여줄 전략을 개발해야 한다.

네트워크로 연결된 미래를 위해

안드로이드의 수장인 로크하이머와 파델은 서로 긴밀히 협력하고 있다. 로크하이머는 자신들이 개발하려는 것은 평범한 글로벌 제품이 아니라고 거듭 강조한다. 실제로 네스트는 다양한 운영체계를 다루고 안드로이드는 많은 온도조절 장치 생산업체와 협력하고 있다. 이는 서로 연결된 기기와 센서가 같은 언어로 소통하고 이해하는 세상을 구축하는 것과 관련되어 있다. 로크하이머는 "안드로이드로 직접 실행하지 않는 화면도 있지만 결국에는 안드로이드와 호환되게 해야 할 것"이라고 말한다. 서로 통합 및 호환되는 온라인 세상을 구축하는 것이 이들의 목표다.

같은 프로젝트 팀에 있는 파델은 채식주의자에다 매일 아침 다섯 시에 일어나 조깅을 할 정도로 헬스 마니아다. 한때 그는 스티브 잡스와 비밀을 털어놓는 친한 사이였지만 지금은 래리 페이지의 측근 인사에 속한다. 한마디로 그는 실리콘 밸리의 두 거인 사이에서 중요한 역할을 담당

▶▶▶

하는 인물이다. 디지털 미래에 대한 그의 생각은 이렇다.

"앞으로는 우리가 인터넷을 쳐다보지 않아도 될 것입니다. 인터넷이 우리를 찾아올 테니까요. 우리 주위에는 네트워크 말고는 아무것도 없을 것입니다."

파넬에 따르면 현재의 인터넷은 우리가 적극 찾아야 하는 거대한 정보 도서관이나 마찬가지다. 그러나 미래의 인터넷은 지속적으로 우리 곁에 존재하며 인공지능 기계가 끊임없이 엄청난 데이터를 정보로 변환해 '우리가 더 나은 결정을 내리도록' 도와주고 우리의 지식을 확장해줄 것이다. 가령 스마트폰은 우리가 방금 구입한 두 종류의 의약품이 서로 맞지 않는다는 것을 알려준다.

모든 것이 인터넷으로 전파되는 세상으로 가려면 일단 세상 전체가 인터넷으로 연결되어야 한다. 사람 간의 연결을 위해서는 룬 같은 프로젝트가 존재한다. 그다음은 기계의 차례다. 《월스트리트 저널》에 기고한 에세이를 통해 파넬은 이렇게 말했다.

"그리 머지않은 미래에는 '어떤 기기가 연결될 수 있는가' 하는 질문보다 '어떤 기기가 연결되지 않았는가'를 질문해야 할 것이다."

하지만 미래가 아무리 편리해질지라도 그에 따른 커다란 문제점도 무시할 수 없다. 고도로 연결된 세상에서는 일부의 취약점이 전체 구조를 흔드는 재앙적인 결과를 초래할 수도 있기 때문이다. 해커들이 오일이나 가스 생산업체의 시스템을 공격해 생산 및 운송 체계를 교란시키면 무슨 일이 벌어질까? 독일 연방정보기술보안국 BSI은 2014년 연간 보고서에서 해커들이 교묘한 기술을 이용해 제철소의 '네트워크에 침입한 다음' 생산 네트워크까지 뚫었다고 밝혔다. 그 결과 공장의 개별 제어 장치와 전체 제어 장치에 오류가 속출하면서 용광로가 분출했고 이를 적절히 제어하지 못해 한동안 불안정한 상태가 이어졌다. 이로써 전체 공장에 엄청난 손실이 발생했다.

물론 구글도 이러한 위험을 잘 알고 있다. 네스트와 안드로이드, 크롬 팀은 사물인터넷 운영체계를 가능한 한 안전하게 만들기 위해 최선을 다하고 있다. 이를 위해 브릴로Brillo라는 사물인터넷 운영체계와 프로그래밍 언어 위브Weave를 개발함으로써 스마트폰과 기기, 클라우드가 서로 매끄럽게 소통할 수 있게 했다. 또한 구글은 단순한 검색엔진 기능 외에 수십억 사용자가 일상적으로 사용하는 앱을 위한 자체 생태계를 창조하고자 더 많은 노력을 기울이고 있다. 무엇보다 구글은 기계학습과 데이터 처리라는 장점을 최대한 활용하고 있다. 구글 포토는 스마트폰을 통해 점점 증가하는 사진 자료를 사람, 장소, 물건 같은 범주로 자동 구별한다. 그 안의 알고리즘은 가령 사용자의 아내나 아이들을 인식하고 이들의 사진을 한 그룹에 묶는 기능도 해낸다. 휴가지나 자전거 여행에서 나온 모든 사진을 사용자가 일일이 분류하지 않아도 자동 분류해주는 기능도 있다.

구글은 모든 종류의 문서나 파일을 저장하는 기능부터 스카이프와 유사한 영상통화 서비스, 워드 프로세싱 기능, 사이버 달력 기능까지 제공한다. 이 모든 기능은 온라인을 기반으로 하는데 클라우드를 통해 실행하므로 세계 어디서나 다양한 기기에서 무료 이용이 가능하고 따로 소프트웨어를 다운로드할 일도 없다. 문서와 파일, 약속 등은 다른 사용자나 동료 혹은 가족과도 쉽게 공유가 가능하다. 이러한 발전은 특히 마이크로소프트의 생태계를 위협한다.

구글은 2008년 자체 인터넷 브라우저인 크롬을 개발했다. 그 개발 동기는 브라우저가 빠르고 안전할수록 사용자가 인터넷에 더 오래 머문다는 데 있다. 이 경우 사용자는 매끄럽게 서로 통합된 다양한 구글 앱을 더 많이 사용한다. 마이크로소프트의 인터넷 익스플로러를 비롯해 애플의 사파리, 모질라Mozilla의 파이어폭스Firefox 같은 다양한 경쟁자가 이미 시장에 자리를 잡고 있음에도 불구하고 구글은 크롬을 개발 및 배포하는 데 수백억 달러를 투자했다. 결국 구글은 대부분의 전문가가 동의하듯 최고의 브라우저를 만드는 데 성공했고 전 세계에서 그 존재를 인정받았다. 2015년 2월 크롬은 글로벌 시장에서 데스크톱 컴퓨터의 50퍼센트에 이르는 브라우저 점유율을 보였다.

반면 전자지갑 개발에서는 큰 성공을 거두지 못했다. 수년 동안 실리콘 밸리의 기업들과 일부 금융업체는 디지털화 물결과 스마트폰 혁명이 결국 결제 방식을 근본적으로 바꿀 거라는 데 이견을 보이지 않았다. 페이팔처럼 인터넷을 기반으로 한 결제 방식은 오래전부터 있었지만 디지털 전략가들은 더 큰 야망을 드러내고 있다. 이들은 현금, 인터넷 뱅킹, 신용카드 결제 방식을 앱을 사용한 결제 방식으로 대체하고자 한다. 한마디로 스마트폰이 지갑이 되는 셈이다. 구글은 이 프로젝트를 위해 수억 달러를 투자했지만 아직까지는 소비자의 마음을 그다지 얻지 못했다. 2015년 여름 구글은 안드로이드 페이를 출시했는데 이는 디지털 결제를 위한 새로운 시도다.

애플도 모바일 결제 시스템 애플 페이Apple Pay를 개발해 가게나 소매업체가 소비자들이 아이폰 혹은 애플 워치로 결제하는 것을 받아들이도록 설득하는 중이다. 이 점에서 애플은 구글보다 더 성공적이지만 프로젝트의 진전이 더딘 것은 마찬가지다. 1990년대 후반 피터 틸이 개발하고 나중에 이베이의 온라인 결제 방식으로 흡수된 페이팔도 처음엔 비전이 거대했지만 결국 실패했다.

하지만 인터넷 대기업들은 결코 노력을 포기하지 않을 것이다. 이들은 수억 명의 소비자가 사용하는 신용카드나 은행카드와 제휴하고 스마트폰과 웨어러블 기기 등의 휴대용 기기를 통해 결제 서비스를 구축하려는 의지가 아주 강하다. 더구나 소매업체들을 통해 구매자의 결제 내역 및 정보에 접근이 가능해 엄청난 양의 정보도 획득할 수 있다. 그러면 온라인 거대업체들은 정보에 맞춰 수익 창출을 위한 시장 공략이 가능하다. 결국 전자지갑은 디지털 기업의 으뜸가는 전략 수단이다. 즉, 더 편리하고 효율적이며 값싼 혹은 무료인 서비스를 전 세계에 제공하는 최고의 수단이다.

이러한 비즈니스 모델을 가동하려면 정보나 데이터 수집이 선행되어야 한다. 이것이 비밀이기를 원하는지 아닌지의 선택은 소비자의 몫인데 소비자는 대개 원하는 쪽을 선택한다. 아직은 '투명한 노출'에 대한 소비자의 공포가 휴대 기기를 이용한 결제 방식 덕분에 지갑을 집에 두고 다녀도 되는 편리함보다 더 큰 편이다. 적어도 지금까지는 말이다.

지메일, 다음 10년을 위한 통신

별다른 진전이 없음에도 불구하고 구글은 온라인 결제를 위해 보다 향상된 방식을 개발하는 일에서 전혀 지친 기색을 보이지 않는다. 구글

▶▶▶

은 현재 포니 익스프레스Pony Express라는 프로젝트를 진행 중인데 이것은 미래에 구글의 지메일로 직접 결제하는 시스템이다. 이를 위해 사용자는 단지 신용카드나 은행카드 번호만 저장하면 된다.

래리 페이지는 지메일을 보다 폭넓게 활용하는 방안을 지속적으로 고민해왔다. 9억 명 이상의 계정 사용자가 있는 지메일 서비스는 수익성 높은 사업이자 디지털 보조 기능처럼 새로운 프로젝트의 중심 역할을 하고 있다. 페이지는 이제 2004년에 개발한 지메일 애플리케이션 전반에서 새로운 기회를 모색할 때가 왔다고 판단했다. 2013년 그는 지메일 협력 부서 수장에게 새로운 사고로 다음 10년을 위한 통신 서비스를 개발하라고 주문했다. 아마 완전히 재정비한 메일 서비스는 스마트폰과 더 가깝게 연결되고 사용자가 늘 흘러넘치는 메일 박스를 잘 통제하도록 도와주며 보다 지능적으로 사용자의 일을 덜어줄 것이다. 지메일의 제품 담당 책임자 알렉스 가울리Alex Gawley는 말한다.

"래리가 그러더군요. '여러분, 리셋 버튼을 누르고 처음부터 다시 시작해봅시다!'라고요."

붉은색이 감도는 갈색머리에 수염이 듬성듬성 나고 종종 양말을 신지 않은 트레킹 샌들 차림으로 돌아다니는 알렉스는 2006년 구글에 합류했다. 그는 현실을 이렇게 진단한다.

"현재 우리의 일생이 거의 이메일이라는 관문을 통과해서 흘러가고 있는데 기존의 수단으로는 사용자들이 넘쳐나는 복잡함을 극복할 방법이 없습니다."

지금까지 이메일 우편함은 그저 목록을 나열하는 것 이상의 역할을 하지 못했지만 조금만 살펴봐도 답이 나온다. 여러 메일 목록 속에는 편집해야 할 메일, 즉시 답장을 보내야 할 메일 그리고 나중에 해결해야 할 메일이 있다. 따라서 가울리와 그의 팀은 지메일과 별도로 거의 2년 동안 새로운 이메일 애플리케이션 인박스Inbox를 개발해왔는데, 이 새로운 방식은 2014년 가을부터 수백만의 사용자가 시험에 들어갔다.

인박스 소프트웨어에는 도착한 모든 메일을 뉴스레터나 소셜 미디어, 금융과 같은 범주 등으로 구별하는 기능이 있다. 이 기능을 위해 여러 묶음이 만들어지고 각각의 묶음에 속하는 수신자를 시스템이 걸러낸다. 처리한 이메일은 '보관'done을 클릭하면 삭제되지는 않고 눈앞에서 사라진다. 메일에 적힌 주소는 자동적으로 구글 맵의 영역으로 전환되며 이티켓은 연착 정보를 포함해 여행 일정 정보와 함께 제공된다.

지메일 팀은 사용자와 함께한 현장 조사를 통해 이들이 다양한 기기에서 이메일 프로그램을 어떻게 사용하는지 또 필요로 하는 것이 무엇인지 거듭 확인하는 작업을 거쳤다. 시장조사원들은 무엇보다 수많은 사람이 컴퓨터 앞에 급히 해결해야 할 일을 적어놓은 포스트잇을 알록달록 붙여놓은 것을 발견했다. 가울리는 "심지어 스마트폰 액정에 포스트잇을 붙여놓고 일하는 여성도 보았다."라고 말했다. 이에 따라 인박스는 우편함 위에 사용자가 날짜와 할 일을 상기하도록 메모 기능이 잘 보이게 해 두었다.

가울리는 수억 명이 사용하는 지메일 같은 제품을 책임지는 것이 부담스럽고 "가끔은 두렵기도 하다."라고 고백한다. 가울리가 증오 메일에 시달리는 것은 아니지만 지메일이 사용자의 모든 메일 내용을 훑어본다는 것이 알려진 뒤 지메일은 다양한 논쟁의 중심에 서 있다. 메일을 훑는 것은 한편으로는 스팸을 필터링하기 위해서고 다른 한편으로는 이메일

▶▶▶

에 걸맞은 광고를 도출하기 위해서다. 기계로 메일을 훔쳐보고 이메일 내용을 분석하는 것은 구글뿐 아니라 모든 이메일 서비스 제공업체에게 중요한 문제로 떠오르고 있다. 이러한 방식으로만 인박스 같은 앱이 사용자의 우편함을 정리해주고 구글 나우나 시리, 코르타나cortana 같은 디지털 보조 장치가 제대로 기능할 수 있기 때문이다.

가울리는 무엇보다 신뢰가 가장 핵심적인 문제이며 그가 주력하는 임무는 사용자들이 "구글이 프라이버시와 보안 문제를 매우 중요하게 여긴다는 것"을 확신하게 하는 것이라고 말한다.

"이 시스템에 얼마나 중요하고 개인적인 정보가 많이 담겨 있는지 알면 정말로 그렇게 하지 않을 수 없습니다."

어쨌든 지메일은 구글에게 중요한 사업 모델이다. 따라서 구글이 안전한 정보와 신뢰에 대한 약속을 얼마나 진지하게 지킬지 비판가들이 의심하는 것에도 어느 정도 일리가 있다. 가울리는 이렇게 말한다.

"물론 누구나 그 나름대로 의견을 말할 수 있습니다. 내가 단언할 수 있는 것은 우리가 사용자들에게 최상의 제품을 전달하려는 정직한 의도로 일한다는 것뿐입니다."

앞으로 지메일의 제품 관리 책임자는 날로 중요해지는 메신저 영역도 같이 숙고해야 할 것이다. 그것은 왓츠앱일 수도 페이스북 메신저일 수도 있다. 그동안 스마트폰을 기반으로 한 통신 프로그램은 과거에 이메일로 작동하던 여러 요소를 흡수했다. 가울리는 아직 이메일과 메신저는 서로 다른 소통 세계에 속하지만 인박스가 어느 시점에 라이브 메신저 역할을 할 가능성도 배제하지 못한다고 말한다. 가울리의 말대로 5년이나 10년 후 어떤 기능이 통신 서비스에서 가장 중요한 역할을 할지 정확히 예측하기는 어렵다. 한 가지는 확실하다. 그것은 스마트한 인공지능 소프트웨어가 '증가하는 정보의 홍수 속을 파고들어 사람이 할 일을 대신 할 것'이라는 점이다.

그다음 디지털 혁명, 가상현실(VR)

구글이 작업하는 대부분의 중요한 개발 프로젝트도 마찬가지다. 빠르게 발전하는 기술 기반은 진보를 약속하지만 정확히 어디로 향하고 있는지는 뛰어난 전문가들조차 예측하기 힘든 문제다. 페이지는 미래 전망에 대해 질문을 받으면 그것이 어떤 분야든 거의 항상 같은 대답을 한다.

"그건 너무 이른 질문입니다."

미래가 희미하게 보이는 단계에서 '어떤 분야에 자원을 집중할 것인가' 하는 질문은 모든 기술기업에게 언제나 가장 중요한 질문이기 때문이다. 분명한 것은 어딘가에서 커다란 도약 혹은 획기적인 돌파구가 열리고 악명 높은 '미래의 위대한 것'이 도래하는 순간 무방비 상태로 손 놓고 있기를 바라는 기업은 하나도 없다는 사실이다. 스마트폰 혁명은 실리콘 밸리의 많은 사람을 놀라게 했다. 그러니 모든 기업이 다음 단계의 주요 기술 발전 과정에 처음부터 참여하고 싶어 하는 것은 당연하다.

실리콘 밸리에서는 다음 디지털 혁명의 중심은 가상현실Virtual Reality, VR에 있다고 생각하는 사람이 점점 늘어나고 있다. 그중에서도 가상현실 글래스를 개발한 신생기업 오큘러스Oculus에 20억 달러를 투자한 페이스북의 CEO 마크 저커버그가 대표적이다. 마이크로소프트도 사용자

▶▶▶

들이 가상현실 세계로 빠져들게 해주는 '홀로렌즈'Holo-Lens를 개발하기 위해 작업 중이다.

가상현실 개념은 전혀 새로운 것이 아니며 이미 수십 년 동안 컴퓨터 공학이나 문학에 그림자를 드리우고 있었다. 컴퓨터가 생성하는 이 세계는 현실과 완전히 똑같은 느낌을 주는데 사용자들은 3D 시뮬레이션을 통해 가상현실 속으로 깊이 빠져든다. 물론 아직은 컴퓨터공학에서 비약적인 기술 발전이 이뤄지지 않아 가상 기술이 그러한 비전을 따라잡지 못하고 있다.

구글도 현재 가상현실에 엄청난 투자를 하고 있지만 그 접근 방식은 오큘러스나 마이크로소프트와는 다르다. 구글은 값비싼 데이터 글래스를 개발하는 대신 가장 값싼 변형을 선택하기로 했다. 이들은 가상현실 글래스를 판지cardboard로 만들었는데, 이것은 아무 스마트폰에나 장착해서 볼 수 있는 일종의 거치대 역할을 한다. 카드보드에 장착한 싸구려 플라스틱 렌즈는 스마트폰에서 가동하는 화면을 3D 화면으로 전환하며 실제 작업은 소프트웨어 앱을 통해 이루어진다. 이 카드보드 구조물을 코에 걸치고 헤드폰을 쓰면 사용자는 중동의 난민 캠프나 히말라야의 베이스캠프로 곧장 이동하는 경험을 할 수 있다. 스마트폰의 센서는 사용자가 머리를 움직일 경우 그에 따라 시점을 조정한다. 크리스타인 플라게만은 이렇게 말한다.

"우리는 가능한 한 싼값에 가상현실 체험 기구를 전 세계 사용자에게 제공하려 합니다. 가상체험은 경험을 통해서만 이해할 수 있는 영역이거든요."

구글 VR 연구 팀의 기술 관리 책임자로 일하는 그는 카드보드 프로젝트에서 큰 역할을 맡았다. 플라게만은 로봇학 전문가지만 컴퓨터 영상 분야에도 능통한 사람이다. 프라이부르크 대학에서 박사학위를 받은 그는 이후 스탠퍼드 대학에서 인공지능을 연구했고 세바스티안 스룬과 함께 자율 주행차 개발 프로젝트에도 참여했다. 그가 창업한 신생 기술업체는 나중에 구글이 인수했다. 190센티미터가 넘는 키에 좀처럼 동요하지 않는 성격의 플라게만은 스스로를 기초 연구자라고 생각한다. 구글에는 엄격한 연구 조직 대신 여러 개로 나뉜 부서 묶음이 존재한다. 거대한 예산을 가지고 단기간에 근본적인 변화를 추구하는 큰 부서와 이론적인 수준에서 연구하는 학술 그룹 그리고 특정 주제에 기반을 두고 '신생업체와 비슷하게 작동하는' 소규모 전문 연구소 등으로 나뉜 것이다. 가상현실 프로젝트에 집중하기 전 플라게만은 '미래의 컴퓨터 모델'을 개발하는 구글의 연구소를 이끌었다. 이 컴퓨터공학자는 말한다.

"우리는 기술 장비를 보다 직관적으로 다루는 방법을 찾고 있습니다. 인간이 더 이상 버튼을 찾아 누르는 역할을 하지 않아도 되도록 말이죠."

다시 말해 키보드와 마우스, 터치스크린에서 벗어나 '더 자연스러운 작동 방식'을 찾는 것이다. 그 중심에는 가상현실에 대한 거대한 꿈이 도사리고 있다. 컴퓨터라는 인공세계에서 인간과 기술이 밀접하게 연결되어 직관적으로 움직이는 세계를 구현하는 일 말이다. 플라게만은 "몇 년 안에 현실의 삶을 그대로 가상세계에 구현하는 것이 목표"라고 말했다. 마치 창문을 내다보는 것처럼 가상현실에 선명한 이미지가 나타날 때마다 그는 움찔하면서 탄식과 환호성을 쏟아냈다.

가상현실에 대한 노력과 연구는 카드보드 프로젝트를 훨씬 능가한다. 가상현실 팀은 구글 캠퍼스에서도 그들만을 위한 건물에 입주했고 예산은 폭증하는 추세다. 구글 엔지니어들은 스마트폰이나 다른 보조 기기로 접근이 가능한 온라인 세상을 구축하느라 열심히 작업하고 있다. 이것은 비싼 게임 아이템을 구매하고 취미 생활을 즐기는 수백만의 컴퓨터 게임 마니아를 위한 것이 아니라 보통의 수십억 인구를 위한 것이다.

이 가상세계를 위해서는 영화나 게임 시뮬레이션, 비디오에 걸맞은 콘텐츠를 창조해야 하는데 3D 콘텐츠 작업에는 많은 비용이 들어간다. 가령 3D 컴퓨터 게임을 개발하려면 엄청난 수의 개발자가 1년 넘게 노력하고 거대한 예산을 쏟아부어야 한다. 그런데 구글은 가상현실 제품을 가능한 한 빠른 시간 안에 일반적인 영상처럼 대중화하고자 한다. 이에 따라 플라게만의 팀은 최소한의 비용으로 3D 콘텐츠를 생산하는 방법을 연구하고 있다. 그러한 고민의 결과 중 하나가 고프로GoPro와의 제휴다. 액션용 카메라 생산업체 고프로는 열여섯 대의 카메라를 둥그렇게 배치해 360도 영상 촬영이 가능하게 했는데, 이는 아마추어도 촬영이 가능한 방식이다. 3D 카메라 사용자가 충분히 늘어나면 VR 형식으로 찍힌 영상이 늘어날 테고 이 경우 유튜브 영상처럼 공유하는 것도 가능해질 전망이다. 동시에 구글의 개발자들은 수백 킬로미터 떨어진 할리우드의 전문가들과도 의사소통을 하고 있다. 플라게만은 "어느 날 갑자기 완전히 다른 방식으로 이야기할 수 있게 된 것"이라고 말한다.

필요한 장비가 충분히 저렴해지면 VR이 일반 개인용 동영상이나 사진을 대신하는 날이 앞당겨질 것이다. 아이들의 생일파티를 사진으로 남기는 대신 VR 카메라로 영상을 찍으면 수십 년이 지난 후에도 그 순간이 생생히 우리 곁으로 다가온다. 뉴스업체들에게 엄청난 기회가 생기는 것은 당연하다. 자연재해나 난민촌의 참상, 아동 노동에 관한 뉴스를 볼 때

시청자들이 리포터 바로 옆에 서 있는 듯한 느낌이 들면 상황을 다르게 받아들일 수 있다. 또한 구글은 학교를 위한 프로그램을 통해 카드보드와 스마트폰을 하나로 묶은 VR-패키지를 학교에 보내고 있다. 이것을 사용하면 교사들은 가상으로 아이들에게 중국이나 인체 등을 보여줄 수 있다.

플라게만은 인위적인 환상을 완벽하게 만들려면 많은 연구와 충분한 기초 작업이 필요하다고 강조한다. 열여섯 대의 카메라로 찍은 연속적인 이미지를 조립해 360도 각도의 매끄러운 이미지로 표현하려면 알고리즘에 수많은 작업을 투입해야 한다. 여기서 컴퓨터공학자가 해야 할 근본적인 역할은 딥 러닝에 관한 것이다. 구글의 한 연구원은 "신경 네트워크는 수많은 못을 한꺼번에 박을 수 있는 위대한 망치와도 같다."라고 말한다. 구글의 커다란 장점은 회사 전체에서 같은 암호 베이스를 사용하기 때문에 많은 상호 교환이 가능하다는 점이다. 구글에서 모든 직원은 공동 소프트웨어 아카이브를 활용해 작업한다. 따라서 한 작업팀이 문제를 해결하면 그 해결 방식을 내부적으로 공유하고 다른 부서에서도 활용해 더 나은 방식으로 향상시킨다. 가령 유튜브 비디오를 위한 핵심 알고리즘은 다른 프로젝트에서도 활용할 수 있다. 같은 방식으로 플라게만은 현재 딥 러닝 지식을 활용해 알고리즘이 이미지를 보다 매끄럽게 연결하도록 만들려고 한다.

그러면 가상현실이 미래에 거대한 컴퓨터 플랫폼 역할을 하게 될까? 플라게만은 "VR은 컴퓨터나 노트북을 대체하지는 않고 단지 보조해주는 역할을 할 것"이라고 말한다.

"하지만 인간 본성과 관련된 기술인 VR은 감각적 경험에 관한 것으

▶▶▶

로 문자나 사진보다 훨씬 더 효과가 있으며 모든 영역에 활용할 수 있습니다."

과연 VR 제품은 언제 대중화할까? 플라게만은 예측하기 어렵다고 말한다.

"그날이 훨씬 더 빨리 올 수도 있지요. 아무튼 우리는 최선을 다하고 있습니다."

VR 계획은 페이지가 구글의 엔지니어들에게 소프트웨어에 대해서만 생각하지 말라고 재촉하는 하나의 예다. 소프트웨어가 더 영리해지면 하드웨어도 덩달아 발전해야 한다. 혁신에 따라 완전히 새로운 형식이 필요해지는 셈이다. 인수합병에서 실패한 모토로라가 남긴 흔적 중 하나는 과거 모토로라의 연구 부서이던 ATAPAdvanced Technology and Projects(선진 기술 및 프로젝트)다. ATAP가 추진한 가장 중요한 프로젝트는 아마 아라Ara일 것이다. 아라는 생산자가 모든 것을 결정해서 출시하는 휴대전화와 달리 수없이 다양하게 표준화된 모듈 중에서 사용자가 자신의 기호에 맞게 선택해 조립할 수 있는 모듈형 휴대전화다. 최초로 선보인 아라 제품은 두 개의 프레임으로 구성되어 있는데 사용자는 개별 부품을 마치 레고 블록처럼 조립할 수 있다. 한 블록은 카메라이고 두 번째는 프로세서이며 세 번째 블록은 터치스크린이다. 이 모듈 방식에서는 몇 년 만에 휴대전화 전체를 바꾸는 것이 아니라 기술적으로 결함이 있거나 망가진 부분만 교체가 가능하다. 이로써 비용을 절감하는 동시에 전자 폐기물도 줄일 수 있다.

구글은 프레임과 스크린 배터리, 프로세서로 구성된 아라 키트를 출시 초기 50달러에 제공할 계획이다. 휴대전화 부품 중 구글이 직접 생산하는 것은 두 종류 사이즈로 나뉜 프레임밖에 없다. 아라 프로젝트의 목표는 대응 관계인 안드로이드가 소프트웨어 플랫폼을 구축한 것처럼 스마트폰을 위한 개방 하드웨어 플랫폼을 구축하는 것이기 때문이다. 구글은 조립이 가능한 휴대전화로 스마트폰 시장에서 하드웨어 생산자들의 진입 장벽을 낮추고자 한다. 소수의 휴대전화 생산업체 대신 하드웨어를 디자인하는 '수십만 명의 개발자'가 등장해 앱 개발자가 자신의 제품을 제공하는 방식으로 휴대전화를 제공하는 시대가 오게 된다는 얘기다. 그 결과 스마트폰의 혁신적 흐름이 한층 더 빨라지는 한편 생산비용이 현저하게 줄어들 것이다. 아직 구글은 거대한 휴대전화 하드웨어 업체가 아니지만 이들은 장기적으로 블록형 조립 휴대전화가 보편화되면 상당한 이윤을 남길 수 있을 것으로 예측한다. 휴대전화 부품 시장뿐 아니라 새로운 글로벌 플랫폼도 창조할 것이기 때문이다.

제8장

디지털화 VS 사생활 보호:

구글을 둘러싼 논쟁

WHAT GOOGLE
REALLY WANTS

         정보 처리는 모든 디지털 비즈니스 모델의 기반이다. 사용자에게 가능한 모든 형태의 정보를 수집하고 그것을 통해 제품을 만들어내는 일을 구글보다 잘하는 기업은 없다. 이것이 디지털 시대에 정보 보호라는 주제를 놓고 구글이 항상 논쟁의 중심에 서는 이유다. 구글이 개발한 모든 알고리즘과 기계 지능은 끊임없는 정보 물결이 흘러들어 와야 작동된다. 사실 그 자체로는 나쁠 것이 전혀 없다. 이런 방법이 있기에 우리가 찾는 검색 결과를 얻고 스마트폰을 다양한 방법으로 이용하며 로봇이 자동차를 조종할 수 있는 것이다.

    그러나 어떤 정보를 수집하고 어떤 목적으로 사용하는지가 분명하지 않으면 그것은 문제가 된다. 구글은 오랫동안 자신들이 수집한 정보를 어떻게 처리하는지 명백하게 설명하지 못했다. 다행히 구글은 최근 들어 투명성에 대해 많은 노력을 기울이고 있다. 우선 가장 중요한 질문에 답하기 위해 중앙 정보 홈페이지(www.privacy.google.de)를 개설했다.

구글은 어떤 정보를 모으는가? 정보수집을 예방하려면 어떻게 해야 하는가?

구글과 개인정보

기본적으로 구글은 모든 사용자의 기록을 다 저장한다. 사용자가 어떤 유튜브 비디오를 보았는지, 구글 맵을 사용하는 스마트폰 사용자의 위치는 어디이고 사용자가 어떤 위치를 검색했는지도 알 수 있다. 물론 사용자는 사생활 보호 설정을 바꾸거나 자신의 위치가 저장되는 것을 금지해 부분적으로 노출을 막을 수 있다.

구글이 수집하는 정보는 광고 사업의 동력이다. 구글은 개별적이고 각자의 기호에 맞는 광고를 제공하기 위해 사용자의 정보를 사용한다. 하지만 이것은 몇 번의 클릭으로 제한할 수 있다. 구글은 이름이나 이메일 주소처럼 사용자의 정체가 드러나는 정보는 원칙적으로 제3자에게 판매하지 않는다. 그렇지만 분명한 것은 여러 구글 제품과의 상호작용을 통해 구글이 사용자들의 자세한 프로필을 꿰뚫어볼 수 있다는 사실이다.

유럽에서 일어나는 구글 관련 논쟁에는 개인의 권리를 무시하고 국가 기밀 부서와 협력해 탐욕스럽게 정보를 빨아들이며 사용자의 정보를 보호하지 않는 문어발식 기업의 권력 이미지가 도사리고 있다. 유럽의 전통적 가치를 존중하지 않는 익명의 거대한 자본가 혹은 신자유주의 사업가가 통제하는 기업이라는 이미지 말이다. 이것은 공격적인 미국 기업에 대한 유럽인의 보편적인 인식에서 비롯된 것이기도 하다. 아무튼 이것은

▶▶▶

그리 간단하게 정의할 수 있는 문제가 아니다.

구글의 정보 보호, IT 보안, 사용자의 사생활 보호와 관련된 모든 이슈를 다루는 일은 2015년부터 오스트리아 출신의 구글 책임자가 맡고 있다. 자주색 스웨터와 금목걸이를 즐겨 착용하며 품성이 조용하고 온화한 컴퓨터공학자 게르하르트 에셸베크Gerhard Eschelbeck는 오버외스터라이히Oberösterreich 출신으로 린츠 대학에서 박사학위를 받고 1990년대부터 IT 보안 관련 산업체에서 세계 최고의 능력자로 활약했다. 구글이전에 그는 영국의 한 IT 구조 전문 기업에서 임원으로 일했다.

구글이 에셸베크를 책임자로 영입한 것은 우선 보안 사업이 중요한 사업 모델로 떠올라 '보안을 하나의 서비스'로 판매할 가능성이 커졌기 때문이다. 또한 에셸베크가 구글의 이미지를 높여줄 거라는 기대감도 한몫했다. 과거에 구글은 IT 보안과 개인정보 보호 영역을 항상 분리했으나 지금은 에셸베크가 통합 부서에서 500명 이상의 직원을 거느리고 있다. 마운틴 뷰에 오기 전 그는 옥스퍼드에 살면서 IT 보안과 관련해 수많은 특허권을 취득했다. 오랫동안 구글을 바깥에서 지켜본 그는 '정보 보호와 관련된 잘못된 움직임'이 무엇인지 잘 알고 있다.

"나는 유럽인이 IT 보안과 관련해 구글을 어떻게 생각하는지 잘 알고 있습니다."

에셸베크의 목표는 IT 보안 방식과 처리 과정을 사용자의 사생활 보호에 적용하고 그것을 확장하는 데 있다. 그는 이것을 확실하게 조직화한 '장애 발생 관리와 즉각적인 대응체계'라고 부른다. 즉 '모든 제품은 정교한 사생활 보호를 위한 감시 대상'이다. 다시 말해 사용자가 안전하게 인터넷을 서핑하고 해킹이나 피싱 같은 인터넷상의 온갖 공격에서 보호반도록 하는 것이 그의 임무다. 이를 위해서는 수집한 사용자 정보를 안전하게 익명으로 보관하고 제3자 접근을 철저히 차단해야 한다. 구글의 창업자 래리 페이지도 이 점을 강조한다.

"개인정보 보호 문제는 매우 중요한 이슈입니다. 나는 그 점을 정확히 간파하고 심사숙고해서 문제를 해결하려고 합니다."

인터넷과 디지털화는 자연적으로 많은 변화를 일으키기 때문에 그에 대해 사람들이 불안해하는 것은 당연한 일이다. 페이지는 최근 스탠퍼드에서 자신의 전체 게놈을 해체하고 염기서열을 분석한 일화를 들려주었다. 이 작업을 위해 그는 개인정보와 관련된 모든 복잡한 질문에 대답해야 했다. 반면 그가 정말로 원한 분석 결과는 정보 보호를 이유로 얻지 못했다. 연구원들은 익명으로 DNA를 검사하기 때문에 설령 비정상적인 것이 발견되어도 그 결과를 의논하기가 어렵다.

"개인정보 보호를 이유로 내가 열망하는 게 불가능하다는 것을 알고 좀 서운했습니다."

바로 여기가 문제가 복잡해지는 지점이다.

"개인정보를 남용해서도 안 되지만 동시에 우리가 얼마나 중요한지 아직 모르는 일에 대한 연구를 금지해서도 안 됩니다."

페이지는 이로 인해 우리에게 유용한 많은 것이 발전하지 못하는 것은 아닌지 우려하고 있다. 혹시 사생활과 보안에 관한 우리의 20세기 관점이 디지털 시대에는 더 이상 유용하지 않은 것일까? 새로운 가치체계를 개발할 필요가 있는 것일까? 페이지도 거기까지 나아가길 원치는 않는다.

"우리 모두 앞으로 새로 등장하는 것들이 유발할 잠재적인 문제를 잘 모른다는 점을 솔직히 인정하는 게 더 낫지 않을까요? 그런 다음 합리적인 과정을 거쳐 문제를 점진적으로 해결해나가는 것이 좋을 듯합니다."

이것이 페이지가 이 문제에 대해 낙천적인 태도를 고수하는 이유다. 페이지는 안전한 정보를 보장하지 않고는 개인정보 보호가 불가능하다고 강조한다.

"문제에 어떻게 대처할지는 우리 모두 같이 배우면 됩니다. 필요하다면 사생활을 보호하는 동시에 인류가 큰 규모로 발전해 나가도록 허락하는 것이죠."

구글에서 일하기 시작한 이후 에셀베크는 수많은 IT 보안 프로젝트에 참여했다. 구글은 네트워크 보안 시스템 구축을 비롯해 안전한 웹 서핑을 위한 작업과 이메일 혹은 다른 정보 트래픽의 암호화를 추진하고 있다. 에셀베크는 말한다.

"몇 년 후면 암호화하지 않은 이메일을 보내는 것은 마치 편지를 편지 봉투에 넣지 않고 보내는 것만큼이나 상상할 수 없는 일이 될 것입니다."

구글은 오래전부터 자사 제품 보안뿐 아니라 전체 IT 산업계가 보안 관련 문제에 더 관심을 기울이도록 촉구해왔다. 에셀베크는 "우리는 전체 인터넷을 훨씬 더 안전한 장소로 만들 수 있다."라고 말한다.

구글은 2014년 여름 보안을 위한 프로젝트 제로를 가동하기 시작했다. 일단 구글이 팀 전체를 동원해 인터넷과 다른 소프트웨어 생산업체의 보안 구멍을 찾는다. 만약 문제를 발견하면 해당 기업에 연락해 90일 내에 문제를 해결한 다음 그 정보를 공개한다. 이러한 제로 프로젝트의 공격적인 방식에 불평하는 IT업체도 있지만 구글은 해커와의 '군비 전쟁'에서 온 힘을 다해 보안 구멍과 싸우는 것만이 유일한 방법이라고 확신한다.

"오늘날 해커들은 재정적으로 풍족하고 높은 동기와 최고의 기술도 갖추고 있습니다."

특정 국가가 어떤 목적 아래 해커들을 지원하는 경우도 점점 증가하고 있다. 이에 따라 다양한 구글 팀이 24시간 '극장에서 상영되는 패턴'을 주시하며 악성코드와 새로운 형태의 컴퓨터 암호를 분석하는 데 전력을 다하고 있다.

물론 이 모든 노력은 구글의 이해와 관련이 있다. 구글이 사업을 하려면 인터넷 플랫폼이 안전하고 효율적이어야 하는 것이다. 구글의 수석 보안 책임자 닐스 프로보스Niels Provos는 말한다.

"우리의 철학은 인터넷이 안전한 공간이라야 사용자가 우리에게 찾아 온다는 것입니다. 사용자가 두려워하면 이는 모두를 해롭게 만들지요."

프로보스는 2006년부터 안전한 웹 브라우징을 책임지는 일을 하다가 이후 클라우드와 전체 데이터 보안을 책임지는 일을 맡았다. 독일 함부르크 근교 출신으로 다채로운 색상의 양말에 버켄스탁 샌들을 즐겨 신는 그는 세상에서 가장 영향력 있는 컴퓨터 보안 부서 책임자라기보다 녹색 당의 지역위원장에 더 어울릴 듯하다. 그는 여가시간에 바이킹들이 쓰던 무기 모형을 만드는 취미를 즐긴다. 이 암호 전문가는 수많은 보안 프로그램을 개발했고 현재 웹상의 위험을 감지하는 알고리즘을 개발하고 있다. 구글은 지금 클라우드 사업 확장을 꾀하고 있는데 이를 위해 고객의 정보를 안전하게 보장하는 서비스에도 집중하고 있다.

"세상에 수백 명의 보안 전문가를 고용할 수 있는 팀은 많지 않지요."

실제로 기업의 자체 IT 보안 팀에 보안 전문가가 없는 경우가 아주 많다.

구글에게 피싱이나 트로이 목마 바이러스를 비롯한 여러 보편적인 사이버 범죄는 오히려 해결하기 쉬운 문제다. 프로보스는 2009년 중국이 코드명 오퍼레이션 오로라Operation Aurora 공격의 배후라는 사실이 알려진 뒤 "국가 주역들이 실질적인 적이라는 것이 분명해졌다."라고 말한다. 미국의 국가안보국National Security Agency, NSA에서 인터넷 대기업의 흐름을 체계적으로 도청했다는 에드워드 스노든Edward Snowden의 폭로는 보안 전문가들에게 큰 충격을 주었지만 완전히 예상치 못한 것은 아니었다. 프로보스의 얘기를 들어보자.

"중국의 사이버 공격 이후 어떤 나라가 우리의 광케이블을 도청하려 한다면 적어도 이론적으로는 불가능하지 않다는 사실이 밝혀졌습니다. 그때부터 우린 구글 내부의 모든 링크를 암호화하는 작업을 시작했고 스노든의 폭로 뒤 거의 일주일 만에 모든 채널을 바꾸어버렸죠."

구글의 내부 트래픽을 암호화한 보안 전문가들은 곧바로 비밀요원들이 구글 네트워크에 어디까지 침투했는지 탐색했다. 프로보스는 NSA가 생각만큼 '깊이 침투하지' 않았다는 결론을 내렸다고 했지만 스노든의 폭로 이후 보안 전문가의 세계는 예전 같지 않다. 이제 중국을 비롯한 외국 세력뿐 아니라 자기 나라 정부까지도 '위협 세력으로 봐야 하는 상황'이 온 것이다.

아직까지는 NSA 사건이 사용자의 행동 양식에 큰 영향을 미치지 않았다. 구글의 사용자가 크게 감소하지도 시장점유율이 줄어든 것도 아니다. 그렇지만 NSA 사건 이후 실리콘 밸리와 미국 정부 간에는 상당한 긴장 관계가 형성되었다. 특히 구글은 모든 정보 트래픽을 암호화해 국가 정보원이 접근하지 못하도록 차단하려 한다. 에셀베크는 이렇게 말한다.

"정부 측에서 우리에게 정보를 요청하려면 매우 정교하고 합법적인 절차를 따라야 합니다. 어떤 경우에도 뒷문을 통한 거래는 허락되지 않습니다. 정부 조직과 총체적인 범위의 협조는 비상사태인 경우로 한정하고 있습니다."

물론 많은 비평가가 그의 말을 그다지 믿지 않는다. 특히 위키리크스 WikiLeaks의 창업자 줄리안 어산지Julian Assange는 구글을 'NSA의 민간 버전'이라고 부른다. 구글이 시민에게 수집한 민감한 비밀 정보를 자발적으로 국가 정보원에 제공한다는 혐의에 대해 언급하자 프로보스의 표정이 금세 어두워졌다. 그것이 보안 책임자로서의 명예와 자존심에 상처를 주기라도 하는 듯 그는 예민하게 반응했다.

"유독 유럽에서 사실에 대해서는 관심도 없는 듯한 그런 얘기가 끊임없이 피어오르고 있지요. 이들과는 진정한 토론을 벌이는 것조차 매우 어려우니 그냥 내버려두는 수밖에 없습니다."

디지털 정보를 둘러싼 이해와 오해

구글과 관련된 논쟁에서 이런 일은 종종 발생한다. 2014년 작고한 《프랑크푸르터 알게마이네 차이퉁》Frankfurter Allgemeine Zeitung, FAZ의 편집장 프랑크 쉬르마허Frank Schirrmacher는 "구글은 디지털 시대에 가장 눈에 띄는 신전이다."라고까지 말했다. 그러니 디지털의 미래 전망과 새 시대의 사회, 경제, 법, 질서에 관한 논쟁에서 구글이 최전선에 서는 것

▶▶▶

은 불가피한 일이다. 이와 더불어 구글은 사람들이 두려워하는 모든 것의 상징이 되고 있다. 예를 들면 인공지능 기계 등장과 총체적 감시체계, 구글 글래스의 사생활 혁명, 미국 기업의 거대한 독점 및 지배 현상 등이 있다. 실제로 마운틴 뷰의 리더들은 우리의 일상생활이 점점 더 디지털화할수록 구글에 대한 공격도 그만큼 커질 것이라고 전망한다.

결국 구글은 이 논쟁의 중심에 설 수밖에 없다. 정보 처리가 구글 사업 모델의 중심이 아닌가. 구글은 궁극적으로 거대한 기계학습 프로젝트 기업으로 이를 위해서는 정보가 필요하다. 인터넷 검색부터 휴대전화 사용 내역까지 온갖 종류의 정보 기반이 필요한 것이다. 구글은 기계에 정보를 끊임없이 주입해야 번역기를 개발하고 디지털 보조 장치와 자율 주행차를 만들어낼 수 있다. 핵발전소든 소프트웨어든 모든 기술 분야는 투입한 정보를 통해 작동하므로 정보 수집 및 처리는 사람들이 자주 손가락질하는 것처럼 '사악한' 일이 아니라 필수적이다. 그래도 구글은 이 사업 모델이 낳는 결과를 책임져야 하므로 미래에도 수많은 분야에서 싸워 나가야 한다. 문어발식 정보수집이나 검색을 통한 유해한 콘텐츠 전시 등에 대한 책임 소재와 더불어 구글이 시장 능력을 남용하는 게 아니냐는 논쟁은 앞으로도 계속될 전망이다.

구글은 오랫동안 때론 오만하고 또 때론 순진한 태도로 수많은 비판에 응대해왔다. 하지만 얼마 전부터는 기업 차원에서 반격에 나서고 있다. 일종의 외무부장관 격인 에릭 슈미트는 전 세계를 돌며 구글의 철학을 전파하고 기업과 정부의 우려를 불식하려 노력한다. 2015년 봄 구글은 유럽에 1억 5,000만 유로의 기금을 투입해 디지털 언론 환경 프로젝트를 지원하기로 했다. 이것은 검색 서비스를 통해 자신들이 만든 콘텐

츠를 제공하는 것과 관련해 구글과 오랫동안 다퉈온 유럽 언론사들과의
갈등을 해소하기 위한 발걸음이다.

물론 오만한 태도를 완전히 버린 것은 아니지만 요즘 구글은 베를린
이나 브뤼셀, 워싱턴 사람들이 어떤 반응을 보이는지 또한 다른 산업체
에서 구글을 어떻게 여기는지에 민감하게 반응한다. 이것은 구글이 벌이
는 사업에 대한 불안감에서 비롯된 것이다. 한때 마이크로소프트를 휩
쓴, 즉 지나친 규제로 사업이 질식사하지 않을까 하는 두려움을 구글은
더 크게 느끼고 있는 듯하다.

어쨌든 우리는 구글이 자사를 냉철한 지성을 갖춘 기업으로 인식한다
는 사실을 잊지 않아야 한다. 구글의 경영진은 단순히 진공 상태가 아니
라 대부분 정치적 판단 아래 전략을 도출한다. 실제로 슈미트는 디지털
사회나 대외 정책 혹은 네트워크 민주주의 같은 주제를 공개적으로 여러
번 언급했다. 2013년 슈미트는 《새로운 디지털 시대》The New Digital Age
를 출간했는데, 이 책에서 그는 미래에 기술이 정치와 외교를 어떻게 변
화시킬 것인가를 다루고 있다. 그는 미래 정부가 항상 두 가지 서로 다른
정책 시나리오를 염두에 둬야 할 것이라고 말한다. 하나는 현실세계이고
다른 하나는 가상세계다. 또한 전통적인 외교 정책 외에도 앞으로는 사
이버 외교 정책 시스템을 구축해야 하며 이를 당장 실천에 옮겨야 한다
고 주장한다.

"인터넷은 역사상 무정부주의를 실험할 수 있는 가장 커다란 장이다.
수억 명의 인터넷 인구가 생산하고 소비하는 온라인상의 디지털 콘텐츠
는 거의 법적인 제재를 받지 않는다."

구글도 가상세계와 현실세계의 중간에서 논쟁에 붙잡히는 일이 점점

▶▶▶

늘어나고 있다. 예를 들어 2014년 유럽사법재판소ECJ는 특정한 몇몇 인물을 구글의 검색 결과에서 삭제하라고 판결했다. 법원은 검색 목록이 개인정보를 대중에게 드러내고 싶어 하지 않는 인간의 기본권을 위배할 가능성이 있다고 판단한 것이다. 이후로 개인도 자신과 관련된 기사나 특정 정보가 검색 결과에 나오지 않도록 구글에 요청할 수 있다. 개인정보 보호를 옹호하는 많은 사람이 이 판결을 환영했다. 반면 위키피디아의 창업자 지미 웨일스Jimmy Wales를 비롯한 다수는 이 같은 판결이 언론과 표현의 자유를 위축시킬 수 있다는 우려를 표하고 있다.

이제 쟁점은 무엇을 삭제할 것인지를 누가 결정하는가에 있다. 지금은 그 일을 구글이 맡고 있다. 2015년까지 유럽에서만 20만 5,000여 건의 삭제 요청이 있었는데 이 중 독일의 요청이 3만 3,000여 건이다. 그 중에서 구글은 40퍼센트를 삭제하기로 했다. 2015년 2월 구글은 삭제자문위원회를 설치하고 정치적으로 예민한 정보의 삭제 기준을 담은 보고서를 발간했다. 독일도 유럽연합국가 중 최초로 언론과 표현의 자유를 보장하면서도 어떻게 ECJ의 판결을 실행에 옮길지 고려한 구체적인 제안서를 발간했다. 관련 언론사에 논쟁 부분을 통고하고 후속조치를 논의하며 검색엔진 기업 내부에 독립적인 해결 기구를 설치하라는 것이 제안서의 내용이다. 사실 구글과 법 전문가들은 ECJ의 판결에 놀라움을 금치 못했다. 구글의 입장에서는 납득하기 힘든 판결이기 때문이다. 예를 들어 신문기사는 원래 온라인 홈페이지나 출판사 기록 보관소에 그대로 남아 있는데 어째서 검색 결과에 포함하면 안 된다는 것인가? 그러나 판결의 핵심은 검색엔진에서는 대부분 정보의 원천을 찾아낼 수 있다는 점이었다.

아무튼 ECJ의 판결은 구글에게 하나의 전환점이 되었다. 구글의 런던 사무소에서 만난 슈미트는 내게 말했다.

"우리는 판결에 실망했지만 이해하기로 했고 그 결정을 실행하기 위해 최선을 다할 것입니다."

현재 슈미트는 마운틴 뷰보다 유럽에 더 많이 머물고 베를린도 자주 방문한다. 요즘에는 실리콘 밸리의 본사에서도 '우리도 이해합니다' 같은 말을 자주 들을 수 있다. 슈미트는 날로 증가하는 갈등과 언론의 공격, 구글의 양면적 이미지에 대해 많이 생각한다고 얘기했다. 이는 이해나 겸손과 거리가 멀던 과거의 슈미트를 생각하면 전혀 평범한 표현이 아니다. 그는 다정하고 친근한 스타일로 글로벌 기업체의 경영자가 일반적으로 드러내는 공격성 혹은 남성성 과잉의 모습은 거의 보이지 않는다. 동시에 슈미트는 공격에 익숙하고 약점을 잡기 어려우며 날카로운 질문에도 표정 하나 변하지 않는 사람이다. 그는 조금도 흥분하지 않고 구글의 혐의에 대해 하나하나 반박했다. 무엇보다 그는 현재의 분위기에 우려를 표했다. 특히 구글이 공격받는 상황을 두고 "전혀 예상치 않은 일"이라고 말했다. 슈미트는 이렇게 강조했다.

"우리는 옳은 일을 하고자 노력했고 모든 일을 통제한다고 생각했는데 느닷없이 그런 일이 폭발한 겁니다. 현재 우리는 바꿔야 할 것은 무엇이든 바꾸기 위해 최선을 다하고 있습니다."

슈미트는 쉬지 않고 사람들을 설득한다. 그러나 특별하고 긴밀한 대화가 필요한 그 외교 여행이 쉽게 끝날 것 같지 않다. 구글을 비판하는 사람들이 그가 전 세계를 돌아다니며 사악한 일을 퍼트린다고 말할 때 슈미트는 상처를 받지 않을까?

"나는 저녁을 함께 먹은 사람은 쉽게 욕하기 어렵다는 단순한 법칙을 따를 뿐입니다. 물론 나도 모든 것을 싸잡아 비판하는 그런 방식은 받아들이기 힘듭니다. 내가 제대로 응답할 수 있는 구체적인 비판이었으면 좋겠습니다."

적지 않은 구글의 적들이 이러한 슈미트의 소원을 들어주는 걸 어려워하지 않는다. 가령 지멘스의 CEO 조 케저Joe Kaeser는 디지털 정보를 둘러싼 전쟁을 언급한다. 슈프링어의 회장 마티아스 되프너Mathias Döpfner는 구글의 전지전능함에 공포를 느낀다고 말한다. 신문의 논평이나 TV 토론, 기고문, 논쟁 기사는 날로 쌓여가고 구글에 관한 언론 보도는 그 톤이 점점 날카로워지고 있다. 디지털화를 옹호하고 구글의 독점적 권한을 투쟁 대상으로 여기지 않는 측은 구글의 변호인 혹은 신자유주의자로 풍요로움과 일자리를 위협하는 세력으로 여겨진다. 반대로 디지털화의 어두운 면을 경고하는 측은 단번에 기술 발전을 두려워하는 무식한 관료나 진보의 저항 세력으로 낙인찍힌다. 한쪽은 네트워크를 통한 사회주의를 꿈꾸고 다른 한쪽은 냉소적인 산업 로비스트 역할을 하고 있다. 양쪽 다 반대편이 기업의 풍요나 우리 모두의 미래와 관련해 매우 '위험한 세력'이라고 외친다.

많은 사람이 주로 정보의 흐름에 기반을 둔 신생기업이 경제 역사상 어느 때보다 짧은 시간 안에 큰돈을 벌어들이는 이 새로운 형태의 자본주의에 위협을 느낀다. 그러나 이것은 더 이상 경제적 이슈나 독점 기업, 경쟁, 사업에 관한 문제가 아니다. 문제는 '우리가 미래에 어떻게 살기를 원하고 그 미래를 누가 결정하는가'에 있다. 이에 따라 기업가나 경제학자뿐 아니라 지식인, 문화 관련 인사, 철학자, 모든 색깔의 정치가 들이 논쟁에 참여하고 있다. 이것을 당연시할 수도 있지만 몇 년 전만 해도 정치가 디지털 세계에 기울이는 관심은 놀라울 정도로 미미했다. 유럽은 물론 2012년 미국 대통령 선거에서도 이 주제는 아무런 관심을 끌지 못했다.

이제 변화가 찾아왔고 정당과 정부, 국회에서도 이 문제를 토론하고 있다. 독일 사회민주주의 정당SPD의 부의장 토르스텐 쉐퍼-귐벨Thorsten Schäfer-Gümbel은 《프랑크푸르터 헤프테》Frankfurter Hefte에 실린 기고문에서 "좌파 정치는 디지털화 사조를 하나의 시대적 과제로 받아들여야 한다."라고 썼다. 이를 위해서는 먼저 질문을 명확히 정리할 필요가 있다. 어떤 기본적인 가치 위에 디지털화를 구축하고 있는가? 디지털 세상과 연결할 수 있는 가치는 무엇인가? 디지털 기술화로 인간 사회는 어떤 모습이 될 것인가?

그 답을 찾는 것은 우리의 몫이며 여기서 구글이 중요한 역할을 맡을 가능성이 크다. 물론 세계적인 차원에서 통일성 있는 결과를 얻기는 쉽지 않을 것이다. 나라마다 법과 체계가 다르고 가치관, 문화, 감수성도 서로 다르기 때문이다. 미국에서는 표현의 자유가 커다란 덕목 중 하나이므로 많은 미국인이 검색 결과 삭제를 낯설어한다. 반면 유럽에서는 어떤 수단을 동원해서든 사생활은 보호해야 한다고 여기기 때문에 필요하다면 링크 삭제도 괜찮다고 받아들인다.

그런데 토론의 본질은 점점 변화하고 있고 디지털 미래에 대한 문화 투쟁도 확대되는 추세다. 구글을 비판하는 사람 중 두드러진 인물은 1984년 벨라루스에서 태어나 독일을 거쳐 미국으로 간 에브게니 모로조프Evgeny Morozov다. 모로조프는 수년 동안 책이나 기고문을 통해 실리콘 밸리와 구글을 가차 없이 비판해왔다. 그는 인터넷기업들이 도용과 왜곡을 진보로 포장해 판매하고 있으며 구글의 임무는 '온 세상의 정보를 모아 접근할 수 없도록 만들고 거기서 수익을 취하는 것'이라고 비난했다. 그는 놀라운 속도로 새로운 칼럼과 논쟁적 기사를 올리는데 특히 독일은 그의 기사를 기꺼이 매체에 실어준다. 기사는 대부분 2015년 봄 그가 《프랑크푸르터 헤프테》에 기고한 글과 비슷한 내용을 담고 있다.

"디지털 기술은 우리의 가장 큰 희망이자 최악의 적이기도 하다. …… 이들은 이미 우리 사회에 존재하는 다양한 신자유주의적 경향을 더욱 강화하고 당연하게도 대중의 이익에 반해 기업의 이익을 추구한다. 실리콘밸리가 우쭐대며 내일의 푸른 하늘을 약속해도 그것을 믿어서는 안 된다. 기술기업들은 분명한 잇속을 노리고 '동화 속 이야기의 힘'을 세상에 퍼트리려 한다. 구글이 소위 공짜로 제공하는 정보가 실직 상태인 대학 졸업생과 정교한 정보를 사업과 관련해 결과물로 바꿀 능력이 있는 헤지펀드매니저에게 똑같이 유용한 것은 아니라는 사실을 이들은 교묘히 가린다."

모로조프의 반대 측은 그가 공격적인 언변으로 토론을 파괴하는 트롤 같은 괴물이라고 주장한다. 그렇다고 모로조프의 영향력이 줄어드는 것은 아니며 그가 모든 개인정보를 국유화해 디지털과의 투쟁을 한 방에 끝내자고 선동할 때 대중은 그의 말에 귀를 기울인다. 그는 《프랑크푸르터 헤프테》에 기고한 글에서 "정보를 기반으로 출현한 자본주의 사회에서 시민이 그에 지배당하지 않는 유일한 방법은 주된 동력인 정보를 확실하게 공공의 소유로 하는 것"이라고 주장했다. 또한 그는 웹페이지에서 클릭할 때나 앱, 인공지능 온도조절기, 스마트 자동차를 사용할 때 그 모든 움직임이 시민의 통제 아래 놓여야 하며 "그 통제권이 서비스를 제공하는 기업에 있어서는 안 된다."라고 단언한다. 더불어 구글은 계속해서 새로운 제품을 생산하겠지만 이전과 같은 식으로 수익을 얻어서는 안된다고 주장한다.

"나는 광고와 상업적 정보수집으로 얻은 수익을 따로 떼어내 정보 서비스를 제공하는 업체에 지불하면 된다는 의견을 옹호한다. 현재 신생업체를 비롯한 다른 많은 기업은 정보가 없어서 구글이나 페이스북의 경쟁상대가 되지 않는다. 그 이유는 소위 알고리즘의 문제가 아니라 단지 정보가 없기 때문이다."

모로조프는 구글이나 페이스북이 이미 '유사 국가'가 되어버렸으므로 차라리 실제 국가에 모든 정보를 넘기는 것이 낫다고 주장한다. 한데 이것은 NSA 사건만 놓고 봐도 의아하게 느껴진다. 물론 개개인의 정보가 직접 정부의 손에 들어가면 최소한 국가정보원이 할 일은 대폭 줄어줄 것이다. 사실 구글이 정부 같은 권력을 쥐고 있다며 그 영향력을 지나치게 크게 평가하는 사람이 모로조프뿐은 아니다. 인터넷 비평가 쇼샤나 주보프Shoshana Zuboff는 이런 이론을 퍼뜨리고 있다.

"구글은 완전히 다른 종류의 권력에 기반을 두고 있다. 이들은 온 세상에 두루 퍼져 있지만 잘 보이지 않으며 아무도 책임지지 않는 새로운 제국을 건설하려 한다. 이들 세력이 성공을 거두면 이 제국의 권력은 지금까지 세상이 경험한 모든 것을 능가할 것이다."

그녀는 구글이 세상을 지배하기 위해 추구하는 일종의 디지털 '신절대주의'Neo-Absolutismus를 경고한다. 점점 더 격렬해지는 논쟁 속에서 주보프의 주장이 유난히 극단적으로 들리긴 하지만 그녀는 단순히 미치광이

▶▶▶

엑스트라 배우가 아니라 하버드 경영대학원 교수다. 그녀가 쓰는 단어를 보면 논쟁이 얼마나 더 날카로워지고 있는지, 그 안의 언어와 전망이 얼마나 극단으로 향하고 있는지 알 수 있다.

주보프는 모로조프가 기고하던 《프랑크푸르터 알게마이네 차이퉁》에도 글을 기고했다. 최근 몇 년간 구글과 디지털화에 대한 비판의 중심 무대 역할을 해온 이 신문에서는 프랑크 쉬르마허가 중심적인 역할을 하고 있다. 독일의 비평계를 주도하는 이 저널리스트는 2010년부터 '지식의 조직과 기계화'에 대한 대중적 논쟁이 필요하다고 거듭 주장해왔다. 가령 쉬르마허는 우아하고 지성이 넘치는 글을 통해 미국 기업에 대항할 만한 유럽의 검색엔진을 개발해야 한다고 의견을 개진했다. 특히 그는 2011년 《프랑크푸르터 알게마이네 차이퉁》에 "구글의 전지전능함은 평론계의 현상이 아닌 사회적 현상이다."라고 썼다.

"그것은 지식과 지식 사용에 관한 것으로 기존 지식의 개념을 영원히 바꿔놓을 수도 있다. 인류의 모든 기억을 한 미국 기업에 위탁하는 것은 단순히 이들이 모든 문서를 소유하는 것을 넘어 사람들의 정체성을 일궈내는 기억과 경험을 비롯한 모든 것을 이들에게 위탁하는 셈이다. 이제 우리는 디지털 혁명이 거세게 몰아닥치고 있음을 인정하고 디지털 세계에서 자기 결정권을 회복해야 한다."

동시에 쉬르마허는 2014년 언론매체 《호리촌트》Horizont와의 인터뷰에서 구글의 능력과 태도로 볼 때 그것이 인류에게 위협이 될 뿐 아니라 희망도 될 수 있다고 말했다. 이 견해는 슈프링어 출판사 수장의 생각과 대조를 이룬다. 2014년 4월 슈프링어 출판사의 사장이자 최고결정권자인 마티아스 되프너는 《프랑크푸르터 알게마이네 차이퉁》에 에릭 슈미트에게 보내는 공개서한을 실었다. 그 글에서 그는 자신의 회사가 구글에 의존적으로 변해가고 있다며 불평했다.

"우리는 구글을 두려워합니다. 내 동료들조차 그것을 감히 공개적으로 얘기하지 않으므로 나라도 분명하고 솔직하게 얘기해야겠습니다."

되프너는 구글을 비판하는 사람들이 모두 인터넷을 반대하는 것은 아니라며 오히려 안전한 네트워크 구축을 원한다면 구글을 비판해야 한다고 주장한다. 되프너가 걱정하는 것은 독일 온라인 광고 시장에서 구글이 차지하는 비중이 해마다 증가하고 있다는 사실이다. 되프너는 "지나치게 압도적인 시장점유율을 줄이기 위해" 여러 측면에서 구글과 맞서 싸우기로 결정했다. 실제로 그는 구글에 대항하는 유럽연합의 소송을 옹호했고 소위 저작권에 관한 논쟁에서도 앞장을 섰다.

왜 구글을 두려워하는가

2013년 3월 언론기업들의 로비에 굴복한 독일연방의회는 검색엔진에 이들의 출판물을 게재할 경우 저작권료를 요구할 수 있도록 판결을 내렸다. 그 직후부터 이 판결에 대한 비판이 거세게 터져 나왔다. 2013년 11월에는 거의 모든 정당의 청년조직이 연합 기자회견을 통해 저작권법을 거부했다.

"출판협회의 주장에 따라 입법하는 것을 우리는 납득할 수 없습니다."

2014년 가을 연방의회의 위원회는 '디지털 의제'에 대해 법 전문가들에게 법적 근거를 요청했다. 당시 이들은 인터넷 저작권과 관련된 법안

이 가히 '재앙적'이므로 폐기해야 한다는 결론에 이르렀다.

출판업자들과 구글의 전쟁은 아직 끝나지 않았다. 특히 되프너는 구글의 힘에 공격적 이미지를 덧칠하는 데 주력하고 있다. 그는 구글이 네스트를 인수한 이후 '시민이 자기 집에서 무엇을 하는지'까지 정확히 꿰뚫어보고 있다고 주장한다. 네스트가 집집마다 온도조절 장치가 아니라 카메라나 도청기를 설치하기라도 하는 듯이 말이다. 공개서한에 그는 다음과 같이 인상적인 문구를 적었다.

"빅 브러더는 잊어라! 구글은 그보다 더 큰 존재이니!"

굳이 의미를 따지자면 '더 나쁜 존재'라고 적는 게 맞을 것이다. 조지 오웰George Orwell의 소설 《1984》에 나오는, 시민을 공포에 몰아넣고 모든 것을 보고 듣는 빅 브러더보다 더 나쁜 존재 말이다.

사실 슈프링어 출판사는 기술 진화 공포증과 전혀 상관없는 행보를 보이고 있다. 그래서 그런지 그의 경고는 굉장히 뜬금없어 보인다. 유럽의 어떤 출판사도 슈프링어 출판사만큼 영리하고 성공적으로 디지털화를 추진하지 못했다. 심지어 슈프링어는 여러 번이나 경영진을 몇 달씩 실리콘 밸리로 파견하기도 했다. 한때 《벨트 암 존탁》Welt am Sonntag의 편집장이었다가 현재 슈프링어 출판사의 부회장으로 있는 크리스토프 케세Christoph Keese는 자신의 경험을 담아 《실리콘 밸리-세상에서 가장 힘센 계곡의 미래》Was aus dem mächtigsten Tal der Welt auf uns zukommt라는 책을 출간했다. 그가 실리콘 밸리에 대해 분석한 내용은 상당히 수긍할 만하다. 그런데 구글에 관한 내용을 보면 법과 규정을 따르는 상업 기업이 아니라 '무슬림 국가'의 테러조직을 묘사한 것 같다.

"그 결과 구글은 정부의 합법적 통제를 벗어나 자신들이 옳다고 믿는 것이면 무엇이든 하는 국가 밖의 국가, 즉 초국가적 기관이 되었다."

슈프링어가 구글과 투쟁하는 이유는 자신들의 경제적 이해관계 때문이다. 그런데 독일의 언론 환경에서는 많은 사람이 이들의 투쟁에 참여해야 한다는 압박감을 느낀다. 적어도 구글이 체계적으로 세상을 지배하려 한다는 음울한 시나리오라도 써야 할 것 같은 부담을 느낀다. 실리콘밸리의 벤처 자본가들만 '좋은 기회를 놓칠까 봐 두려운 마음'Fear of Missing Out, FOMO을 품고 있는 것은 아니다. 많은 비판가가 다른 사람들이 그렇게 한다는 이유로 별다른 생각 없이 비판의 기차에 동승한다. 현재 구글을 향한 채찍질은 낙오되길 원치 않는 사람들 사이에 유행처럼 번지고 있는데, 특히 가브리엘이 구글의 기업 해체를 심각하게 고려하는 데서 정점을 찍고 있다.

공포와 불확실성, 과장된 논쟁의 이면에는 대규모 발전이 있다. 디지털 세계에서는 자본주의와 가치 창조가 빠르게 변화한다. 그것이 더 나은 미래를 불러올까, 아니면 그 반대일까? 인터넷 경제에서 가장 권력이 강한 기업은 인터넷 플랫폼을 운영하는 기업이라는 사실은 더 이상 비밀이 아니다. 이는 경제학에서 네트워크 효과로 알려진 개념과 관련이 있는데, 그것은 '더 많은 사람이 인터넷을 사용할수록 플랫폼의 성능과 가치가 증가한다'는 것이다. 벤처 기업가 마크 안드레센Marc Andreessen은 《뉴요커》와의 인터뷰에서 이렇게 이야기했다.

"더 많은 정보는 우리에게 더 많은 소비자를 불러오고 이들은 역으로 더욱 많은 정보를 가져다줍니다. 이런 식으로 바퀴가 계속 돌아가는 것입니다."

그 결과 플랫폼을 통제하는 사람이 공급과 수요를 통제하고 기준을

▶▶▶

세우며 모든 거래의 이득을 취한다. 많은 기업이 그러한 플랫폼을 갖추고 있다. 아마존은 온라인 거래 플랫폼이고 에어비앤비는 숙박 장소를 소개하는 플랫폼이다. 무엇보다 구글은 네트워크 효과를 이용해 끊임없이 새로운 플랫폼을 건설하고 있다. 가령 온라인 광고 사업, 스마트폰 소프트웨어, 자율 주행차, 클라우드 소프트웨어, 웨어러블 기기 등이 모두 여기에 속한다.

미래에는 가전제품들이 네트워크로 연결되고 로봇과 모듈을 위한 플랫폼이 구축될 것이다. 이러한 플랫폼 접근 방식은 비용이 저렴해 전 세계에 아주 빠르게 새로운 아이디어와 제품을 제공할 수 있다. 나아가 저렴한 비용으로 플랫폼을 기반으로 한 사업 모델 창출이 가능하다. 예를 들어 안드로이드는 무료 라이선스를 제공함으로써 하드웨어 생산자와 프로그래머를 동시에 끌어들인다. 소비자들도 새로운 서비스 및 제품을 아주 저렴하게 혹은 무료로 이용할 수 있다. 반면 플랫폼은 독점기업 탓에 간혹 시장에 불균형과 의존성을 초래하며 이때 소비자가 불이익을 당할 수 있다.

독일에서는 이 같은 발전 방식을 '플랫폼 자본주의'라고 부르는데 이것은 '약탈적 자본주의'Predatory Capitalism나 민간 투자회사 혹은 헤지펀드와 마찬가지로 부정적인 의미를 내포하고 있다. 그러면 오늘날의 인터넷 대기업은 엄격한 통제가 필요하고 과거 사회에 위협적이던 메뚜기 기업들과 같은 것일까? 플랫폼 경제도 사회적 불평등을 확장하는 승자독식 경제에 불과한 것일까?

논쟁에서는 종종 개념과 비즈니스 모델을 혼동하기도 한다. 구글 엔진은 하나의 제품이니 플랫폼이 아니지만 안드로이드는 플랫폼에 속한다. 또한 '공유경제'는 플랫폼 자본주의라는 키워드에 속하는데 여기서 부정적 의미가 많이 파생될 수 있다. 우버 같은 비즈니스 모델은 중기적으로 노동 시장에 어떤 영향을 미칠까? 비판가들이 지난 50년간 일궈놓은 노동법 관련 성취가 약화될까 봐 우려하는 데는 그만한 근거가 있다. 우버 운전기사나 택배기사처럼 소위 유연한 '독립적 계약자'는 알고 보면 늘어나는 저임금 비정규직에 불과하다. 이런 식으로 서서히 디지털 프레카리아트Prekariat(불안정한precarious과 프롤레타리아트proletariat를 합성한 조어—옮긴이)가 증가할 수 있다.

그런데 공유경제 플랫폼은 개발자나 IT기업이 시장으로 쉽게 진입할 수 있는 소프트웨어 플랫폼이나 하드웨어 플랫폼과는 약간 다르다. 구글의 안드로이드 책임자 히로시 로크하이머는 이렇게 거든다.

"안드로이드 같은 플랫폼의 핵심은 이것이 모든 이에게 개방되어 있다는 점입니다."

예를 들어 왓츠앱은 주요 안드로이드 애플리케이션이지만 페이스북 소유다. 그러므로 구글이 구축한 디지털 플랫폼에 관한 비판은 그 핵심 내용이 다르다고 할 수 있다. 네트워크 효과가 중요한 역할을 하는 시장에서는 독점적인 경향으로 흐르기 십상이다. 프랑스 툴루즈Toulouse 대학의 장 티롤Jean Tirole 교수는 이런 현상에 대해 여러 가지 기본적인 사실을 분석했다. 이 노벨 경제학상 수상자는 이미 2003년부터 인터넷기업이 '두 가지 측면의 플랫폼'으로 작동한다고 주장해왔다. 한 측면은 소비자이고 다른 측면은 소프트웨어 개발자나 광고 제공자다. 티롤 교수는 미국의 민간 연구소인 랜드RAND 코퍼레이션의 《경제학 저널》Journal of Economics에 기고한 글에서 이 두 가지 측면이 독점적 시장으로 발전할

▶▶▶

수 있는 경향을 구축했다고 썼다.

그런데 이 새로운 독점주의가 지닌 위험 요소를 파악하는 것은 기존의 관습적 독점 체제보다 훨씬 어렵다. 인터넷 거인들은 의심할 바 없이 빠른 속도로 엄청난 시장 권력을 구축했다. 이것은 그들의 권력 남용 문제와는 완전히 차원이 다른 문제다. 전통적인 기업 카르텔 구조에서는 의도적으로 가격 인상을 주도하는 일이 종종 일어나지만, 페이스북은 아무리 영향력이 증가해도 사용자들에게 그에 따른 변화가 곧바로 생기지 않는다. 구글의 시장 영향력에도 불구하고 구글의 광고비는 오히려 내렸다. 마찬가지로 신생기업이 기존기업들이 구축해놓은 디지털 시장에 진입하려 할 때 얼마나 불이익이 있는지도 단정하기 어렵다. 가령 마이크로소프트는 지금까지의 시장 지배력에도 불구하고 많은 영역에서 다른 기업에게 추월당하고 있다. 또한 소셜 네트워크에서는 마이스페이스MySpace의 일시적인 인기가 페이스북의 상승을 막지 못했다. 티롤은 자신의 저서 《통신 서비스 분야의 경쟁》Competition in Telecommunications에서 시장 독점과 관련된 질문에 모든 산업에 똑같이 적용되지 않는다고 말했다. 특히 그는 디지털 산업의 경우 규제 이슈에 별도의 관점이 필요하다고 했다.

그러면 어떤 기준을 내세워야 하는가? 여기에 대한 전문가들의 의견은 다양하다. 디지털 독점화가 상대적으로 새로운 현상이라 자료와 경험이 모두 부족하기 때문이다. 전직 미 연방거래위원회Federal Trade Commission, FTC 소속 반독점국 고문이던 컬럼비아 대학의 언론법 교수 팀 우Tim Wu는 경제학자들에게는 "친절한 독점기업처럼 보이는 여러 기업을 어떻게 다루어야 할지가 가장 큰 도전과제"라고 말한다.

그런데 여러 지배적인 기업의 출현으로 디지털 세계의 독과점은 우연의 산물이 아니라 일종의 표준적 현상임이 확연히 드러났다. 우리는 거대한 시장 권력을 디지털 세상의 불가피한 부산물로 받아들여야 하는 걸까? 일부 전문가는 디지털 독과점은 전통적으로 사고파는 과정이 결여되어 있으므로 진정한 독과점으로 보기 어렵다고 강조한다. 동시에 인터넷기업은 클릭 한 번으로 경쟁업체에 소비자를 빼앗기기도 하므로 소비자 만족을 위해 최선을 다해야 한다고 말한다. 예를 들어 에릭 슈미트가 한 말처럼 구글의 검색 사업에서 가장 큰 경쟁상대는 온라인 소매업체인 아마존이다. 구글의 의뢰로 작성한 것이긴 하지만 전문가 그룹 사이에 광범위하게 신뢰를 받은 로버트 보크Robert Bork와 그레고리 시닥Gregory Sidak이 쓴 보고서에는 이런 내용이 나온다.

"소비자는 언제든 검색엔진을 바꾸는 것이 가능하므로 구글이 반경쟁적 행위를 하게 하는 동력을 상당히 제약할 수 있다."

문제는 그리 간단치 않다. 인터넷 거대기업이 현재 권력을 남용할 동력이 적다고 해서 영원히 그대로 머물 것이라는 보장이 없다. 사업이 제대로 흘러가지 않거나 성장이 침체되면, 경쟁자의 힘을 약화시키고 싶은 열망이 커지면, 수익을 보장하라는 투자자들의 압력이 커지면 기업의 도덕의식이 약화될 수 있다. 그러므로 과학계와 정치계는 디지털 경제의 구조를 좀 더 면밀히 조사해야 한다.

이에 대한 해석은 여전히 다양하다. 슈프링어의 책임자 케세는 80년 전 조지프 슘페터Joseph Schumpeter가 창안한 '창조적 파괴' 개념이 네트워크 경제에는 더 이상 맞지 않는 낡은 용어라고 주장한다. 조지프 슘페터는 경쟁을 경제 발전의 동력으로 보았고 이것이 낡은 제품과 생산 방식을 끊임없이 새로운 것으로 대체한다고 해석했다. 하지만 디지털 세계에서는 이러한 과정이 그 힘을 상실했는데 케세는 끊임없는 연속 과정에서 하나의 독과점이 다른 독과점을 대신할 뿐이라고 말한다.

벤처 자본가이자 페이팔의 창업자인 피터 틸은 또 다른 스펙트럼을 가지고 말한다. 독과점은 디지털 세계에서 발전의 동력이며 혁신을 보장하기 때문에 필요한 요소라는 주장이다. 틸은 말한다.

"창조적인 독과점은 모든 이에게 이로운 새로운 제품을 의미합니다. 경쟁은 아무에게도 이롭지 않지요."

틸은 '독과점'이라는 표현이 나쁜 평판을 얻고 있음을 잘 알고 있다. 그런데 그는 그 이유가 '경쟁이 하나의 이데올로기이기 때문'이라고 말한다. 기술 산업 세계에서는 끊임없이 새로운 기업이 솟아올라 꼭대기에 도달하며 영원하고 해로운 독과점이란 존재하지 않는다는 얘기다. 가령 마이크로소프트의 PC 지배 시대는 IBM과 아이폰이 끝냈다. 이 관점에서 언젠가 새로운 플랫폼이 구글을 밀어낼 가능성이 충분히 있다.

그렇지만 경제학자나 반독과점 기관이 이러한 가능성을 공개적으로 받아들이는 것은 그리 쉽지 않다. 전통적으로 독과점을 싸워야 할 적으로 인식해왔기 때문이다. 경제의 역사를 돌아보면 해롭지 않은 독점기업 사례는 존재하지 않는다. 특히 EU의 경제 전문가들은 구글이 괴물 같은 독점기업으로 변할까 봐 두려워하고 있다. 유럽연합의 수도가 있는 브뤼셀에서는 정보처리 능력을 갖춘 기업이 시장을 조종하는 것을 넘어 다른 디지털 시장까지 지배할 것이라는 두려움을 품고 있다. 이에 따라 유럽연합에서는 플랫폼 경제에 쇠고랑을 채우려는 논쟁이 한창 진행 중이다. 특히 독일과 프랑스가 이 같은 방식을 바라고 있다. 두 나라의 경제부 수장인 지그마어 가브리엘과 에마뉘엘 마크롱Emmanuel Macron은 2015년 봄 EU 집행위원회에 보낸 공동 서한에서 인터넷 대기업의 성장으로 '핵심적인 디지털 플랫폼에 대한 규제의 틀'이 필요하다고 강조했다.

독일의 독점위원회 의장 다니엘 짐머Daniel Zimmer는 《슈피겔》과의 인터뷰에서 다음과 같이 강조했다.

"우리는 어떤 디지털 서비스 영역에서는 일반적인 시장 활동의 결과로 독과점에 준하는 강력한 시장 쏠림 현상이 발생할 수 있다는 사실에 익숙해질 필요가 있습니다."

독일의 카르텔을 지지하는 그로서는 구글이나 페이스북 같은 인터넷 거인들을 파괴할 이유가 전혀 없다.

"우리는 오히려 규제가 독일 기업이 매력적인 상품을 개발하는 것을 가로막고 있지는 않은지 좀 더 생각해봐야 합니다."

경쟁법의 임무는 해외의 성공적인 경쟁기업으로부터 자국의 기업을 보호하는 것이 아니다. 짐머는 여기서 결정적인 것은 '미래에 더 나은 아이디어나 서비스를 제공하는 경쟁자가 나타날 가능성'이라고 말한다.

"이런 상황에서는 독점기업조차 소비자 만족을 위해 자사 제품을 끊임없이 향상시켜야 한다는 압박을 받습니다."

확실한 것은 디지털화가 이전에 상상도 할 수 없던 것을 가능하게 만들고 특유의 미친 듯한 성장 속도로 시장에 새로 진입하는 비용을 현저히 낮추면서 기존의 많은 신사업 전망을 무의미하게 만들어버렸다는 사실이다. 어떤 이는 디지털 자본주의를 새로운 '분배 투쟁'의 일환으로 본다. 독일의 경제지 《한델스블라트》Handelsblatt의 편집장 한스-위르겐 야콥스Hans-Jürgen Jakobs는 이 같은 상황을 다음과 같이 정리했다.

"이것은 소수의 기업이 지속적으로 더욱 큰 영향력을 발휘하면서 더 많은 산업체로 뻗어 가느냐 아니면 사용자들이 스스로 일종의 반자본주의적 피난처인 생업 경제를 조직해 자기결정권에 대한 믿음을 가지고 살아가느냐에 관한 문제다."

일부에서는 이미 '새로운 경제 질서'New Economic Order의 출현을 꿈꾸고 있다. 영향력 있는 경제학자이자 미래학자인 제레미 리프킨Jeremy Rifkin은 자본주의가 기술 변화로 그 근본까지 흔들릴 것이라고 확신한다. 그는 2014년 여름의 한 회의에서 한쪽은 시장 경제에 속하면서 다른 한쪽은 공동 재산이라는 새로운 체제에 속하는 '하이브리드 경제'가 출현할 것이라고 주장했다. 이 경제학자는 자신의 저서《한계비용 제로 사회》The zero marginal cost-society에서 우리는 일종의 '무료 비용 사회'로 접어들고 있는데 총체적으로 기술화된 경제 환경에서는 점점 더 생산성이 높아지고 대다수 인류의 삶의 질이 향상된다고 말한다. 그렇다면 리프킨은 인터넷 옹호론자인가? 그는 이것을 단호히 부정하는데 이는 "궁극적으로 정보의 흐름은 누구나 분석 및 사용이 가능하기 때문"이다. 리프킨은 기업 해체나 정보 국유화 논쟁도 잘못되었다고 생각한다. 오히려 그는 지금 정말로 필요한 것은 과거 혁명기에 존재한 새로운 무역협회 운동이라고 주장한다.

"이미 거의 절반의 인구가 디지털 제품을 생산하고 공유하며 정보를 제공하고 있으면서도 그 권리를 보호받지 못하고 있습니다. 우리는 조만간 기업이나 개인이 자신의 작업 및 정보를 제3자가 돈을 버는 데 사용하지 못하도록 조치를 취하는 것을 보게 될 것입니다."

구글은 희생양인가

당연한 얘기지만 정치의 의무는 디지털 세계에 시장경제를 적용하고 새로운 질서를 구축하는 것이다. 만약 사민당 당수인 가브리엘이 '구글과 관련된 논쟁의 정치적 결론'을 도출하고자 한다면 그는 디지털 경제를 총체적으로 고려한 구조적인 규정을 제시해야 한다. 미국의 기업을 파괴하겠다고 그저 위협만 하는 것은 유럽의 디지털 경제를 위해서도 도움이 되지 않기 때문이다.

브뤼셀에서는 오래전부터 유럽이 인터넷과 기술 사업 분야에서 미국에 뒤진다는 볼멘소리가 들려왔다. EU 집행위원회의 부의장 안드루스 안시프Andrus Ansip와 독일 디지털위원회 위원장인 귄터 외팅어Günther Oettinger는 2015년 봄 디지털 인터넷 시장에 관한 안건을 올렸다. 이에 따르면 수십만 개의 새로운 일자리가 창출되고 유럽연합 내 시장에서 연간 4,150억 유로의 총매출액이 발생할 것이라고 한다. 또한 저작권 표준화와 새로운 정보통신법 개정 같은 여러 가지 후속조치도 계획하고 있는데 이에 대한 토론은 유럽의회와 각국에서 수년간 이루어질 전망이다.

외팅어가 디지털 이슈에 관한 EU의 주축 인사라는 것은 의외의 역설이다. 과거의 바덴-뷔르템베르크 주 수상이던 외팅어는 경험 많은 정치 전문가지만 스스로 고백했듯 디지털 분야의 아마추어다. 그는 '정보를 가진 자가 권력을 쥔다'거나 '구글이 진공청소기를 가지고 와 정보를 빨아들인 다음 미국에서 다시 섞는다' 같은 말을 즐겨 쓴다. 물론 미국 기업과 공평한 기반을 갖추려면 '디지털 정치의 유럽화'가 필요하다는 그의 주장에는 일리가 있다. 문제는 실리콘 밸리의 기업뿐 아니라 유럽의 디

지털 전문가와 경제학자들도 외팅어가 공평한 눈높이로 기술과 디지털
화라는 이슈를 다룬다고 믿지 않는다는 데 있다.

외팅어는 특히 유럽을 '디지털 식민지'로 만들고 있는 미국 기업이 새
로운 플랫폼 규정에 따라야 한다고 확신하며 이를 굳이 숨기지도 않는
다. 이에 따라 그는 구글을 비롯한 인터넷기업의 행위를 규제할 새로운
기관을 계획 중이다. 전문가들은 이를 이해할 수 없다고 말하며 독점위
원회 의장인 짐머조차 그런 권력기관이 필요치 않다고 생각한다.

지난 몇 년간 유럽연합은 강력한 권력기관 없이도 구글을 겨냥한 여
러 가지 독점금지법을 만들었다. 한동안 브뤼셀의 카르텔 조사 단체와
구글은 어떤 합의에 이른 듯 보였다. 하지만 2014년 경쟁위원회에 임명
된 마르그레테 베스타게르Margrethe Vestager는 이에 만족하지 않고 새롭
게 조사를 시작했다. 2015년 봄 베스타게르는 예비 조사 결과 "유럽연합
집행위원회는 구글이 독점금지법을 적어도 한 가지 이상 위반하고 있다
는 판단을 한다."라고 밝혔다. 그 이유는 소규모 인터넷기업이 개발한 가
격비교 사이트가 구글에 더 이상 나타나지 않는 데 있었다. 그 기업은
2010년 유럽 집행위원회에 구글을 권력 남용으로 제소했다. 인터넷 거
대기업이 자사의 쇼핑 홍보팀만 지원한다는 얘기였다.

2015년 4월 집행위원회는 제소한 기업이 옳다고 판정했다. 브뤼셀의
경쟁위원회도 구글이 '일반적인 검색 결과 페이지'에 자체 가격비교 서
비스가 나타나도록 체계적으로 지원한다고 밝혔다. 실제로 구글에서 어
떤 제품을 찾으면 자동적으로 '구글 쇼핑'이 맨 위에 나타나도록 되어 있
다. 경쟁위원회의 마르그레테 베스타게르는 '구글이 항상 제일 위에 나
타나는 것은' 정상이 아니며 유사 독점기업으로서 소비자들에게 책임감

을 가져야 한다고 생각한다. 구글 검색을 담당하는 아밋 싱할은 이에 반박한다.

"우리는 여기에 강하게 반대합니다."

유럽연합의 결정은 구글이 일반적으로 인터넷 검색 분야를 지배하는 상황이 아니라 가격비교 포털이라는 특정 영역에 관한 것이다. 실제로 구글의 시장 장악력은 언뜻 보아 불확실한 분야가 많다. 특히 점점 많은 온라인 쇼핑족이 검색엔진에 나타나지 않는 포털이나 판매자들이 만든 앱을 통해 자신에게 유리한 상품을 구매하고 있으며 이것은 시장점유율 분석에 나타나지 않는다. 아마존이나 이베이, 페이스북, 핀터레스트Pinterest가 좋은 예다. 그러니 유럽연합이 처음에 쇼핑 포털에 주목한 것도 놀라운 일은 아니다. 사실 구글 쇼핑은 시장에서 거의 어떠한 역할도 하지 못한다. 오히려 이 분야는 오랫동안 구글의 약점으로 남아 있다. 따라서 이 분야의 소비자가 일반적인 온라인 검색 시장에서의 구글의 지배적인 위치로 인해 정확히 어떤 피해를 보는지 살펴봐야 한다.

유럽연합과 구글의 위험한 전쟁은 베스타게르가 이미 통고한 다음 전투에서 더 격화될 전망이다. 경쟁 감시기구는 구글의 시장 권력이 스마트폰 운영체계에 어떤 영향을 미치는지에 관심을 보이고 있다. 가령 경쟁위원회는 구글이 '경쟁적인 모바일 운영체계나 애플리케이션 혹은 서비스의 시장 접근성을 방해함으로써 소비자에게 피해를 주고 있다'는 혐의를 두고 조사하고 있다. 그러나 구글은 "안드로이드는 소스를 개방한 소프트웨어로 누구나 무료로 사용할 수 있다."라고 반격한다. 다시 말해 안드로이드는 오히려 스마트폰 경쟁을 고취해 시장을 활성화한다는 얘기다.

구글 쇼핑에 관해 유럽연합이 제재 움직임을 보인 것은 최초의 전면 공격이자 구글과의 뿌리 깊은 논쟁에서 공개적으로 체스의 말을 움직인 행보였다. 이후 여행 포털이나 온라인 비행기 표 예약 서비스, 지도 서비스에 관한 비슷한 조사가 잇따랐다. 여기서도 경쟁자들은 구글이 체계적으로 차별을 한다고 불평했다. 결국 구글은 유럽연합과의 기나긴 전쟁을 준비 중이다. 수십억 유로의 벌금 위협 앞에서 독점금지법 단속 관리들이 이런저런 벌금을 부과하면 구글은 항소하는데, 이때 유럽사법재판소가 최종 판결을 내리려면 몇 년이 걸린다.

최근 몇 년 동안 구글은 마이크로소프트와 인텔의 예를 돌아보며 경쟁위원회와의 기나긴 법적 분쟁을 피하기 위해 최선을 다하고 있다. 이 두 기업과 유럽연합과의 분쟁에 비용이 엄청나게 들었을 뿐 아니라 이것이 일상적인 사업에도 큰 부담을 주었기 때문이다. 반대로 애플은 유럽연합과 재판소 바깥에서 합의하는 방법을 찾았다. 마운틴 뷰에 있는 본사의 경영진에 따르면 구글도 그러한 해결책을 찾는 중이다. 경쟁위원회의 의장이 공격적인 태도를 누그러뜨릴지는 확실치 않다. 그녀는 "우리는 다른 분야에서도 구글을 감시할 것"이라고 말했다.

실리콘 밸리만 미국의 기술기업을 대하는 유럽연합의 태도를 미심쩍게 여기는 것은 아니며 이는 워싱턴도 마찬가지다. 구글뿐 아니라 페이스북도 유럽연합의 조사대상이고 위원회는 애플의 음악 사업 역시 면밀히 살피고 있다. 점점 쌓여가는 법적 분쟁과 관련해 워싱턴은 유럽의 날카로운 태도가 단순히 경쟁 위반 문제가 아니라 경제적, 정치적 배경에 따른 것이 아닌지 의심하고 있다. 유럽연합의 접근 방식은 정말로 소비자를 위한 것인가, 아니면 그저 경쟁기업을 위한 것인가?

2015년 2월 미국 대통령 버락 오바마는 온라인 뉴스 매체 《리코드》 ReCode와의 인터뷰에서 특히 구글과 페이스북에 관해 '유럽의 접근 방식이 경제적 동기에 따른 것 같다'고 불평했다. 오바마는 실리콘 밸리 기업들에 대한 공격이 "항상 솔직하기만 한 것은 아니다."라고 말했다. 그는 미국 기업은 다른 기업들이 따라올 수 없는 방법으로 "인터넷을 발명하고 개발하고 완벽하게 만들었다."라고 했다. 오바마의 비판은 단지 유럽연합의 정치뿐 아니라 유럽 기업들의 로비 풍토에도 닿아 있다.

"정치적으로 지혜로운 선택처럼 보이는 많은 것이 실제로는 오로지 경제적 목적인 경우가 많습니다."

《뉴욕타임스》는 구글과 유럽연합의 대립이 보여주는 또 다른 측면을 지적한다. 이들은 '염탐하려는 미국 정부와 기업의 기술적 지배를 두려워하는 유럽의 비판자들에게 구글이 희생양'이 될 위험에 처했다는 가설을 내세웠다. 물론 베스타게르는 2015년 4월 구글에 대해 불평한 뒤 지배적인 기업에는 아무 문제가 없으며 자신들은 단지 유럽의 법을 적용하려는 것뿐이라고 말했다. 사실 구글에 대한 불평의 4분의 1은 미국에서 나온 것이다. 미국에서도 2015년 초 구글이 경쟁관계를 해친다는 논쟁이 다시 불거졌다. 2012년 FTC의 경쟁 부서에서 구글에 법적 소송을 하라고 권유하는 내부 문건이 유출되었다. 160쪽에 이르는 이 문서에는 구글의 사업 형태에 대한 냉정한 분석이 포함되어 있다. 결론은 구글이 경쟁을 방해하고 독점을 강화한다는 것이다.

FTC는 구글의 사업 방식을 2년 이상 조사해왔다. FTC의 경쟁 부서는 대중에게 알려진 보고서의 내용을 승인했지만 다른 부서는 법적 소송에 반대 의견을 표했다고 한다. 2013년 FTC는 만장일치로 조사를 중단하기로 결정했다. 조사의 주된 대상인 검색엔진 분야만 보면 '위반 행위에 대한 법적 근거가 없다'는 것이 그 이유였다. 미국에서 구글의 시장점유율은 유럽연합의 많은 나라보다 훨씬 낮다. 전문가들은 미국에서 구글의 시장점유율을 75퍼센트로 본다. 반면 독일에서는 시장점유율이 94퍼센트에 이른다.

FTC의 문서는 조사가 끝난 지 몇 년이 지난 지금도 구글에 골칫거리를 안겨주는데, 이는 여기에 경쟁법 위반 증거가 없다는 구글의 주장을 반박하는 내용이 담겨 있기 때문이다. 구글의 법무 책임자 데이비드 드러먼드David Drummond는 당시 다음과 같이 강조했다.

"결론은 분명합니다. 구글의 서비스가 사용자나 경쟁자에게 도움을 주고 있다는 것이죠."

유럽연합과 마찬가지로 미국에서도 구글에 대한 조사는 경쟁업체의 압박에 따라 이뤄지는 경향이 있다. 예를 들어 마이크로소프트는 오래전부터 구글과의 전쟁에서 배후에 있었다. 유럽과 달리 미국에서 언론은 아무런 역할도 하지 못한다. 대신 이베이, 아마존, 야후를 비롯한 디지털 산업계의 중요한 기업들이 권력기관에 구글을 고발한다. 구글의 창업자 페이지는 시간이 흐르면서 사업의 역동적인 흐름에 따라 경쟁 문제가 저절로 해결될 거라고 믿는다. 또한 급속한 성장에 대비해 신제품을 생산하는 새로운 사업 모델을 창출해야 한다고 본다.

"10년 후의 구글은 오늘날의 구글과 그 모습이 전혀 다를 것입니다."

구글의 권력 집중이 위험하다고 경고하는 유럽 관료들이 구글의 성공을 얼마나 부각시키는지 보고 있으면 놀라울 정도다. 많은 비판가가 구글의 커다란 성공만 보고 내부 문제는 언급하지 않는다. 미국에서는 가령 경제학자들이 구글을 한 가지 재주밖에 없는 '서커스의 조랑말'이라며 거듭 비판한다. 실제로 구글이 거둬들이는 수십억의 수익 중 온라인 광고로 버는 비율이 80퍼센트가 넘는다. 장기적으로 이에 따른 문제가 점점 커질 것이라는 신호가 분명히 감지되고 있다.

이것은 소위 클릭당 지불비용Cost-per-Click, CPC 방식에서도 엿볼 수 있다. 클릭당 지불 방식에서는 얼마나 많은 광고주가 광고비를 지불하는지 알 수 있다. 그런데 지난 몇 년 동안 CPC 수치가 계속 하락하고 있다. 다시 말해 창업 시점부터 구글 사업의 주된 핵심이던 광고 분야의 가치가 점점 떨어지고 있다. 구글은 통계로 확인할 수는 없지만 검색 시장에서 제품 검색이 거대 온라인 소매기업을 통해 직접 이뤄지거나 가격비교 포털에서 이뤄지는 일이 점점 늘어나기 때문이 아닌가 짐작하고 있다.

구글의 판매영업 부서 책임자 필리프 쉰들러는 "광고 사업 수익 모델에 대해 그다지 걱정하지 않는다."라고 말한다. 광고는 소비자에게 매우 싸거나 어쩌면 무료로 필요한 것을 제공해줄 수 있는 모델이다. 물론 쉰들러도 이제 그것이 달라지고 있다는 것을 알고 있다. 클릭당 가격을 매기는 구글의 영업 방식은 과거의 성공에 비해 특히 어려움에 처해 있다. 대다수 기업에서는 핵심 사업이 약 20퍼센트만 성장해도 성공작에 속한다. 그런데 구글은 예전에 연간 35퍼센트의 성장률을 자랑해온 기업이다. 아무리 기준이 높더라도 성장률이 낮아졌다는 것은 결코 좋은 신호라고 볼 수 없다. 이 때문에 구글은 강력하게 대안을 모색하고 있다.

문샷 프로젝트는 분명 세상을 바꿀 테지만 구글에는 그동안 기업을 지탱해줄 부차적인 수익 구조가 필요하다. 이는 페이지가 제품에 대한 책임을 오른팔인 순다 피차이에게 넘기고 자신은 전략에 집중하는 이유다. 동시에 페이지는 2014년 사사분기 연구개발 예산을 파격적으로 전년 대비 45퍼센트나 올렸다. 월스트리트의 선구적인 기술기업 분석가 콜린 길리스Colin Gillis는 다음과 같은 논평을 남겼다.

"구글이 새로운 프로젝트에 그처럼 엄청난 예산을 들이붓는 것은 핵심 산업의 성장 감소세 때문인 듯합니다. 판매 성장률을 예전처럼 돌려놓을 수 있는 새로운 제품이 필요하거든요."

구글은 다른 수입 모델에 대해서도 여러 가지 실험을 하는 중이다. 예를 들어 앱 스토어는 점점 수익이 늘어나고 있는데 구글은 2014년 약 70억 달러어치의 앱을 판매했다. 애플은 자체 내의 앱 스토어를 통해 180억 달러의 수익을 올렸다.

비디오 플랫폼 유튜브도 회비 운영체계를 시험하는 중이고 자율 주행차도 아직까지는 광고 수익과 전혀 상관이 없다. 구글의 글로벌 영업 책임자 쉰들러는 말한다.

"우리가 새로운 길을 선택한다는 것은 수익 창출을 위한 다른 방식을 찾는다는 의미지요."

그럼에도 불구하고 미국에서는 점점 회의적인 목소리가 퍼져 나가고 있다. 어쩌면 지난 수십 년 동안의 지배력이 거의 끝나가고 있을지도 모른다. 문샷? 그저 거품일 뿐이다. 멋진 아이디어이긴 하지만 절대로 돈이 되지 않는다. 구글도 천천히 마이크로소프트와 비슷한 길을 걷고 있다. 즉, 중요하고 거대한 기업이지만 더 이상 시장을 지배하지는 못한다. 이제 미래는 페이스북 같은 기업의 차지다! 2015년 초기 《뉴욕타임스》의 기술 관련 논평가 파하드 만주Farhad Manjoo는 이런 기고문을 썼다.

"구글은 현재 힘이 세지만 그것이 영원하지는 않을 것이다."

검색 결과 옆에 광고를 배치하는 방식은 현재로서는 가장 큰 장점이지만 내일이면 커다란 약점이 될 수도 있다. 미래의 구글의 위치는 확실함과는 거리가 멀다는 것이 그의 평이다.

구글이 핵심 사업에서 벗어나는 순간 성장 속도가 느려지거나 모토로라 인수 건에서 볼 수 있듯 완전히 패배하기 때문에 비판은 더욱 거세지고 있다. 마운틴 뷰의 전략가들에게 모토로라 인수는 굉장히 논리적인 사업 방향이었다. 스마트폰 운영체계에 자체 휴대전화 생산업체를 갖추면 금상첨화가 아닌가! 그러나 구조조정 경험이 없던 구글은 거대기업을 구글의 색다른 문화와 통합하는 데 실패했다.

거실을 오락센터로 만드는 것은 모든 기술기업의 목표인데 마이크로소프트는 엑스박스Xbox로 이미 여기에 진입했고 애플은 애플TV를 들고 나왔다. 구글은 오락 기능 기기 넥서스 큐Nexus Q를 개발했으나 평이 좋지 않자 시장 출시를 포기했다. 엄청난 개발비용을 투입한 구글 글래스도 실패했다. 많은 투자자가 문샷 프로젝트 중 몇 개라도 곧 대기권을 벗어나지 않으면 엄청난 돈을 태우고 추락할 것이라고 염려한다.

물론 구글이 최종적으로 경쟁에서 성공할 경우 많은 실패 프로젝트가 크게 문제될 것은 없다. 아주 독특한 구글의 경제적 성공은 몇몇 야심 찬 플랫폼 기업을 제외하면 흉내 낼 수 없기 때문이다. 한동안은 구글도 페이스북에 대응할 답을 찾지 못했다. 최초의 소셜 네트워크인 페이스북은 재빠르게 발 넓은 인터넷 기업으로 성장해 일급 광고 플랫폼과 최고의 판매 팀을 구축했다. 2014년 페이스북은 모바일 광고로만 75억 달러에 약간 미치지 못하는 수익을 거뒀는데 이는 전년 대비 140퍼센트에 달하는 성장률이다. 덕분에 현재 온라인 거대기업이 된 페이스북은 자체 네

▶▶▶

트워크를 구축하는 중이며 비디오와 사물인터넷을 위한 플랫폼도 만들고 있다. 페이스북 메신저와 페이스북에 속한 단문 메시지 서비스 왓츠앱은 거의 지메일과 어깨를 겨룰 정도로 성장했다. 뉴스 포털《비즈니스 인사이더》Business Insider는 "현재 페이스북은 제대로 궤도에 오른 반면 구글은 동력을 잃고 있다."라고 경고했다.

"구글은 현재 최고의 인재와 아이디어를 보유하고 있지만 방향을 잃어버린 마이크로소프트가 되어가는 듯한 느낌이다."

구글은 사랑받는 기업이고 싶어 한다

디지털화가 불러온 어마어마한 속도는 비슷한 산업체뿐 아니라 기술 기업 자체도 혼란에 빠뜨렸다. 구글의 글로벌 영업 책임자 쉰들러는 현재 구글 내에서 두 가지 '혁명'이 평행선을 달리고 있는데, 두 가지 모두 구글에게는 큰 도전이라고 말한다.

첫 번째 혁명은 스마트폰 혁명이다. 세상에서 가장 성공적인 운영체계를 개발한 회사에서 어떻게 스마트폰 혁명이 문제가 될 수 있다는 것일까? 투자은행 골드만 삭스의 분석에 따르면 구글은 2014년 약 118억 달러의 모바일 광고 수익을 올렸다. 이 수익의 4분의 3은 아이폰과 아이패드의 검색을 통한 광고에서 발생한다. 내부 추정자에 따르면 이것이 가능한 이유는 구글이 검색엔진을 구글로 설정하는 대가로 애플에 연간 수십억 달러를 지불하기 때문이라고 한다. 반면 안드로이드 사용자가 광고를 클릭하는 횟수는 눈에 띄게 줄고 있다. 이러한 불균형은 인터넷 휴대 기기가 증가하는 추세임에도 불구하고 구글의 광고 사업이 점점 힘들어지고 있음을 보여준다. 더구나 스마트폰의 광고수익은 데스크톱의 광고수익보다 일반적으로 적다. 대다수 시장 연구원들은 스마트폰의 구글 광고는 컴퓨터 광고에 비해 효과가 떨어진다고 지적한다. 여기에다 대부분의 휴대전화 사용자는 앱에서 직접 제품을 검색하는 것을 선호한다.

두 번째 혁명은 영상물 확대다. 2014년 중반 네트워크 기업 시스코 Cisco의 추산에 따르면 미국 내 인터넷 트래픽의 84퍼센트는 영상 스트리밍이 차지한다. 즉, 온라인 비디오 가게나 TV채널 미디어 센터에서 거의 합법적으로 다운로드한 드라마나 영화를 유튜브의 영상 클립으로 제공하고 있다. 쉰들러는 이러한 방식이 지속될 것으로 예측한다. 이 같은 영상물 붐은 네트워크 하부 기반이나 광고 방식에 엄청난 영향을 미치고 있다. 점점 더 많은 광고주가 넷플릭스나 페이스북 같은 영상 제공업체로 몰리고 있다. 그런데 유튜브는 세상에서 가장 널리 쓰이는 영상 플랫폼임에도 불구하고 영상 서비스 수익이 기대 이하로 나타나고 있다. 구글은 개별 부서의 수익을 공개하지 않지만 내부자들에 따르면 2014년 유튜브의 수익은 40억 달러라고 한다. 최근 구글은 유튜브 영상과 함께 엄청난 광고 캠페인을 지원했는데 덕분에 인기는 올랐지만 수익은 그다지 증가하지 않았다.

그렇다면 이런 식의 발전이 정말 쉰들러의 말대로 일을 '더 어렵게 만들고' 구글에 장기적으로 골칫거리를 안겨줄까? 쉰들러의 얘기를 들어보자.

"물론 '우리는 아주 대단한 회사니까 앞으로도 잘 굴러갈 거야'라고 생각할 수도 있습니다. 하지만 나는 그렇게 생각하지 않습니다. 기업에게

▶▶▶

덩치는 더 이상 문제의 핵심이 아니기 때문이죠."

구글도 많은 혜택을 누린 플랫폼 효과로 소규모 신생업체들이 빠르게 성장할 수 있는 기반이 갖춰졌다. 클라우드와 점점 더 증가하는 연산 능력 덕분에 제반 비용은 극적으로 감소하고 새로운 기술 제품 도입률은 하늘로 치솟았다. 쉰들러는 "요즘에는 시장을 뚫는 데 단 일주일밖에 걸리지 않는 경우도 있다."라고 말한다.

아마 왓츠앱을 염두에 두고 이런 말을 한 것이리라. 수십 명의 직원에 불과하던 단문 메시지 서비스 왓츠앱은 수년 안에 수억 명의 사용자를 확보했다. 구글은 왓츠앱을 인수하길 원했지만 페이스북이 한 발 더 빨랐다. 더구나 마크 저커버그는 190억 달러라는 미친 가격을 지불할 의사를 확실히 밝혔다. 최근 몇 년 동안 실리콘 밸리에서 귀하고 각광받는 신생기업을 칭하는 '유니콘'이 수없이 나타났는데, 이들은 새로운 아이디어로 짧은 시간에 전 세계 시장을 점령함으로써 기업의 가치를 수십억 대로 높인다. 왓츠앱뿐 아니라 우버, 에어비앤비 같은 기업도 뛰어난 유니콘에 속한다. 그러나 성공과 함께 기대치도 높아지고 있다. 쉰들러는 말한다.

"몇 년 전만 해도 신생업체가 몇 백만의 사용자를 확보하면 모두가 환호했지요."

어느새 분위기는 기대 사용자가 적어도 천만 명은 되어야 한다는 것으로 바뀌었다.

"요즘에는 1억 명의 사용자를 확보해도 '그래요? 행운을 빌어요'라고 말하지요."

특히 구글의 안드로이드 플랫폼을 기반으로 거의 자체적으로 재구성한 새로운 저가 제품을 앞세운 중국 기업들이 시장에 뛰어들고 있다. 대표적인 예로 중국에서 가장 인기 있는 300달러 이하의 스마트폰을 개발한 신생기업 샤오미Xiaomi가 있다. 이처럼 저렴한 가격으로는 수익을 많이 낼 수 없기 때문에 이들은 자체 개발한 앱을 사용한다. 특히 중국 시장은 구글이 공략하기가 매우 힘든 곳인데 이는 중국 정부가 미국 기업이 만든 앱을 금지하고 있기 때문이다. 쉰들러는 솔직히 고백한다.

"사실 누가 승자가 될지는 아무도 모르는 일이라 나도 미래가 너무 두렵습니다."

실리콘 밸리 바깥에서는 모두들 구글이 이미 승자라고 얘기한다. 에릭 슈미트는 쉰들러와 비슷하게 말했다.

"여기서는 누구도 그렇게 생각하지 않습니다. 오래지 않은 과거에 우리가 그랬듯 세상 어딘가의 차고에서 누군가가 우리를 겨냥하고 있겠지요."

슈미트와 쉰들러가 구글의 시장 영향력을 일부러 줄여서 얘기하는 것일까? 그럴 수도 있다. 구글이라는 기술 거인의 지배력이 한순간에 끝장나지는 않겠지만 서서히, 지속적으로 힘이 빠져나가고 있는 것만은 확실하다. 그 증거는 충분하다. 사실은 구글뿐 아니라 실리콘 밸리 전체에 쉰들러가 묘사한 공포감이 감돌고 있다. 모든 사람이 클레이튼 크리스텐슨의 책《혁신기업의 딜레마》를 읽고 마이크로소프트와 소니의 운명을 염두에 두고 있다. 페이스북이 왓츠앱을 190억이라는 거금에 사들인 이유도 여기에 있다. 많은 거대 기술기업이 해마다 수십 개의 신생기업을 사들이는데 그중에는 '미래의 혁신'을 약속하기엔 전망이 희미해 보이는 신생기업도 있다. 이 모든 노력과 함께 실리콘 밸리의 뛰어난 인재들이 아무리 열중해서 찾아도 진정한 발견은 거듭해서 이들의 그물망을 빠져나

▶▶▶

가고 있다. 스티브 발머Steve Ballmer와 빌 게이츠가 처음에는 아이패드나 아이폰을 혁명으로 인식하지 못한 것처럼 우버와 에어비앤비도 초기에는 거의 가망이 없는 사업 모델이라며 거절을 당했다. 실제로 에어비앤비는 오랫동안 투자자를 찾지 못했다. 정확히 어떤 방향으로 발전할지 또 디지털 세계의 다음 단계가 무엇이 될지는 마크 저커버그나 래리 페이지, 팀 쿡Tim Cook 조차도 예측하기 어려운 일이다.

점진적인 하락에 대한 공포는 어째서 구글이 유럽의 독점금지 조치와 기업의 권력화에 대한 논쟁에 그토록 예민하게 반응하는지 부분적으로 설명해준다. 구글 경영진은 마이크로소프트의 문제가 유럽의 독점금지 소송 사건을 계기로 지나친 영향력에 대한 전 세계적 논쟁과 더불어 사업 영역이 온갖 방향에서 공격을 받음으로써 더욱 커졌다는 사실을 기억하고 있다. 그렇지만 최근 구글 경영진이 거듭 한숨을 내쉬는 데는 더 중요한 이유가 있다. 구글은 언제나 사람들에게 사랑받는 기업이고 싶어 한다. 다른 지배기업이나 거대기업은 세상 사람들이 자신을 어떻게 생각하는지에 별로 개의치 않는다. 환경을 무자비하게 착취하는 데 일조한 석유기업이나 전 세계를 재정적 위기에 빠뜨리는 일에 동승한 투자은행이 대표적인 예다. 반면 대부분의 구글 엔지니어는 정보수집 동기에 대해 의심의 눈초리를 받으면 드러나지 않게 얼굴을 찡그린다. 특히 독일 출신 경영진이나 엔지니어는 '구글의 정보수집에 어떤 사악한 동기가 있지 않은가' 하는 혐의를 받을 때마다 격분하거나 불쾌해한다. 쉰들러는 말한다.

"가령 우리가 집 안에 있는 사람들을 염탐하기 위해 네스트를 인수한 것이 아닌가 하는 괴상한 비난을 들으면 정말 어이가 없습니다."

독일 출신의 구글 직원들도 유럽이나 독일에서 벌어지는 구글 관련 토론에 관심을 기울일까? 안드로이드 차량의 제품 책임자 다니엘 홀레는 "당연히 아주 관심이 많다."라고 말한다.

"내가 볼 때 유럽인은 구글이 정말로 무엇을 원하는지 전체적인 그림을 못 보는 것 같습니다."

암호학 전문가 닐스 프로보스는 말한다.

"나는 독일에서 비판적으로 사고하라는 교육을 받으며 자랐고 항상 주체적으로 생각하려 노력합니다. 그런데 독일에 갈 때마다 사람들이 세상에 떠도는 말을 진지하게 검증하지 않고 구글에 대해 불평하는 얘기를 들으면 약간 서운하고 좌절감을 느낍니다."

프로보스는 자신의 목표를 이루려면 사람들을 숱하게 설득해야 한다는 것을 잘 알고 있다.

"독일에서 만난 사람들에게 '닐스, 자네가 구글에서 안전을 책임지고 있다니 참 흐뭇한 일이야'라는 말을 듣고 싶습니다."

그러나 그가 원하는 시나리오로 가는 길은 아득해 보인다. 여기에는 구글이 과거에 자사의 행동이나 동기를 설명하는 일을 그리 중요시하지 않은 탓도 있다.

이제 구글은 무엇을 해야 할까? 보안 및 정보 책임자 에셸베크는 "우리가 하는 일과 그 과정을 모두 투명하게 보여줄 필요가 있다."라고 말한다. 2015년 여름 구글은 보안 및 사생활 보호 기능 설정을 사용자가 변경할 수 있도록 개정했다. 가령 사용자는 자신의 활동과 광고 디스플레이를 포함해 모든 옵션을 중앙 관리할 수 있다. 여기서는 구글이 수집하는 정보의 세부적인 요소도 잘 볼 수 있다. 에셸베크는 아주 현실적으로 말한다.

"신뢰를 구축하려면 대중도 여기서 일어나는 일을 잘 이해할 수 있어야 합니다. 물론 이것은 하루아침에 해결할 수 있는 일이 아니고 아직 많은 시간이 필요합니다."

제9장

미래:

위대한 비전인가, 거대한 허상인가

WHAT GOOGLE
REALLY WANTS

우리가 구글의 야망을 두려워해야 할
까? 디지털화된 미래를 다루는 주류 할리우드나 팝 컬처 분야에서는 만
장일치로 '그렇다'라는 대답을 할 것이다. 최근 구글 같은 기업으로 인해
전 세계가 비참한 미래로 빠져드는 시나리오를 바탕으로 한 영화와 책이
부쩍 증가세에 있다. 빅 히트를 기록한 영화《엑스 마키나》Ex Machina에
는 검색엔진 기업을 창업한 뛰어난 개발자가 수집한 정보로 비밀리에 생
각할 줄 아는 로봇을 개발하는 이야기가 나온다. 또한 데이브 에거스
Dave Eggers가 쓴 소설《서클》The Circle은 기술 독재자들이 하나씩 디지
털 교도소를 건설하는 이야기를 묘사하고 있다. 그의 소설에서 디지털
세계의 지배자들은 인간의 꿈을 실현해주는 대가로 이들의 자유는 물론
인간성까지 빼앗는다. 에거스의 '서클' 세계에서 개인은 사라져버린다.
개인은 더 이상 의미 없는 존재이고 정치와 국경이 저절로 사라지며 오
직 디지털기업의 강요된 행복만 존재하는 전체주의 세계로 들어간다.

이 모든 것은 허황된 판타지 시나리오지만 오늘날의 팝 컬처를 상당 부분 지배하고 미래의 디지털 세계에 대한 논쟁에서 중요한 요소로 등장한다. 기술기업들이 세상이 더 좋아지도록 만들기 위해 최선을 다함에도 불구하고 어째서 사람들은 그토록 두려워하는 것일까? 왜 사람들은 희망과 열의, 지지를 보내는 대신 경고·두려움·걱정이 쌓여만 가는 것일까? 자율 주행차는 수십 년 동안 발전해온 자동차 역사에서 가장 획기적인 진전을 약속한다. 지식 그래프는 모든 정보를 조합하고 검색엔진은 모든 사람이 세상 어디에서든 지식에 접근할 수 있도록 해준다. 그렇다면 우리는 지식이 자유를 확대해준다는 것을 더 이상 믿지 않는 것인가? 우리에게 정말로 값싼 스마트폰이나 암 치료술, 수명 연장 의학에 반대할 심각할 이유가 있는가?

구글은 어떤 미래를 꿈꾸는가

어쩌면 구글이 파격적인 기업이라 의혹을 사는 것인지도 모른다. 괴상한 천재들이 모인 기업이 아닌가. 인류에게 축복을 내리는 것은 보통 종교단체나 몽상가 혹은 정부의 몫이다. 그런데 인류애 때문에 제품을 개발한다는 기업을 어찌 믿을 수 있겠는가? 결국에는 이기적인 돈벌이 기계로 전락하지 않은 기업이 인류 역사에 존재하는가? 과거의 선례를 보면 우리는 경고와 회의를 보낼 수밖에 없다. 그런데 구글은 세계를 지배하는 것이 아니라 미래를 만들고 싶어 한다. 그 차이는 중요하지만 우리의 마음속에서는 그 둘의 경계가 종종 흐릿해진다.

▶▶▶

구글이 소통의 신세계를 창조하고 싶어 하는 것만큼은 확실하다. 일련의 디지털 제품, 자급식 스마트폰이나 여러 다른 기기, 지상 및 상공에서 제공하는 고속 인터넷, 사용자를 위한 포털 서비스 기능을 하는 소프트웨어 등을 보면 그렇다. 현재 구글은 프로젝트 파이Fi를 통해 이동 서비스 사업에 도전하려 한다. 그러면 그와 별로 연관이 없고 특별한 프로젝트를 위한 자회사나 연구소, 실험실 같은 다른 모든 사업 영역은 어떠한가?

2015년 여름 페이지는 느닷없이 사이드워크 랩스Sidewalk Labs 프로젝트를 시작했다. 이것은 기술을 통해 도시민의 삶을 향상시키려는 독립 프로젝트다. 특히 인구 밀집도가 높은 도시에서 구글은 더 스마트하고 환경 친화적이며 인간적인 인프라를 구축하고자 한다. 도시 혁신을 책임질 이 자회사의 수장은 금융과 언론 분야의 거대기업인 블룸버그의 전직 최고경영자이자 뉴욕 시의 부시장이던 다니엘 닥터오프Daniel Doctoroff다. 사이드워크 랩스 프로젝트는 도시 혁신 기업으로 생활비를 절감하고 교통체계를 보다 효과적으로 만들며 오염을 줄이는 한편 에너지 소비를 줄이는 기술을 개발하려 한다. '스마트 도시'와 환경 개념에 대해서는 많은 토론이 이뤄지고 있는데, 대표적으로 친환경 지붕을 씌우고 도시 곳곳에 전기차 충전소를 적절히 배치하는 방안 등을 논의하고 있다. 언제나 그렇듯 구글은 프로젝트를 충동적으로 진행하기보다 모든 아이디어를 놓고 저울질할 것이다.

페이지는 사이드워크 랩스 아이디어를 닥터오프와 함께 추진했는데 그 자신도 프로젝트에 개인적으로 깊이 개입해 있다. 그는 다음과 같이 말한다.

"도시 기술로 수십억 인구의 삶을 향상시킬 수 있습니다. 우리는 현존하는 발전 효과를 더욱 극대화해 도시 생활자들의 일상적인 문제를 해결하고자 합니다."

사이드워크는 페이지의 생각을 가장 잘 엿볼 수 있는 사례다. 그는 여기서 인간의 삶을 향상시키는 동시에 돈도 버는 커다란 가능성을 보고 있다.

신생기업은 기술 개발에 그치지 않고 제휴업체를 찾아야 한다. 구글의 수명 연장 프로젝트 칼리코는 그 좋은 예로 고령자에게만 해를 끼치는 질병 연구를 위해 5억 달러의 예산이 들어가는 연구소를 건설하고자 특히 제약회사와 제휴하고 있다. 이러한 전략적 제휴관계와 연구를 통한 사이드워크의 진보된 기술은 흉하게 뻗어가는 '제3세계'의 거대 도시나 지나친 도시화로 고통받는 전 세계 도시에 도움을 줄 것이다.

그렇다면 페이지는 결국 사회주의 낭만주의자인가? 구글의 창업자는 분명 몽상가와 유토피안적 기질을 갖추고 있다. 그는 단순한 경제적 목표가 아니라 사회적 목적 아래 일을 한다. 유토피안은 인간 사회가 완벽해질 수 있다고 믿는 이상적 혁신주의자다. 거의 모든 인류의 역사를 관통해온 이 같은 관점은 이미 고대의 철학자 플라톤에게서 발견할 수 있다. 이상적인 국가를 묘사한 《폴리테이아》Politeia를 보면 플라톤이 한 사회의 문명을 융성시키기 위해 오랫동안 철저하게 교육받은 철학적 엘리트 왕을 꿈꾸었음을 알 수 있다. 특히 19세기에는 산업화와 지나친 자본주의에 대항한 여러 유토피아적 운동이 전개되었다. 그들은 모든 사람이 자신이 하고 싶은 일을 하며 사는 평등한 세상을 추구했다. 1960년대의 히피 문화도 이러한 흐름의 연장선상에서 얘기할 수 있는데, 이 문화는

▶▶▶

샌프란시스코에서 크게 꽃피웠고 지금도 실리콘 밸리에서는 그 이상이 자급자족이나 세상을 발전시키겠다는 개념으로 남아 있다. 하지만 유토피아적 이상은 항상 몰락을 맞이했다. 구글 창업자의 비전도 어떤 면에서는 친숙하지만 동시에 위태로워 보이기도 한다.

수명 연장이나 자율 주행차 세상, 모든 사람을 위한 인터넷 그리고 구글의 문샷 아이디어도 그러한 사회적 판타지의 새로운 변형에 지나지 않는 것일까? 불꽃처럼 타오르다 금세 스러지는 그런 이룰 수 없는 꿈일까? 에스페란토어처럼 아이디어는 멋지지만 실행에 돈이 많이 들고 결국 목표에 다다르지 못하는 꿈 말이다.

물론 실패의 위험은 어디에나 있다. 페이스북은 점점 진보하는 광고 플랫폼을 만들고 있고 애플은 하드웨어 사업과 스마트폰 이윤을 독점하고 있으며, 자동차기업들은 자율 주행차라는 신흥시장을 향해 엄청난 에너지를 쏟아붓고 있다. 검색엔진 사업이 삐걱거리고 현재의 모든 프로젝트가 5년 안에 수익을 거두지 못하면 구글도 빠른 시일 내에 기업의 유일한 콘텐츠인 정보수집과 광고 판매 분야로 사업을 제한하고 여러 영역에서 가능한 한 독점적 위치를 확보해야 할 것이다.

그러나 그 시나리오에 이르기까지 가야 할 길은 아직 멀다. 구글은 한동안 전 세계에서 가장 흥미로운 장기적 실험 대상으로 남을 가능성이 크다. 수만 명의 직원에게 체계적으로 혁신과 독창성을 학습시키는 것이 정말 가능할까? 의지와 돈만으로 문명의 진보 속도를 높일 수 있을까? 구글이 그 모든 노력에도 불구하고 '혁신기업의 딜레마'의 희생자로 남을지 지켜보는 것은 흥미로운 일이다. 기업을 구조조정하고 우산 기업 '알파벳'을 도입함으로써 일단 페이지는 그러한 운명을 피하기 위한 중요한 발걸음을 시작했다. 기업을 하나의 지붕 아래 여러 개로 쪼개는 것은 쓸데없이 힘을 낭비하지 않고 기업 내의 관료주의를 최소화하며 유연한 구조를 유지하는 데 도움을 준다. 반면 알파벳에서만 신선하고 놀라운 미래의 자유분방한 꿈을 실현하고, 서서히 수익 기계로 전락해가는 다양한 구글 부서에서는 실현하지 못한다면 기업 전반의 핵심 사업이 큰 타격을 입을 수 있다. 이 경우 가장 뛰어나고 능력 있는 엔지니어들은 구글 X 팀이나 앤드루 콘래드가 이끄는 의학 연구 부서로 옮기려 할 확률이 높다. 이는 결국 정체와 부진을 불러일으키고 구글은 페이지가 그토록 싫어하는 평범한 기업의 늪으로 서서히 빠져들 것이다.

구글의 발전이 가져올 미래

실험에 성공하고 페이지의 기술적 판타지가 결실을 맺더라도 그것을 현실에 적용하는 것 외에 기술의 장기적 영향에 대한 커다란 질문이 남는다. 디지털 세상은 노동 시장에 어떤 영향을 미칠까? 사회 정의를 실현하는 데 어떤 도움을 줄까? 플랫폼 경제는 점점 증가하는 디지털 비정규직을 양산하지 않을까? 지금 여러 방면에서 지능이 더 뛰어나고 스마트한 소프트웨어가 활약하는 기술 사회를 열망하고 있다. 물론 그 장점은 크지만 적어도 과도기 동안에는 사회적, 경제적 혼란을 피하기가 어렵다.

연산 능력 증가와 디지털화, 인공지능 발전이 합쳐져 제2의 기계 시대가 열리는 지금 구글은 필연적으로 세상에 가장 큰 영향력을 발휘하고 있다. 경제학자들은 지난 몇 년간의 급격한 기술 발전이 경제 구조와 노

▶▶▶

동 시장에 미친 영향으로 인해 이 시대가 어떤 모습으로 남을지를 놓고 지속적으로 열띤 논쟁을 이어가고 있다. 디지털 혁명으로 얻는 일자리보다 잃게 될 일자리가 더 많지 않을까? 전 세계적으로 노동 시장에 구조적인 위기가 닥치지 않을까?

이 논쟁은 두 경제학자 앤드루 맥아피Andrew McAfee와 에릭 브린욜프슨Erik Brynjolfsson이 주도하고 있는데, 이들은 오랫동안 정보 기술이 사업과 직업 영역에 미치는 영향을 연구해왔다. 이들이 2011년에 출간한 《기계와의 경쟁》Race Against the Machine은 인간 노동자가 점점 로봇이나 소프트웨어로 대체될 위협에 직면해 있음을 보여준다.

매사추세츠 공과대학MIT 디지털 비즈니스 센터의 관장인 맥아피는 문화 염세주의자도 기술 혐오주의자도 아니다. 오히려 그 반대다. 맞은편에 보스턴 시의 윤곽이 보이는 MIT 연구소에서 현대 컴퓨터 기술이 발전했고 덕분에 디지털 시대로 향하는 길이 훨씬 빨라졌다. MIT 연구소에 있는 맥아피를 만나면 학자라기보다 에너지와 전투력이 넘치는 연구원과 마주하고 있는 듯한 느낌이 든다. 지난 몇 년간 여러 번 만나 대화하는 동안 그의 어조는 점점 더 확신으로 가득 찼다.

"우리가 살아 있는 동안 경제가 전체적으로 자동화되고 로봇 군단이 우리의 일자리를 대신하는 공상과학소설 내용이 가능해질 것입니다."

그러면 우리가 리모컨으로 작동하는 세상을 기다려야 할까? 맥아피는 그렇지 않은 미래는 상상할 수 없다는 듯 눈을 크게 치뜨면서 외쳤다.

"당연하지요! 힘든 일은 사라지고 엄청나게 풍요로운 세상이 올 겁니다."

하지만 거기로 가는 길은 험난하다. 맥아피와 그의 MIT 동료 브린욜프슨은 서구 경제는 '노동 세계의 기술적 전환'에 대비해야 한다고 경고한다. 이것은 아시아 시장도 예외가 아니다. 사람 대 기계의 경쟁에서 중국의 많은 공장이 불리한 위치에 놓일 것이다. 전 세계적으로 지난 몇 년간 컴퓨터 사용 빈도가 늘어나면서 기계가 인간의 노동을 대체하는 상황이 단순히 차량 조립라인 같은 개별적인 부문뿐 아니라 전문적인 영역으로 확장되고 있다. 계산원 대신 등장한 셀프 계산대나 비행기의 체크인 기계, 증권사 직원을 대신하는 컴퓨터 알고리즘, 여행사를 대신하는 인터넷 여행 서비스 등의 변화는 지난 수십 년간 진행되어왔다. 맥아피는 말한다.

"이 모든 것이 단지 시작일 뿐입니다. 앞으로 5년 혹은 10년 안에 우리는 전 세계의 진정한 변화를 느낄 수 있을 겁니다."

이러한 변화의 흐름에 대해 많은 논쟁이 있는 것도 사실이다. 모든 경제학자들이 새로운 기계 시대가 산업 국가의 경제에 혁명을 불러올 거라고 믿는 것은 아니다. 가령 우리가 디지털 기회를 다 써버린 것은 아닌가 하는 질문에 대한 답도 여러 가지다. 맥아피의 얘기를 들어보자.

"어떤 동료는 '컴퓨터는 지난 50년 동안 인류에게 정말 멋진 것을 많이 가져다주었어. 그러나 이제 컴퓨터의 황금기는 끝났다고 봐'라고 말합니다. 나는 그 의견에 동의하지 않습니다."

맥아피와 브린욜프슨은 얼마 전에 두 번째 책을 출간했는데 여기서 이들은 수많은 경제 정보와 통계 분석을 바탕으로 세상의 기술화는 아직 미완성 상태라는 사실을 보여준다. 이들 경제학자는 《제2의 기계 시대》 The Second Machine Age에서 새로운 기계 시대는 이제 막 동트고 있으며 앞으로 몇 년 안에 경제와 노동 시장을 완전히 뒤바꿀 것이라고 말한다.

▶▶▶

무엇보다 "이제까지 인간의 독창적인 능력으로 알고 있던 하드웨어와 소프트웨어가 점점 세상을 지배할 것"이라고 주장한다.

기술 진보가 이런 결과를 낳는다는 주장은 그리 새로운 것이 아니다. 심지어 존 메이너드 케인스John Maynard Keynes도 1930년대에 기술로 인한 실업이라는 '새로운 질병'을 경고했다. 컴퓨터가 처음 사무실을 점령했을 때도 비슷한 걱정이 이어졌다. 하지만 자동화 초기의 노동 시장 격동기에도 그 변화의 폭은 생각보다 크지 않았고 경제계와 노동 시장은 그보다 더 큰 변화에도 빠르게 적응했다. 또한 새로운 산업체 저변에서 잃어버린 일자리보다 더 많은 일자리가 생겨났다. 그렇다면 지난 수십 년간 글로벌 시장에서 수많은 기업과 새로운 일자리를 창출한 디지털 혁명이라고 해서 그 전과 다를 이유가 있겠는가?

물론 지금의 기술 현황은 이전의 기술 진보와는 다르다고 주장할 수도 있다. 지금까지는 기계가 주로 육체노동을 대신했는데 가령 자동차 산업체의 조립라인을 로봇이 대체하는 식이었다. 이 같은 방법은 오랫동안 비용이 너무 많이 들고 사용 영역도 유연하지 않았지만 지난 몇 년간 빠르게 변화하고 있다. 나아가 그 변화가 공장 자유화나 로봇의 활용 등에만 머물지 않고 다른 영역으로 번지고 있다. 사실 현대 사회의 일자리는 대부분 정보 처리와 연관되어 있다. 해야 할 일의 구성이 잘 짜여 있을수록 기계가 처리하기가 수월해진다. 맥아피는 "몇 년간 특히 기계화가 많이 진행된 직종은 급여 감소를 경험할 것"이라고 말한다.

요즘 등장하는 기계가 점점 저렴해지면서 전자 계산, 온라인 거래, 사무직 및 서비스직 일자리는 더욱더 자동화하고 있다. 인간이 하기에 단조로운 작업을 컴퓨터에 떠넘기는 직종은 계속해서 늘어나고 있다. 그러면 다음번 기술 진보로 불필요해질 직업은 무엇일까? 출납원과 도서관 사서? 아니면 세금 관련 고문이나 의사? 맥아피는 이렇게 말한다.

"아직까지 세계에서 가장 뛰어난 진찰 전문의가 컴퓨터가 아니라면 곧 그렇게 될 날이 올 것입니다."

그는 이런 변화에 따라 오랜 기간 구조조정과 실업이 따르는 것은 안타깝지만 피할 수 없는 일이라고 생각한다.

"그런 일이 생기지 않기를 바라지만 말이죠."

이 두 명의 MIT 교수만 경고를 보내는 것은 아니다. 이념적 지평이 다른 정치가나 경제학자도 컴퓨터의 폭발적인 성취 능력과 완벽한 네트워크가 현재 우리의 노동 시장을 급진적으로 뒤바꾸고 있다고 걱정한다. 노벨상을 받은 자유 경제학자 폴 크루그먼Paul Krugman은 《뉴욕타임스》에 쓴 칼럼에서 다음과 같이 강조했다.

"기술 혁신이 노동 시장 전체에, 다수의 노동자에게 큰 문제를 초래할까요? 많은 사람이 그렇지 않을 것이라고 생각하지만 사실을 말하자면 그럴 가능성이 큽니다."

시카고 대학의 보수적인 법학교수 리처드 포스너Richard Posner는 노벨 경제학상을 수상한 게리 베커Gary Becker와 같이 쓴 에세이를 통해 세계 경제는 지나치게 빠른 기술 발전을 흡수할 수 없다고 주장한다.

"결과적으로 실업률이 폭발적으로 증가하고 이에 따라 수입과 생산이 감소해 노동 수요가 더 줄어들 것입니다."

기술 전문가이자 소프트웨어 개발자인 마틴 포드Martin Ford는 《로봇의 부상: 기술 그리고 일자리 없는 미래의 위협》Rise of the Robots: Technology and the Threat of a Jobless Future에서 세계적인 경제위기를 맞은 기업들이

▶▶▶

대량 해고 이후 직원을 다시 충원하길 꺼려하는 현상을 설명했다. 한마디로 이는 정보 기술의 영향으로 인력을 충원하지 않아도 많은 사업 영역으로 확장할 수 있기 때문이다. 경제위기 동안 미국에서는 많은 사람이 영원히 직장을 잃었다. 미래에도 인력의 필요성은 더욱 줄어들 것이다. 포드는 패스트푸드 점에서 햄버거를 만드는 전문 기계를 개발한 한 신생 기업 창업자의 말을 인용한다.

"우리 기계는 사람의 일을 효율적으로 도와주는 것이 아니라 인력을 완전히 대체합니다."

구글의 창업자 페이지는 이 문제에 대해 많은 생각을 하고 있고 자신도 맥아피를 비롯해 미래 비전에 관한 책을 여러 권 읽었다고 말한다.

"그 변화는 정말 엄청날 것입니다."

정보 기술 발달로 점점 더 많은 일자리가 기계로 대체되면 불가피하게 우리의 노동 방식도 변할 테고, 이 발전 방향이 저절로 중단되지는 않을 것이다. 이 경우 페이지는 자신의 근본적인 철학인 긍정주의로 문화 염세주의나 미래에 대한 공포를 극복하고자 한다.

"이런 변화가 한편으로는 두렵지만 세상을 발전시킬 멋진 방법을 가져다주기도 하니까요."

구글의 창업자는 기술이 지배하는 고용 시장에서는 전체적으로 노동 시간이 감소할 것이므로 노동자가 유연성을 바탕으로 자신의 시간을 좀 더 잘 배분해야 할 것이라고 예상한다.

"사실 현재의 노동 조건은 대다수에게 그리 최적화되어 있지 않습니다. 매일 아홉 시에서 다섯 시까지 직장에서 일하지만 즐거움과는 거리가 멀지요."

페이지는 많은 노동자가 자녀와 함께 충분한 시간을 보내지 못한다고 생각하며, 특히 이것은 싱글 맘이나 싱글 대디에게 심각한 문제라고 본다. 이에 따라 그는 미래는 기술 발달로 직업을 잃는 것보다 '사람들이 덜 힘들게 일함으로써 생산적인 이득을 얻는' 방향으로 나아갈 것이라고 생각한다. 이는 가치 있는 목표다.

"20년 전과 똑같은 직업 환경을 유지하지 못한다고 두려워할 필요는 없습니다. 과거의 방식이 그렇게 이상적이지 않기 때문이죠."

수많은 자료가 분명한 방향을 가리키고 있다. 일단 많은 기업이 인력에 덜 투자하는 대신 정보 기술에 더 많이 투자한다. 이러한 변화는 현존하는 수많은 직업을 희생시킬 뿐 아니라 우리가 한동안 보았듯 사회가 완전히 근본이 다른 사회로 옮겨가는 데 큰 역할을 하고 있다. 가령 물질적 부는 현재 상류층에만 지나치게 쏠리고 있다. 반면 저소득층의 삶은 점점 피폐해지고 있다.

한편 기술 진보로 직업이 복잡해지면서 기술은 덜 필요하고 고등 교육은 더 필요한 직업군에 대한 경쟁이 날로 치열해지고 있다. 일자리가 줄어들면 임금 압박은 자동적으로 증가한다. 그러면 디지털화로 빈부의 격차가 더 커졌을까? 맥아피는 "사실은 그렇다."라고 말한다.

"점점 더 많은 수익이 더 적은 인구에게 돌아가고 있습니다. 이러한 경향은 기술 진보로 더욱 가속화하고 있지요."

결과적으로 산업 국가의 중산층은 갈수록 더 커다란 압박을 받고 있다. 이 경제학자는 이렇게 강조한다.

"이 같은 현상을 보면 마음이 몹시 불안합니다."

중산층 쇠퇴 현상은 1980년 이후 눈에 띄게 증가했는데 이는 수입 통계자료에서도 잘 나타난다. 맥아피를 비롯한 여러 경제학자는 이런 현상의 출발점이 컴퓨터가 급속도로 성장한 시기와 정확히 일치하는 것은 우연이 아니라고 생각한다. 물론 최근의 여러 정치적 결정이 중산층의 위기를 불러오기도 했지만 맥아피는 부분적으로 정보 기술에도 책임이 있다고 비판한다. 무엇보다 회계사나 생산 책임자처럼 보수가 높은 직종이 경영 합리화 대상에 더 많이 포함되었다. 맥아피의 얘기를 들어보자.

"모든 기술 직종이 똑같이 혜택을 입은 것은 아닙니다. 어떤 기술 직종은 훈련을 잘 받은 인력을 선호하고 또 어떤 기술업체는 자본을 선호합니다."

그럼에도 불구하고 대부분의 기술 직종이 갑부 계급 형성을 부추기고 기술계의 슈퍼스타 계급을 배출하고 있다. 컴퓨터와 디지털화에 관한 담론을 이끄는 철학자이자 가상현실 개념을 대중화한 재런 레이니어Jaron Lanier도 비슷한 주장을 펴력한다. 그는 《누가 미래를 소유할 것인가?》Who owns the future?에서 기술화한 자본주의 사회에서는 전 세계의 중산층이 가장 많은 것을 잃는 반면 디지털 자본가는 점점 더 큰 힘을 얻을 것이라고 경고한다.

MIT의 경제학자 맥아피와 브린욜프슨도 《제2의 기계 시대》에서 현재 많은 사람에게 인기를 얻고 있는 사진 앱 인스타그램Instagram을 예로 들며 이들이 한 줌도 되지 않는 인력으로 과거 14만 5,000여 명의 인력을 거느린 글로벌 기업 코닥의 자리를 꿰찬 것을 언급했다. 하지만 맥아피는 디지털 문화가 촉발한 노동 시장의 대변동에도 불구하고 결국 새로운 기술 세계가 경제적, 사회적으로 많은 단점을 극복할 것이라고 확신한다.

"만약 두 세계 중 하나를 선택해야 한다면 나는 인스타그램의 세계를 선택할 것입니다."

진보의 두 얼굴을 이해하는 데 정말로 맥아피나 페이지의 긍정주의가 올바른 대답이 될 수 있을까? 현재 수십억 명이 원하는 만큼 사진을 찍어 전 세계 사람들과 마음껏 공유하고 있다. 그런 반면 인스타그램은 코닥이 창출해낸 많은 일자리를 잃게 만들었다. 자율 주행차가 환경을 더 깨끗하게 만들고 교통 체증 문제를 해결하는 대신 택시기사나 버스 운전기사 혹은 트럭 운전자의 직장을 서서히 앗아가지는 않을까?

이 모든 질문은 커다란 숙제이자 정치적인 문제이기도 하다. 그러므로 미래에 대한 토론은 기술적으로 혹은 기술 관료들 사이에서만 오갈 것이 아니라 정치적으로도 논의해야 할 부분이다. 분명한 가이드라인이 있는 사람만 광적인 도취감과 공포에 질린 염세주의 사이에서 흔들림 없이 상대적으로 안전할 수 있다.

같은 맥락에서 노동계의 위기를 흡수하려면 장기적인 계획과 아이디어가 필요하다. 맥아피와 브린욜프슨, 포드는 모두 예를 들어 최저임금 보장을 주장한다. 특히 맥아피는 이렇게 말한다.

"사람들이 직장을 찾지 못해 제대로 된 생활을 할 수 없을 거라는 걱정을 한다면 일이 있든 없든 그들에게 직접 돈을 건네주어야 합니다."

포드도 소비주의로 작동하는 경제가 정체되지 않으려면 대규모 재분배 같은 '급진적인 정치적 응답'이 필요하다고 주장한다. 기계는 휴가도, 청바지도 필요 없지만 사람은 그렇지 않기 때문이다.

조건 없는 기본 수입 방식이 합리적이든 아니든, 책 한 권을 쓸 만하거나 토론 주제로 가치가 있든 없든 상관없이 대부분의 전문가는 적어도

▶▶▶

이것 하나만큼은 동의한다. 즉, 다음 세대가 기술 세계와 변화에 적응하도록 교육 제도에 근본적인 변화가 있어야 한다는 것이다. 그렇다고 컴퓨터공학자나 프로그래머를 더 많이 양산해야 한다는 게 아니라 지식 사회의 승자를 더 많이 배출해야 한다는 얘기다. 그래야 투자자와 기업가에게만 수익이 돌아가는 불균형적 혁신 구조에서 벗어날 수 있다. 현재의 교육 시스템은 여기에 대한 준비가 부족하다. 맥아피는 말한다.

"핵심 과제는 아이들에게 창조적이고 기업가적인 사고를 어떻게 가르칠 것인가 하는 점입니다. 현재의 교육 시스템은 적당히 교육받은 복종적인 공장 노동자와 사무실 노동자를 위한 것이라고 해도 과언이 아닙니다. 이제 그런 이들은 더 이상 필요치 않습니다."

이처럼 기술화된 경제 세계의 문제는 단순히 성급한 행동주의나 정치적 탄압 혹은 개별 기업을 파괴하는 것과는 거리가 멀다.

완전히 기술화된 디지털 미래

정치적 논의도 위기감을 조장하려는 술책이나 기존의 성취에 철책을 두르는 식으로 진행해서는 안 된다. 이것이야말로 디지털화에 대한 오해를 불러일으키는 가장 큰 요소다. 디지털 플랫폼 시대에는 새로운 법을 만드는 것만이 능사가 아니다. 여기저기 조금씩 적용하고 제한하는 방식은 곤란하다. 보다 근본적인 처방이 필요한 것이다. 새로운 시대에는 새로운 기준이 필요하다. 과거 시대의 개념을 단순히 디지털 시대로 이식할 수는 없다. 전세 마차를 위한 교통법규가 자동차 세상에 어울리지 않듯 드론을 여객용 비행기와 같은 방식으로 보아서는 안 된다.

기준에 대한 논의는 아주 어렵고 복잡하다. 가령 《뉴욕타임스》는 스마트폰이나 앱에서 비롯되는 문화적 가치관의 지배 현상을 '디지털 제국주의의 시대'라고 부른다. 여기서 어떤 나라의 가치가 가장 지배적인지는 여실히 드러난다. 2013년의 자료를 보면 10대 글로벌 대기업 중 여덟 개 기업이 미국 기업이다. 반면 81퍼센트의 소비자가 미국이 아닌 다른 나라의 인구다. 여기서 핵심적인 질문은 한때의 할리우드와 마찬가지로 미국의 기술기업들이 미래 세계에 대해 분명한 전망을 보여주느냐 하는 점이다.

구글은 현재 세상의 지배자인가, 아니면 착한 기업인가? 정보를 모조리 빨아들이는 괴물인가, 아니면 디지털 혁신기업인가? 이러한 질문은 간혹 흑백 논리로 다뤄지거나 논의의 틀을 벗어난다. 혁신에 대한 평가는 서로 완전히 다를 수 있기 때문이다. 질병 진단 팔찌는 우리에게 병의 위험성을 알려주지만 건강보험회사에도 그 정보를 알림으로써 보험수가를 올리거나 보험 가입 자체를 거부하게 만들 수 있다. 신경 네트워크는 우리의 사진 앨범을 정리해주는 동시에 얼굴 인식 기능을 이용해 정부가 쉽게 감시하도록 만들어준다.

기본적으로 엔지니어 기업인 구글은 기술을 자동적으로 진보와 관련 짓는다. 창업자나 경영진도 이들의 발명이 낳은 부작용을 잘 알지만 결국에는 이점이 단점을 압도할 것이라고 믿는다. 이것이 '사악해지지 말자'는 모토의 원래 의미다. 의도가 좋으면 결과도 좋을 것이다. 특히 문제에 대한 대안을 찾는다면 말이다.

구글의 생명과학 팀 수장인 앤드루 콘래드는 다음과 같이 말한다.

▶▶▶

"우리의 근본적인 임무는 질병 예방입니다. 나는 우리의 의도나 동기를 불순하게 혹은 나쁘게 생각하는 모든 사람에게 합당한 근거를 제시하라고 얘기하고 싶습니다."

얼마 전 콘래드는 한 프랑스 신문에서 구글의 의사들이 원하는 것은 결국 가능한 한 많은 정보를 모아 광고 목적에 활용하는 것이라는 내용의 기사를 읽었다.

"우리가 나노 입자를 연구하거나 복잡한 기계를 만드는 것이 그저 광고를 많이 판매하기 위해서라니, 참 어이가 없지요!"

그는 수익을 내는 것은 어려운 일이 아니라고 말한다.

"우리는 석유를 채굴하기보다 가능하면 무한하고 환경에 해가 되지 않는 에너지를 개발하고 싶습니다."

그건 왜일까?

"그 편이 훨씬 더 멋지기 때문이죠."

구글의 직원들이 일상적으로 보여주는 열정은 놀라울 정도다. 이들은 자신이 세상을 '멋지게' 움직일 뭔가 특별한 일을 한다는 믿음이 강하다. 어째서 착한 일을 하는 것이 비즈니스 모델이 될 수 없는가? 반면 우리는 이렇게 질문할 수 있다. 긍정적인 부분에만 눈을 돌리는 것은 지나치게 순진한 태도가 아닐까? 페이지가 그토록 요구하는 낙천주의만 따라가는 것은 문제가 있지 않을까? 여러 가지 발전과 디지털 세상이 품은 양날의 검 같은 본질을 외면할 수는 없기 때문이다. 그 모든 고귀한 목표가 결국은 가면에 지나지 않는 것일까? 필리프 쉰들러는 말한다.

"처음부터 그렇게 말하는 사람들이 있었죠. 거대한 계획이란 건 그저 돈을 벌기 위한 홍보용 스토리라고 말이죠. 그건 사실이 아닙니다. 래리와 세르게이 그리고 우리 모두는 정말로 우리가 세상을 더 나은 곳으로 바꿔놓을 수 있다고 진심으로 믿습니다."

이들의 이상은 인터넷을 넘어 전 세계인이 정보에 접근하도록 하는 것이다. 그러면 구글이 그토록 심혈을 기울여 만들고자 하는 완전히 기술화한 디지털 미래는 수많은 부작용을 감수할 만한 가치가 있는 것일까? 쉰들러는 그것은 아주 광범위한 질문이라고 말한다.

"이 모든 것에 관해 우리는 금기의 영역을 두지 않고 진지하고 구체적으로 혹은 철학적으로 논의해야 합니다."

▶▶▶